선생先生

70세에 다시 읽어보는 『퇴계집』

선생先生

70세에 다시 읽어보는 『퇴계집』

이성원 지음

학자원

천벌 받을 악인은 천벌을 받는가?

사마천의 천도 의문은 이러하다.
"천벌 받을 악인이 천수를 사니 어찌 된 일인가, 백이, 숙제는 굶어 죽었고, 안연은 요절했다. 그렇지만 도척은 포악무도한 짓을 하고도 천수를 했다. 최근에도 그런 일이 있었으니, 착한 사람 고난 겪음이 이렇게도 많은가. 진실로 천도가 존재한다면 과연 이럴 수 있는가, 참으로 모를 일이다!"

『사기』, 천도 존재의 근본적 의문

퇴계 이황의 견해는 이러하다.
"모를 일이 아닙니다. 가만히 역사를 보면 그 옛날 공광, 안석 같은 이들이 '천도와 천변은 절대로 겁낼 일이 아니다' 했습니다만 이런 말이야말로 진실로 하늘에 크게 죄를 얻는 일입니다. 이것이 하늘(天)의 '이치(理)이니', 곧 천리天理입니다."

『퇴계집』, 천도 불변으로 이理가 주主가 된다는 견해

율곡 이이의 견해는 이러하다.
"그렇지 않습니다. 천벌 받을 악인도 氣, 勢, 힘(力)이 작용하면 천수를 살 수 있습니다. 이모李某는 죄가 극악함에도 천수를 다했으니 천도가 무지한 탓입니까? 아니면 기氣의 작용입니까? 이 어찌 정상이라마는 勢가 그러하면 理 또한 그렇습니다. 이것이 하늘의 이치입니다."

『율곡집』, 천도 가변으로 기氣가 주主가 된다는 견해

서문

1.

이 책은 2020년, 〈퇴계선생 서세 450주년 기념〉 강의 글이다. 지금 제목이 '선생'이지만, 그때 제목은 '퇴계에게 제자, 선생, 학교, 교육은 무엇인가'였다. 나는 강의 요청을 사양했지만 되지 않아 결국 이런 글을 썼는데, 그 후 놀라운 일이 일어났다.

도산서원선비문화수련원에서 이 원고를 재간행하여 배포했다. 3쇄 1,700권 찍었다 한다. 그동안 퇴계 관련 논문은 2,700편(한국연구재단)이 써졌고, 단행본은 326권(국립중앙도서관)이 나왔다지만, 도산서원 명의의 간행은 없었다. 불가사의한 일이지만 사실이었다. 그만큼 퇴계는 어려운 인물이란 반증이기도 했다.

수련원도 신중했다. 원고 내용을 거듭 검토했다. 책이 간행된 날, 이근필 퇴계 종손께서 새벽에 셋째 따님의 통역으로 전화를 주시는데 말씀이, "내가 저녁부터 이제까지 80쪽을 읽었는데 감사하다" 하셨다. 3일 후, 다 읽으셨다고 하시면서 또 전화를 주셨다. 청량산 입구 어느 식당에서 수련원 임직원 전원과 노송정 종손, 온계 종손이 참석한 축하 모임이 있었다.

도산서원 원장과 수련원 이사장을 겸임한 김병일 원장이 책 서문을 썼는데, 과분한 글이었다. 그 일부는 이러하다.

▌『퇴계에게 제자, 선생, 학교, 교육은 무엇인가』, 도산서원

> "행사 후 도산서원 유사들과 선비문화수련원 간부들은 이 책을 곁에 두고 선생 공부에 더욱 열중하고 있어 고맙기 그지없다. 그리고 그들은 이구동성으로 선생의 가르침을 널리 전하기 위해 애쓰는 '도산서원 참 공부 모임' 회원과 유사, 선비문화수련원 지도위원들에게 큰 도움이 되리라 확신한다며 재발간을 건의해 왔다.
>
> 필자를 포함한 도산서원과 선비문화수련원 모두는 이 책을 읽고 또 읽고, 익히고 더 익힘으로써 퇴계 선생께서 남기신 향기가 많은 이들에게 아름다운 실천으로 피어날 수 있도록 앞장서 노력할 것이다."

천 원권에 초상화가 있는 인물, 서울에 '퇴계로'가 있는 인물, 퇴계 이황(退溪 李滉, 1501-1570)은 모두가 안다. 그러나 실상은 그렇지 않은 듯하다. 모두가 잘 모른다. 지금 퇴계를 설명할 수 있는 사람 얼마일까? 나는 잘 보지 못했다. 왜 그럴까, 무슨 문제일까?

우선은 자료 접근이 쉽지 않다. 『퇴계집』은 방대하고 기록은 한문이다. 장르도 다양하며, 글 속에 문, 사, 철이 혼재되어 있다. 그 하나도 넘기 어렵다.

학자의 논문이 있지 않은가? 이 또한 읽기 어렵다. 학문 분업으로 저마다 쓰고, 저마다 발표한다. 통섭의 시대에 분업이 일반화되어 있다. 그 때문인지 '이기理氣 이론'은 아직도 모호하다. 그 많은 논문 발표에도 그렇다. 어쩌면 이 때문에 더욱 어려워졌는지도 모른다. 그럼에도 심지어 어느 학자는 "이제 퇴계는 더 쓸 것이 없다"라고 한다지만, '퇴계의 모름'은 여전하다. 여기에 K-인문의 퇴보, 혹은 위기가 도사리고 있다.

2.

퇴계는 과연 누구인가? 이 글은 그 답변에 이르는 하나의 시도이고, 그 한 가닥은, '퇴계에게 '고인古人'은 누구인가'의 물음에서 시작하며, 그 답변은 "퇴계의 고인은 중국 학자만이 아니다. 그 근거가 퇴계가 쓴 '다섯 편의 행장'이고, 그 글 속에 쓴 '선생 표현'이 그 증거"라는 단서에서 시작한다. 도산서원의 책 간행도 이 논지의 인정, 혹은 공감 때문이라 여겨진다.

『퇴계집』에서 가장 중요한 글은 무엇일까? 나는 '다섯 편의 행장'이라 생각한다. 그렇지만 그동안은 어느 학자도 거론하지 않았다. 수수께끼도 이런 수수께끼가 없다. 도산서원에서 유일하게 추천했던 권오봉 박사의 책, 『퇴계 선생 일대기』에도 전연 언급이 없다. 이 또한 학문 분업의 결과인가?

'행장 저술'과 '선생 표현'은 퇴계 이해에 가장 중요한 키워드라 생각되어 대략을 소개하겠다.

'한 사람의 일대기'를 한문 장르에서는 '행장行狀'이라 한다. 한편 저술에 1년 정도 소요되는 어려운 글이다. 따라서 그때까지 거의 써지지 않았고, 써진 글도 매우 소략했다. 그런 행장을 퇴계는 다섯 편을 썼다. 우리 역사에서 '행장다운 행장 글'을 처음으로 쓴 셈이다. 왜 그런 글을 썼을까?

'다섯 편의 행장'은 우리나라도 중국에 못지않은 '도학자道學者' 있음을 표방한 인물 서사敍事였다. 퇴계 안목에 농암 이현보, 충재 권벌, 정암 조광조, 회재 이언적, 금계 황준량이 그런 인물이었다.

그 가운데 이현보, 조광조, 이언적의 일대기는 그 제목을 '농암 이선생 행장聾巖李先生行狀', '정암 조선생 행장靜庵趙先生行狀', '회재 이선생 행장晦齋李先生行狀'이라 했다.

이현보는 조선 시대 유일의 정계 은퇴식을 하고 물러난 인물로, 한강 제천정 전별연에는 "대신들이 한때 전 조정을 비우고 나왔다" 했으니, 거국적 행사였다. 실록은 이를 '염퇴恬退'라 했다.

퇴계는 3일 일정을 함께하며 14수의 전별시를 지었는데, 그 제목이 '이 참판 선생께서 물러감을 나라에 빌다(李參判先生假歸)', '이 선생을 받들어 전별하다(奉餞李先生)' 등이었다. 이례적인 어휘 구사였다. 참판의 은퇴가 아닌 '선생의 은퇴'였다. 이현보에게 '선생'을 최초로 쓴 순간이고, 의도적 표현이었다.

퇴계의 이현보 제문은 명문의 서정시인데, 은퇴 장면이 감동스럽게 묘사되어 있다. 퇴계 글에서 좀처럼 보기 드문 '미재美哉'라가 쓰였다. 글은 이렇다.

> "서울 도성에서 은퇴할 때, 대신들 장막에서 전별주 권하니, 신선께서 타신 배는 일엽편주인 듯, 아득히 날아가는 큰 기러기인 듯. 아름다워라, 분강 굽이여!"
>
> 원문: 祖道都門 帳飮公卿 仙舟一葉 望若鴻冥 美哉汾曲

조광조, 이언적은 사화士禍의 중심인물이다. 조광조는 사사되었고, 이언적은 귀양 가서 죽었다. 이들 일대기를 썼다. 국사범 옹호 아닌가? 1564년, 1566년 저술이니 복권 이전이다.

조광조 행장은 "두려워 누구도 쓰지 않으려고 한 것"을 자청, 자임해서 썼고, 이언적은 "도학의 저술을 남긴 오직 한 분"이라 했다. 그리고 '선생'이라 했다. 나라에서는 '국가적 죄인'이지만, 퇴계에게는 '민족의 선생'이었다. 분명한 정권 거부, 퇴진 표명이다.

당시 존칭은 '공公'이었다. 그 누구도 '선생'이 아니었다. 35세 연하의 이이가 퇴계 제문에 '공'이라 했고, 50세 연하인 황준량이 이현보에게 '공'이라 했다. '동방오현'은 '현인'이며, 성균관에 모셔진 '동국십팔현'도 '공'이라 했다. '공'은 극존칭이며, '선생'은 사문화된 용어였다. 퇴계는 왜 새삼스럽게 사용하게 되었을까? 그 의도가 어디에 있었을까?

이현보는 생전에 쓴 유일한 인물이고, 조광조, 이언적은 사후 행장 글에 썼다. 중국 인물 주희를 그렇게 썼다. 이후 자신이 제자들로부터 '선생'으로 호칭되었고, 일반화되었다. 그렇지만 역사상 그 누구도 질문한 사람이 없었고, 그 누구도 답변한 사람이 없었다.

'선생'은 과연 누구인가? '선생'은 퇴계 일생의 화두였던 것 같고, 지금은 우리에게, 아니 우리 민족에게 또 다른 화두를 던져주고 있다. '다섯 편의 행장'은 퇴계가 왜 '한국의 퇴계'인가, 왜 '한국의 선생'인가를 증명하는 결정적 글이며, 궁극적으로는 미래에 희망을 품으면서 우리나라를 진리의 나라, 문명국으로 끌어올리려는 크고 원대한 이상을 담은 최고의 저술이었다.

권벌은 서슬 퍼런 을사사화의 참화에 '아니 되옵니다'한 단 한 분이다. 퇴계의 권벌 행장 저술 명분을 '큰 절개(大節)'라 함은 그 때문이다. 황준량은 퇴계의 학문적 동지이며, 피를 토하는 상소문, 역사상 최고의 상소문, '단양 진폐소丹陽陳弊疏'를 쓴 인물이기도 하다. 이 글에 "백성들이 무슨 죄가 있기에 이처럼 고통스럽게 합니까" 하며 절규했다.

인식 범위를 좀 더 넓혀보면, 퇴계에게 '고인'은 가령 자청해서 쓴 황준량의 행장, 제문 글에도 시사가 있을 수 있다. '고인'이 아무리 감명을 준 인물이었다 하더라도 황준량같은 감동적인 인물일 수는 없다. 그 누구도 이런 친애를 한 사람 없다. 그 친애는 사랑의 생애를 넘어 피안의 추억까지 완벽하게 마무리되었다. 그리고 영원으로 이어졌다.

관상명정棺上銘旌에 '아아 나의 벗 금계 황 선생이여(嗚呼亡友錦溪黃先生)'라고 쓸 사람은 천하에 없다. 행장 글 마지막도 '아아 슬프다嗚呼悲夫'이며, 제문은 슬픔을 넘어 격정의 비등점에 이르고 있다. 그 일부는 이렇다.

> "아아 슬프다 금계여, 어찌 이 지경에 이르렀는가! 어찌 생각이나 했을까, 영결의 말이 부고와 함께 이를 줄을! 실성하여 오래 울부짖으니, 늙은이의 눈물이 물이 쏟아지듯 흐르네. 하늘이 이 사람을 앗아감이 어찌 이리 빠르단 말인가! 사실인가 꿈인가! 너무 슬퍼 목이 메어, 말을 다 할 수 없고 정을 누를 길 없네. 아 슬프다 금계여! 정령 한번 가고 돌아오지 않으시려는가! 끝났구나, 끝났구나! 애통하고, 애통하다!"

3.

이 책은 퇴계가 어떻게 인생을 살아갔고, 어떻게 주변 모두를 행복으로 이끌어나갔는가에 대한 나름의 성찰에서 나온 결과물이다. 『퇴계집』 전 편을 누비는 글에 떠오르는 한 단어가 있다면 '선생'이다.

우리 역사에서 '선생'이라는 단어를 처음으로 의미 있게 쓴 사람이 퇴계였고, 그 자신 드디어 제자들로부터 '선생'으로 호칭되었으며, 실록에는 '세상 사람 모두가 퇴계 선생이라 했다'는 '世稱退溪先生'으로 기록되었다.

그리고 후일 '노선생老先生'으로 호칭되었으니, 이 호칭은 퇴계에게만 사용된 전례 없는 호칭이었으니, 곧 '퇴계 큰 선생'이었다.

나는 사범대학을 졸업하고, 어느 소도시 교사가 되었다. 그때도 교육은 어려웠다. '참교육'이 화두였다. 그래서 자문했다. 교육은 무엇인가, '선생'은 누구인가, 나는 바른 길로 가고 있는가? 근무 기간 내내 이런 단어들이 어른거렸다.

길이 곧 '도道'인데, 공교롭게도 어른들이 내 자字를 '계도繼道'로 지어주어 그런지 일생 '도를 이어달라'는 무언의 명령과 함께했다. 지금도 그렇지만, 청춘 시절 방황과 고뇌의 연속이었다.

그렇다면 내 자식 교육은? 고민 끝에 맏아이를 경남 거창고로 보냈다. 그 학교 '직업선택 10계명'이란 것이 있는데, 그 가운데 "부모나 아내가 결사반대하는 곳이면 틀림없다. 의심하지 말고 가라"가 있어 보냈다. 아니 아이가 선택했고, 지금도 '그때 행복했다' 한다.

이처럼 나의 인생에도 '선생'이란 단어가 우정처럼 따라다녔고, 퇴계의 길은 그 답안의 한 자락처럼 느껴졌다. 그렇지만 어찌 퇴계를 안다고 하랴! 이 책은 이 시대, '선생'에 대해, 혹은 '교육'에 대해 조금이나마 성찰해보는 그런 책이 된다면 더 바랄 것이 없다.

이 책은 퇴계와 도산서원 관련 사람들만의 책이 아닌 일반인이 읽을 수 있는 보급판을 간행하면 좋겠다는 말씀들이 있어 간행해보았다. 원본과 다름은 호를 이름으로 고치고, 단락마다 소제목을 붙인 점이다. 경명敬名에 의한 휘諱함은 예의 범주이지 글의 논리가 아니기 때문이다. 그러나 퇴계만은 이미 이름보다 '퇴계'로 더 알려졌기에 그대로 두었다.

이 책이 나오도록 후원해주신 도산서원선비문화수련원과 애써주신 이창동 영화감독과 산목련꽃 같은 여인, 고 김서령 작가에게 특별한 감사를 드린다. 그리고 단정하게 편집해주신 성균관대 이영호 교수, 연세대 이원진 교수, 학자원의 김병환 사장의 노고에 감사드린다.

그리고 밤낮없이 '일엽편주'를 정성스레 빚는 아름다운 여인, 이원정 아내에게 이 기회에 '나와 살아주어 고맙다'는 감사의 마음을 전한다.

2024년 6월 25일

가송 올미재 자락에서 李性源 삼가 쓰다.

차례

제2부
선생의 직을 다하다, 교육자 퇴계

제3장
하늘 닿은 터, 퇴계에게 학교는 무엇인가

제4장

사랑의 시선, 퇴계에게 교육은 무엇인가

글머리에

1. 이별의 시간이 길다고 하지 말게, 내 나이 이미 74세라네
-이문량의 퇴계 추모사-

2020년 9월 24일, 한국국학진흥원 박경환 박사께서 〈퇴계선생 서세 450주년 기념〉 추모행사의 하나로 "만사輓詞, 제문祭文에 나타난 동시대인들의 선생에 대한 추모의 마음"에 대해 강의를 요청한다.

나는 적임이 아니라고 사양했다. 시간도 촉박했다. 더구나 나의 선조 이문량(李文樑, 1498-1581)의 만사, 제문을 언급하니 더욱 할 수 없었다. 그런데 저녁에 다시 집으로 자료를 가지고 와서 "김병일 이사장님의 요청이니 승낙해 달라"고 한다. 답변을 유보하고 두고 간 자료를 살펴보니, 과연 이문량의 글은 인상적이었다.

전에 이사장께서 "벽오碧梧(이문량의 호)의 만사, 제문은 감동적입니다"라고 한 연유를 알 것 같았다. 주관자의 '대독 요청'도 있고 해서 만사 전문을 소개한다. 감상 편의를 위해 단락을 지었다.

퇴계 이 상공께 쓴 만사 挽退溪李相公

사람들은 면식만을 구하지만　　人皆求識面
나는 다행히 지기知己가 되었네.　　我幸爲知己
사람들은 이웃에 살기를 원하지만　　人皆願卜隣
나는 다행히 인리仁里로 살고 있네.　　我幸居仁里

어릴 때부터 어울렸으니　　相隨自妙齡
서로 속마음까지 환히 본다네.　　肝膽兩相視
좋은 계절 아름다운 경치를 함께하고　　良辰與美景
숲속에서 즐거움을 다 하였네　　林園窮樂事

내 인생이 헛되지 않았음은　　此生不虛過
그대를 만났음 때문이네　　餘波之所被
최근에는 서로 늙어　　近來各衰暮
생각만 할 뿐, 만나기는 정말 어렵네.　　相思懶相値

인생이란 원래 풀잎 같지만　　人生本草草
어찌 이리 갑자기 가는가!　　豈意遽至此
문장별이 홀연히 그 빛을 잃어　　奎璧忽淪精
남쪽 하늘 맑은 기운 사라졌네.　　南天收淑氣

제자들은 거의 한 나라의 선비들로　　門徒擧國士
분주히 찾아옴이 그치지 않네.　　奔波來不已
스스로 구우일모九牛一毛처럼 부끄러워　　自慚九牛毛

여러분과 나란히 할 수 없네.　　未堪齒諸子

유幽와 명明이 하룻밤에 갈렸으니　　幽明隔一夜
평생 약속을 저버렸음이네.　　孤負平生志
양담羊曇의 끝없는 눈물을　　羊曇無限淚
어찌 한 두 줄 글로 나타내랴!　　聊復寫一二

이별의 시간이 길다고 하지 말게　　莫謂別多時
내 나이 이미 74세라네.　　吾年七十四

인시 이문량 隣侍 李文樑

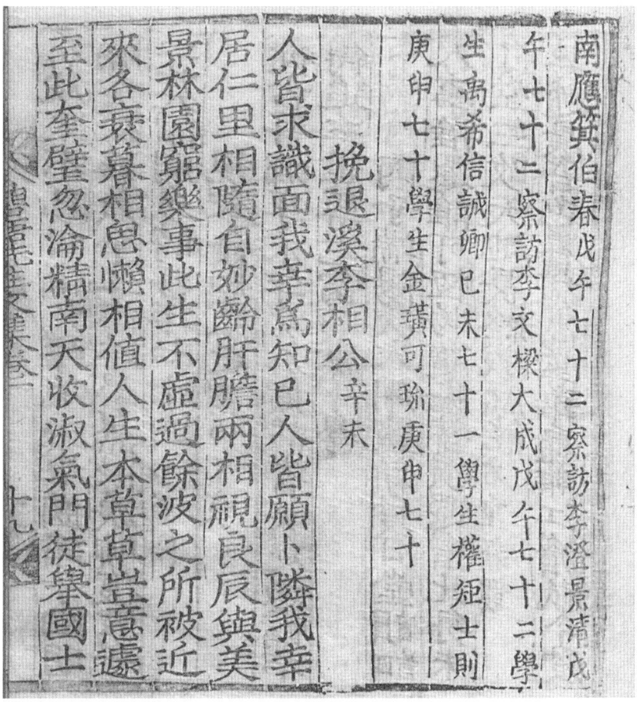
南應箕伯春戊午七十二 察訪李澄景清戊
午七十二 察訪李文樑大成戊午七十二學
生禹希信誠卿己未七十一 學生權矩士則
庚申七十 學生金璜可瑜庚申七十
挽退溪李相公 辛未
人皆求識面我幸爲知己人皆願卜隣我幸
居仁里相隨自妙齡肝膽兩相覿良辰與美
景林園窮樂事此生不虛過餘波之所被近
來各衰暮相思懶相値人生本草草豈意遽
至此奎壁忽淪精南天收淑氣門徒擧國士

벽오 이문량이 퇴계에게 쓴 만사 ⓒ한국국학진흥원

이문량의 글은 두 가지 특징이 있다. 하나는 담백함이다. 만사 가운데 "此生不虛過 餘波之所被"와 "莫謂別多時 吾年七十四"의 구절 등은 더욱 그렇다. "이생에서 그대를 만나 보낸 평생이 헛되지 않았으며", "곧 저 생에서 다시 만날 날도 멀지 않았다"고 했다. 친구에 대한 영결의 언어로는 특별한 감동을 준다.

만사, 제문은 추모 글이다. 망인에 대한 나의 소회가 담긴 최후의 글이다. 애도와 찬양이 주조이다.

퇴계 이황(退溪 李滉, 1501~1570)에 대한 추모 글도 그렇다. '동방유종東方儒宗'이라는 명성에 걸맞게 공자, 맹자, 정자, 주자 등의 인물과 도학, 동방, 사문, 태산 등의 단어들이 한결같이 쓰여 있다. 이른바 '도학', '도학자'와 연관되고, 중국 인물들에 연원하고 있다. 나머지 구절들도 최고의 추모 문자로 쓰여 있다.

이문량의 글은 그렇지 않다. 거창한 단어가 없다. 과장도 없다. 그저 말하듯 한다. 최고의 표현이 "별빛이 홀연히 그 광채를 잃어, 남쪽 하늘 맑은 기운 사라졌네(奎壁忽淪精 南天收淑氣)" 정도이다. 제문 한 구절도 "봄에는 경담 굽이에서 놀고, 가을에는 분강 달빛을 감상했다(春遊鏡潭之曲 秋泛汾江之月)"이다.

유명 작곡가가 "노래는 가사가 옆에서 말하듯 해야 뜬다"라고 하는데, 이문량의 만사가 그렇다. 추모의 진정성이 느껴지는, 아주 이색적인 글이라 할 수 있다. 친구라서 그런가?

다른 하나는 자신을 '인시隣侍'라고 한 점이다. 그저 '이웃에서 귀인을 모시는 사람'이다. 아주 드문 표현이다. 친구라서 그런가?

참고로, 요절한 천재 가수 신해철이 작사, 작곡한 명곡, '우리 앞에 생이 끝나갈 때'의 가사가 말하듯 한다. 가사 일부가 "세월이 흘러가고 우리 앞에 생이 끝나갈 때, 누군가가 그대에게 작은 목소리로 물어보면 대답할 수 있나, 지나간 세월에 후회는 없노라고, 그대여"이다. 신해철은 46세에 죽었다.

보석 같은 영혼의 작사, 작곡가 이영훈의 명곡 '광화문 연가'가 그렇다. 가사 일부가 "이제 모두 세월 따라 흔적도 없이 변하였지만, 덕수궁 돌담길엔 아직 남아 있어요. 다정히 걸어가는 연인들, 언젠가는 우리 모두 세월을 따라 떠나가지만, 언덕 밑 정동 길엔 아직 남아 있어요."이다. 이영훈은 49세에 죽었다.

2. 만약 감흥이 일어남을 견디지 못하면 혹시 혼자서 가게 될지도 모르겠습니다

-홀로 걷는 즐거움-

글은 내면세계를 보는 거울이다. 이문량의 만사가 그렇다면, 퇴계가 이문량을 보는 시선은 어떤가? 글 한 편, 시 한 수를 소개한다.

글은 가을 산책 약속 편지이다. 이 글은 퇴계의 시문 가운데 가장 아름다운 글이라 생각된다. 숨겨둔 애인처럼, 나만 몰래 보는 글인데 공개한다.

이 가을날, 훌쩍 갈 수 있는 능운대와 갈선대, 퇴계는 그곳 산천을 홀로 걷기 좋아하는, 곧 홀로 걷는 즐거움의 철학을 지닌 사람이었다. 그 내면을 지금 이문량에게 보여주고 있다. 단 한 사람이 아니었을까? 글은 이러하다.

"답이대성答李大成, (대성은 이문량의 자)

며칠 전, 틈을 내어 홀로 길을 나서 산수를 두루 구경했더니 무르익은 가을

풍경과 들국화의 맑은 향기가 사람의 마음을 즐겁게 하여 당나귀가 지쳐 절룩거리는 것도 모를 지경이었습니다.

능운대凌雲臺의 선명한 모습이 너무나 아름답고 사랑스러워 한나절을 걸었습니다. 주변 벗들을 불렀다면 마음대로 벗어날 수가 없어 돌아갈 길이 낭패가 되었을 것입니다. 늙고 병든 사람이 어찌 감당했겠습니까? 이런 까닭으로 '대나무만 구경하고 주인을 묻지 않은 격'이 되었으니, 혹시 이상하게 생각하는 사람이 있거든, 이렇게 되었다고 알려주면 참으로 고맙겠습니다.

갈선대葛仙臺의 산책은 항상 생각하고 있습니다. 20일 이후는 조금 늦은 감이 있다 하더라도 말씀하신 것처럼 함께 할 것입니다. 다만 소문에 머지않아 안동 관청에서 관원 두 명이 온다니, 언제가 될지는 알 수 없으나 계속 끌려다니는 처지가 될까 두렵기만 합니다. 만약 감흥感興이 일어남을 견디지 못하면 혹시 혼자서 가게 될지도 모르겠습니다. 황滉."

원문: 答李大成

日者, 抽身孤往, 玩水尋山, 秋興滿目, 野菊明香, 令人意適忘倦, 不知蹇驢之蹉跎也. 凌雲臺淸絶縹緲, 異境可愛, 半日夷猶, 招其旁近諸人, 則必不能任意脫去, 歸途狼狽, 老病何堪? 玆致看竹不問主人, 如有恠者, 以是告之, 幸甚. 葛仙之遊, 寤寐佇思, 念後雖遲, 當依示. 但又聞安東兩官近欲來訪, 不知定在何日, 恐或連作掣肘也. 若不禁興發, 則或又作孤往, 亦未可知耳. 滉

"너무나 아름답고 사랑스러운 능운대"와 "감흥이 일어나면 혼자도 갈 수 있는 갈선대", 이 능선의 가을을 바라보며 걸어가는 퇴계의 모습을 그려본다. 나는 그 길을 걸으면서 퇴계의 고독을 반추했다. 그리고 '홀로 걷는 즐거움'도 음미해 보았다.

선비들은 이를 '유상遊賞'이라 했고, 산행은 '유산遊山'이라 했다. 그 속에는 보步, 사思, 주酒, 가歌, 시詩, 창唱 등의 요소가 있다. 좀 격이 높은 단어로 '풍류風流'가 있다. 풍류는 '바람처럼 흐르고 예술처럼 산다'인데, 그런 인생이 어디 쉬운 일인가. 풍류보다는 유상이 포괄적으로 사용되었다.

퇴계, 이문량 두 분이 갈선대를 걸어가는 모습처럼 가을날 멋진 친구와 그런 유상의 즐거움을 만끽해봄이 어떨까. 자연만큼 좋은 교재는 없다. '인자요산仁者樂山'이 아니라 요산이 인자를 만든다. 유상과 유산은 '관대이좌冠帶而坐'와 다른 또 하나의 멋진 '경敬' 수련 방법이다.

시는 이렇다. 퇴계가 청량산을 가면서, 천사川沙에서 동행하기로 한 이문량을 기다리며 쓴 시다. "청량산 그림 속으로 들어가네"의 구절이 나온 시이기도 하다. 그림처럼 담백하다.

산봉우리 봉긋봉긋, 물소리 졸졸,	烟巒簇簇水溶溶
새벽 여명 걷히고 해가 솟아오르네.	曙色初分日欲紅
강가에서 기다리나 임은 오지 않아,	溪上待君君不至
내 먼저 고삐 잡고 그림 속으로 들어가네.	擧鞭先入畵圖中

퇴계는 생애 6번 청량산에 갔다. 그때마다 단출했다. 1564년은 달랐다. 16명을 초청했고, 13명이 참가했다. 혼자 사색하기를 좋아하며 집단적 모임을 주도한 일이 없는 퇴계에게 이 해 산행은 '퇴계식의 일상'으로 볼 때 매우 이례적이다.

'유산遊山'의 의미를 알게 하고자 한 계획적인 산행으로 전 생애 기념비적인 행사였다. 또한 마지막 청량산 산행이기도 했다. 천사의 갈선대는 그 기점이었다. 이때 일행 가운데 유일한 친구가 이문량이었다.

3. 책 주인은 영천이씨 이공간인데, 진성이씨 이경호가 빌려 보았다

-퇴계 이황 가문과 농암 이현보 가문-

참고로, 이해를 돕기 위해 좀 더 쓰겠다. 두 분 사이는 좀 밀접하다. 그야말로 인리仁里이다. 이문량 중심으로 보면 도산서당 건축을 감독했으며 143편 퇴계 편지가 남아 있다. 퇴계보다 3살 많고 11년 더 살았지만, 두 분은 서로를 소중히 하는 정다운 친구로 전 생애를 함께했다.

퇴계 형 이징李澄과도 물고기를 보낼 만큼 친밀했다. 이징이 보낸 시 제목이 '사이대성송강선謝李大成送江鮮'이다. 이징은 이문량과 동갑인데, 85세로 이문량보다 1년 더 살아 이현보가 창설한 '애일당구로회愛日堂九老會'의 정식 회원이 되었다.

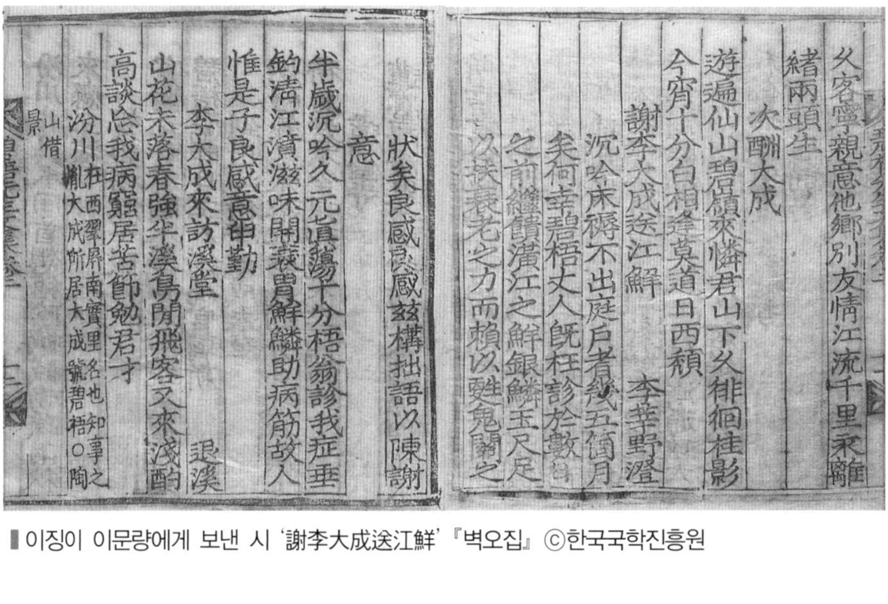

이징이 이문량에게 보낸 시 '謝李大成送江鮮' 『벽오집』 ⓒ한국국학진흥원

양가 사이를 좀 더 살펴보면, 이문량 아버지 이현보李賢輔는 퇴계 숙부 이우李堣와 동방급제했다. 이현보가 2살 많았지만, 안동부사를 주고받을 정도로 환로를 함께했다.

이현보는 퇴계에게 자상한 어른의 관계를 넘어서는 각별한 것이었고, 퇴계에게 이현보는 인척과 친구의 부친을 넘어서는 뜨거운 인간관계였다. 34살의 나이를 넘어 서로를 존경했으니, 그야말로 망년지우忘年之友를 하였다.

이현보는 퇴계 형, 이해李瀣에게도 똑같은 애정이 있었다. 자식 같은 애정이 없었다면 이제 막 부임한 권부의 첫발, 도승지, 의정부사인을 그만두고 집에 가라 할 수 없다.

이문량의 조부 이흠李欽은 퇴계 조부 이계양李繼陽과는 내외종간이다. 이편에서 보면 고종사촌이고, 저편에서 보면 외사촌이다. 아들 이원승李元承은 동서로 퇴계 편지 18편이 남아 있다. 안동 가일마을, 권주權柱는 처조부이다.

險釁門重難生還九死餘多男
猶塞馬窮業尚涔魚壽域方登
永佳城奄返初舊姻仍老病悲
負送靈轝
嘉善大夫前同知中樞府事李滉

▌퇴계와 청암 이원승의 처삼촌 권굉의 무덤에서 출토된 퇴계 친필 만사 ⓒ 한국국학진흥원

2018년 경상북도청 신축 당시, 처삼촌 권굉權硡(1495~1565) 묘소에서 두 분 만사가 나왔다. 453년만이다. 류성룡의 아버지 류중영柳仲郢, 김성일金誠一 등의 만사 14점이 함께 출토되었다. 퇴계 친필로 주목받았고, 만사를 매장할 때 같이 묻는 예법도 아울러 알게 했다.

'만사 묻음의 예법'은 1791년 이현보 묘소 이장 당시 35점의 당대 관료들의 만사가 나온 바 있다. '계문안자溪門顔子'라 일컬어지는 류중엄柳仲淹은 이원승의 사위이다. 따라서 손자 이사순李士純은 퇴계 처이질妻姨姪이 된다.

이문량의 사위는 황준량黃俊良과 김기보金箕報이다. 황준량은 제자 가운데 유일한 학문적 동지 같은 존재였다. 김기보는 안동김씨대종택 양소당養素堂의 주인으로 조부 김영金瑛과 더불어 오늘의 소산素山마을이 있게 했다. 사위 두 분은 분천 처가에 와 살았고 이때 퇴계를 만났다.

이문량의 동생 이희량李希樑은 퇴계와 교분이 적지 않고, 동생 이중량李仲樑은 퇴계와 동방 급제했다. 이문량 못지않은 우정이 있어 61편 퇴계 편지가 남아 있다. 두 분 우정을 지켜본 황준량이 "하연(이중량의 자)이 퇴계가 7월 16일, 장난삼아 지은 시에 삼가 화답한다(謹和賀淵戲退溪七月旣望之作)"라는 제목의 시를 짓기도 했다.

황준량에게 이문량은 장인이고, 이중량은 처삼촌이고, 퇴계는 스승이었다. 퇴계에게 이현보는 생애 존경한 한 분이었고, 이문량과 이중량은 일생의 친구였고, 황준량은 학문 동반자였다.

동생 이계량李季樑도 퇴계와 인연이 적지 않고, 동생 이윤량李閏樑도 제자이며, 동생 이숙량李叔樑은 '선성삼필宣城三筆', '계문삼처사溪門三處士'이며, 대구 연경서원研經書院을 짓고 퇴계를 모셨다. 동생 이연량李衍樑은 사복시정司僕寺正으로 퇴계 최후를 진맥했다.

김부인金富仁은 매제妹弟로, 김유金綏의 아들이다. 종제 이국량李國樑은 퇴계 종손서(조카 李寅 壻)이다. 조카 이영승李令承은 이우의 손서이고, 조카 이선승李善承, 이극승李克承, 이광승李光承이 모두 제자이다.

종질 이명홍李命弘, 이복홍李福弘도 제자이며, 그 동생 이덕홍李德弘은 설명이 필요 없는 계문고제溪門高弟이다. 종손자 이사원李士愿도 제자이다. 도산서원 광명실 기념 현판에 쓰여 있는 이운李芸은 증손자인데 퇴계 신화를 남긴 인물 가운데 가장 분명한 기록을 남긴 분이다. 이희량, 이중량, 이계량, 이운을 제외하고는 모두 『도산급문제현록』에 그 이름이 올라있다. 15명, 진성이씨 다음 안동권씨와 더불어 가장 많다.

▌간재 이덕홍이 퇴계의 명으로 만든 혼천의

한국국학진흥원에 퇴계 조모 영양김씨의 분재기分財記가 있는데, 이현보의 숙부 이균李鈞이 집필하고 서명했다. 영양김씨는 1430년 10월 4일 출생하여, 1522년 9월 5일 돌아가셨고, 이균은 1442년 출생하여 1540년 돌아가셨다. 각각 93세, 99세를 사셨다. 분재는 1510년 4월 했으니, 80대 영양김씨가 70대 외사촌에게 분재를 주관하도록 한 듯하다. 이 분재기는 노송정 종택에서 기탁했다.

또 다른 개인 소장 분재기에는 이계양, 이흠의 이름이 함께 있다. 그 글은, '財主祖母贈嘉善大夫眞城君進士 李繼陽'과 '訂保幼學四寸娚 麟蹄縣監 李欽'이라 쓰여 있다. 집필, 보증한 이흠의 친필이다.

이흠 내외도 98세, 85세로 장수했고, 이계양도 65세로 당시로는 장수였다. 이흠 아버지, 이효손李孝孫 내외도 84세, 77세였고, 조부 이파李坡 76세, 증조부 도산 입향조 이헌李軒 84세였다. 이파 외손서가 이계양이다. 이현보 내외도 89세, 65세였고 퇴계와 형 이중이 70세, 85세였고, 이문량, 이희량, 이중량, 이계량, 이윤량, 이숙량도 각각 84세, 65세, 79세, 83세, 74세, 74세를 살았다.

퇴계가 한서암寒棲庵, 암서헌巖棲軒(도산서당)을 지을 때 "천사川沙 어른 집을 참고했다"는 그 어른은 이현보의 동생, 이현우李賢佑로 91세였다. 천사는 퇴계가 영지와사靈芝蝸舍를 떠나 이사 간 최초 지역이다. 『농암집』에, "何若芝山訟舊居 川沙猶可卜新墟"와 "聞景浩移卜川沙 有中藏萬卷之絶 賡其韻以續舊戱"라는 시가 있다. 번역하면 "영지산 옛집 소유 문제로 소송하기보다는 천사의 새로운 집터가 좋을 듯하다"와 "경호가 천사로 이사하여 '만권 서적을 소장했다'는 시를 지었다기에 따라 짓고 옛 우스개를 잇고자 한다"이다. 그 동생 이현준李賢俊은 76세였다.

이계양 동서, 김홍金洪은 이조판서 김담金淡의 동생인데, 이현보 어머니, 권씨부인의 외삼촌들이다. 이런 장수에 혈연, 학연이 얽혀 있었으니 보다 많은 왕래가 있었을 것 같다. 더구나 아들, 손자들인 이우와 이현보, 퇴계와 이중량이 함께 공부하고, 함께 서울로 올라가, 함께 급제하는 모습을 조선시대의 오지奧地, 안동 도산에서 지켜본 100세 노인들의 심정이 어떠했을까! 지금 아늑해졌지만 500년 전 인가 드문 산촌에서 같은 날 양대 문과급제는 상상이 잘 안 되는 일이었다. 이 순간, 양가는 문득 '가문家門'이 되었다.

1454년, 이계양이 온혜에 왔을 때 '주민 한 집이 있었다'고 했고, 분천은 그때 이미 70년이 넘었으니, 이보다는 조금 많았으리라 생각된다. 이헌李軒은 1380년 무렵 들어왔다. 이현보 고조부가 된다.

이계양의 도산 입향은 "봉화 훈도가 되어 이곳을 지나다가 어떤 스님을 만나 의논하고 복거卜居했다"고 했다. 그런데 상상력을 조금 넓혀보면, 영양김씨 입장에서는 외조부 이파, 외사촌 이흡이 현감을 지냈고, 대대로 형제들이 관직을 지냈으니 이들 부부에게 영향을 주었을 수도 있다. 분재를 주관한 이균 역시 종7품 직장直長이어서 수결手決에 '直長 李'로 되어 있다.

우리말 가사 '선반가宣飯歌'를 지은 총명하고 인자한 이현보 어머니, 권씨 부인이 일찍이 부모를 여의고 외삼촌인 김담, 김홍의 집, 이른바 '삼판서댁'에서 성장하여 두 분은 더욱 정서적으로 가까울 수도 있었다.

권씨부인 입장에서 김홍은 외삼촌이며 한편으로는 이계양처럼 내외종 4촌이 되어 이현보와는 5촌에 불과했다. 황준량이 쓴 '이현보묘지명'에 "권씨부인은 외가에서 김담에게 양육되었다"고 쓰여 있다.

영양김씨의 외종조부, 즉 이현보의 종조부 예문관직제학 이오李塢는 봉화금씨 도산 입향조 관찰사 금숙琴淑과 사돈이며, '삼판서'의 한 분인 공조판서 황유정黃有定의 손서孫壻이다. 황유정은 장인이 형조판서 정운경이며 처남이 삼봉 정도전이고, 외손자가 김담, 김홍 형제이니 이계양 부부가 모를 리 없었다.

『퇴계연보』에 1549년 2월 한식날, "농암 효절공의 증조 의흥공(의흥현감) 휘諱 파는 선생 조모의 외조이다. 그날 묘소 입석고유立石告由에 성대하게 제수를 준비하여 참석하여 빗 글을 썼고, 농암이 사례 시를 썼다"고 했다. 1554년 정월 보름, 이현보 헌수연獻壽筵에 참석한 퇴계는 자신을 '족질族姪'이라 썼다.

퇴계와 이문량은 이런 시대에 양가 중심인물이었다. 퇴계는 설명이 필요 없는 인물이지만 이문량 역시 도산 향내 경로잔치인 '애일당구로회愛日堂九老會'를 이현보를 계승하여 해마다 주관했다. 어느 해는 두 번 개최하기도 했다. 퇴계가 여기 참석했음은 말할 것도 없다.

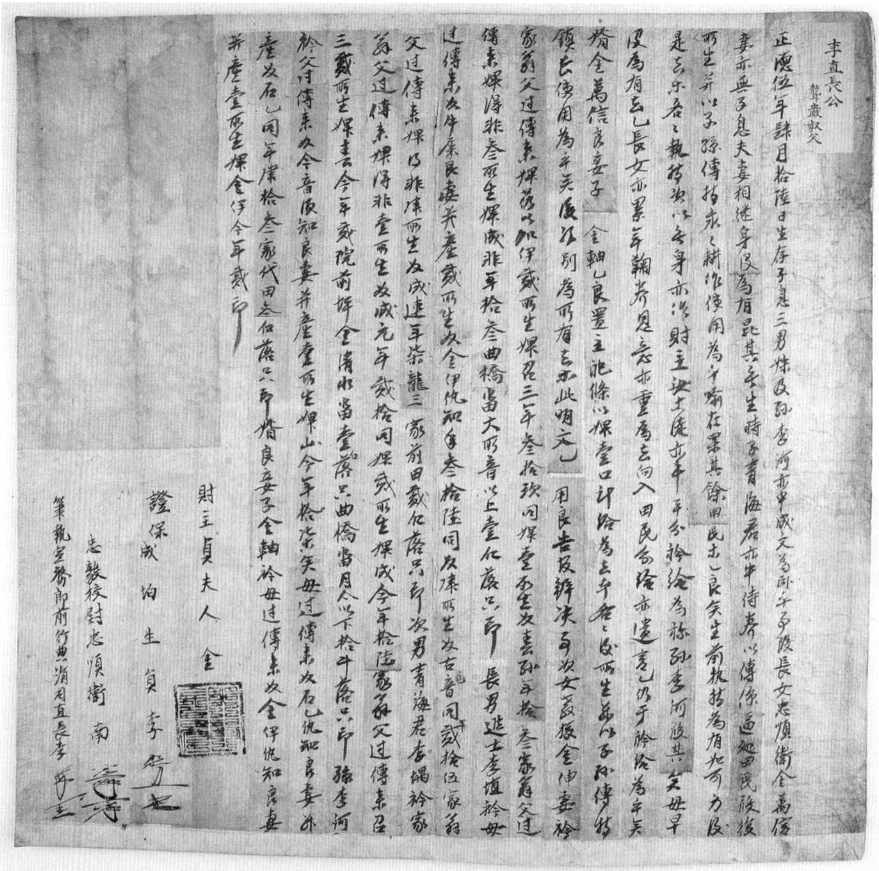

▌정부인 영양김씨 분재기(『가선고적』 제2) ⓒ한국국학진흥원

이후 600여 년의 세월이 흘러 그야말로 이웃이 되어 수다한 사연들이 쌓여 역사가 되었다. 한국국학진흥원에는 농암종택에서 기탁한 5천여 점 자료 가운데 퇴계가 쓰신 유일한 우리말 '농암 어부가'와 '퇴계 도산12곡'의 목판이 있다. 왜 두 작품을 함께 써놓았을까. 왜 그 목판이 농암종택에 있을까? 이 글씨는 오랫동안 농암종택에 있었고, 『농암집』 판각 당시 함께한 것으로 추정된다.

1791년 이현보 묘소 이장 당시, 도산서원에서 대형 상여를 안동으로 특별

발주하여 부조했다. 이현보 묘소 이장은 정대용鄭大容 경상감사 지시로 7개 군 300명 장정이 동원된 거도적 토목공사였다.

농암종택에서 500여 년 이어온 경로잔치 애일당구로회는 후손들이 대대로 참여했고, 조선 후기에는 집단으로 참여해 거의 주도하다시피 했다. 퇴계 10대 종손 이휘영李彙寧이 참석하여 쓴 글 일부는 이러하다. 『분양구로회汾陽九老會』에 있는 글이다.

"아아! 농암 효절공께서 낙동강 상류 분강에 애일당을 지음은 진정 뜻이 있음이다. 전에 글을 보니 구로회, 속구로회, 속로회, 백발회 등의 이름으로 모임이 이어졌는데, 대개 70세 이상 노인 12~13인이 항상 모였다. 돌아보건대 수백 년이 흐른 지금, 산수는 의구한데 애일당은 퇴락했다. 그런데 지금 효절공의 후손인 부호군께서 연세가 90세라, 모두 말하기를 '이 모임을 잇지 않을 수 없다' 한다.

안동의 옛 풍속이 나이는 숭상하나 관직은 숭상하지 않은 까닭으로 수십 인의 '촌 노인(布衣老叟)'들과 산에서 나와 탁영담으로 올라가서 작은 배를 타고 흘러 내려가다가 농암 아래에서 배를 묶어두고 술을 한잔씩 돌리고 어부가 3장을 노래했다. 높은 갓과 백발들의 그림자가 산수에 비치고 음식 또한 마른고기, 젓갈, 국수, 밥, 불과 다섯 그릇도 안 되니 그야말로 진솔회라 할 수 있다. 주인도 없고 나그네도 없다. 스스로 술을 먹고 안주를 먹었다. 날이 저물어 해는 떨어지고 달이 마루에 떠오르나 이미 취하고 또 취하여 모두들 돌아감을 잊었더라!"

이충호李忠鎬 13대 종손과 수졸당, 양산댁, 계남댁, 새영감댁 등 하계마을 어른들이 주관한 『농암영당건립계첩聾巖影堂建立契帖』이 있는데, 여기에는 퇴계 전 자손이 1량씩 부조한 기록이 있다. 글씨는 포항공대 고故 김호길金浩吉 박사의 고모부 이탁李鐸이 썼다. 내 조상도 아닌 남의 조상을 추모하기 위해 전 자손이 성의를 냈다. 일제시대 퇴계 후손들의 '농암지키기 일환'이라 느껴진다. 이충호 종손은 돌아가시기 전 해까지 이현보 불천위 제사에 참석하셨다.

애일당 아래 자연석에 '聾巖 先生 亭臺 舊庄'이라는 암각 글씨가 있다. "농암, 선생, 정자, 옛 터"라는 뜻이다. 그 글씨는 한 말의 학자, 이강호李康鎬의 글씨이다. 한 글자 크기가 75cm가 되는데, 해서楷書 글씨로 이런 큰 암각서는 다른 곳에서는 유래를 찾아보기 어렵다. 역시 '농암지키기 일환'이라 생각된다.

농암종택에서는 퇴계종택 정자 '추월한수정秋月寒水亭' 복원 부조에 애일당, 분강영정각汾江影幀閣을 합해 200량을 부조한 바 있다. 기록에는 거의 모든 집을 '택宅'이라 했는데, 농암종택은 '종택宗宅'이라 표기했다. 양가는 그렇게 통재通財하면서 수백 년 내려왔다. 일 년에 한 번 부조했다면 오백 번이고, 두 번 했다면 천 번은 했으리라.

도산서원 광명실에 이운 기념 현판과 더불어 이중량의 내사본內賜本『통전通典』200권 75책이 완질로 보존되어 있다. 내사기內賜記에 "嘉靖 三十九年 九月 日 內賜 禮曹參議 李仲樑 杜氏通典 一件 命除謝恩 副承旨 李(手決)"이 있다. 우리나라에 단 2질만 남아 있다. 다른 한 질은 이우성 박사가 가지고 있다가 역사박물관에 기증했다. 한국국학진흥원에서 이를 조사한 이정섭 전 문화재위원 말씀으로는 "완질로 보존된 것은 일본 '경도대학본'과 더불어 '광명실본'이 유일하다"고 한다.

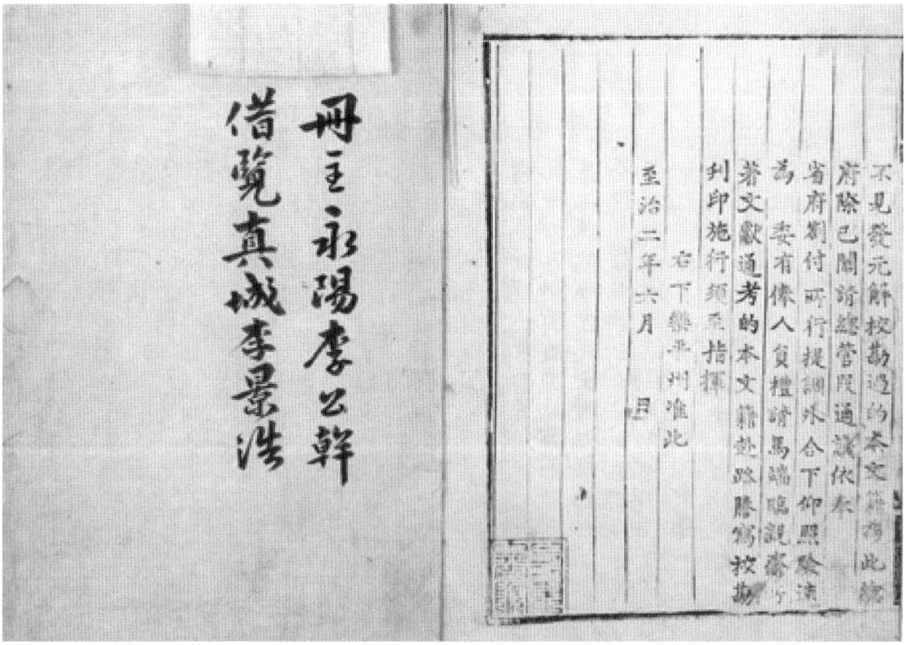

▌『문헌통고』 1책 끝부분. 冊主永陽李公幹 借覽眞城李景浩

또 다른 이중량의 내사본, 『문헌통고文獻通考』 348권 136책(4권 결본)도 보존되어 있다. 『통전』과 비슷한 내용의 내사기가 있고, 책 끝에 '冊主永陽李公幹 借覽眞城李景浩'이란 퇴계 친필이 남아 있다. "책 주인은 영천이씨 이공간(이중량의 자)인데, 진성이씨 이경호(퇴계의 자)가 빌려 보았다"는 뜻이다. 빌려보시고 그대로 보존된 듯하다. 돌아가시기 전 "빌려온 책은 모두 본가에 돌려주라" 하셨지만 실행되지는 않았다. 우정은 지금까지 그렇게 남아 있다.

참고로 이 책과 선조 임금 어필인 '적선積善' 글씨의 목판은 도산서원에서 농암종택으로 반환되었다. '500년 만의 책 반환', 퇴계 신화 한 편, 한 장면이 이루어지는 순간이었다.

2012년은 〈애일당 건립 500주년 기념〉으로, 한국국학진흥원과 예안향교가 주관이 되어 '애일당구로회'가 농암종택 마당에서 재현되었는데 길사 참석을 거의 삼가신 이근필李根必 종손께서 이채로운 부조와 함께 참석하시어 자리를 빛내주셨다. 강각의 글씨, '강각江閣'과 '사천재사沙川齋舍', '연곡재사燕谷齋舍' 현판 글씨도 정성스럽게 써주셨다. 나는 그 부조 상자를 지금까지 뜯지 않고 보관하고 있다.

그런 사이, 필자 증조모가 하계마을 새영감댁(李中斗 家)과 정언댁(李晩松家)에서 오시어 외손이 되었다. 이미 역사가 되었고, 되고 있는 모든 일들에 대해 나는 진심으로 감사한 마음을 갖고 있다.

제1부

선생의 뜻을 세우다

도학자 퇴계

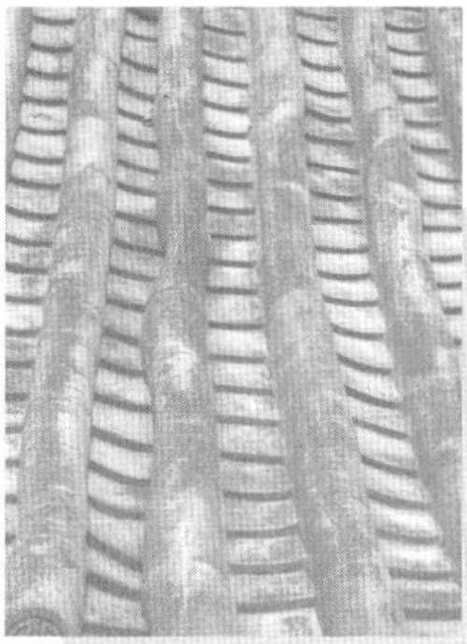

제1장

군자의 나라 퇴계에게 제자는 누구인가

1. 문인門人, 문하門下

1) 이이는 과연 퇴계 제자인가

-『도산급문제현록』-

퇴계에게 쓴 추모사들은 엄청나다. 만사, 제문이 그런 글이며, 모두 최고의 추모 문자로 쓰여 있다. 눈길 가는 사람부터 읽으니 갖가지 상념들이 떠오른다. 과연 이런 글을 쓰는 제자들은 누구인가? 그렇다면 선생은, 학교는, 교육은? 어떤 선생이 어떤 학교에서 어떤 제자에게 어떤 교육을 했기에 이런 글들이 나오는가!

추모사를 쓴 사람은 글 끝에 자신을 '문인門人'이라 했다. 몇 사람은 '문하門下', '문생門生', '시생侍生' 등으로 썼다. 모두 '제자'라는 뜻이다. 제자는 누구인가?

퇴계 제자는 1700년대 권두경이 작성한 100명을 시작으로, 이후 160명, 170명, 260명으로 확대되어 1914년 『도산급문제현록』에 309명이 쓰였다. 그 때마다 적부 문제가 있었다. 1914년에 류성룡柳成龍의 후손들이 그 내용적 오류를 지적하며 폐간까지 주장했고, 퇴계 후손들도 이에 대응하여 『병산통문변록』이라는 책을 발간하기까지 했다.

책 내용에는 이이李珥가 퇴계의 제자로 등록된 것을 '지시식세知時識勢', 즉 '시류에 편승한 파렴치한 행위'라는 칼날 같은 지적이 있어 무척 흥미를 끈다. 실상을 떠나 '이이는 과연 퇴계 제자인가'하는 의문이 이때까지도 존재했다. '절대 불가'라는 논리였다.

퇴계 제자 309명은 집지執贄 제자와 년하年下의 교감이 있는 사람을 합한 숫자라고 보는 것이 타당하다. 정황에 의한 선정도 있었다. 김언기金彦璣가 그렇다. 제자라고 할 만한 어떤 기록도 없다. 추모 글도 없다. 김언기는 2차 명단에 들어갔다.

퇴계가 도산서당을 지은 해가 1560년이고, 김언기가 서당 '유일재惟一齋'를 연 해가 1561년이다. 같은 시기, 같은 지역에서 강학의 문을 연 셈이다. 퇴계는 309명의 제자를 두었고, 김언기는 189명을 두었다. 명문 대학 옆에 조그만 학원이 문을 연 형국이었고 원장 경력은 비교도 되지 않았다. 도무지 경쟁이 되지 않을 것 같았지만 상황은 전연 그렇지 않았다.

이광정이 쓴 김언기 행장行狀에는 "날마다 구름처럼 찾아오는 학생들을 다 수용할 수 없었고, 그런 상황은 선생이 죽을 때까지 계속되었다" 했다. 권위, 박의장, 신지제, 권태일, 조수도 등을 대과에 합격시켰고, 남치리, 정사성을 퇴계에게 보내 더 큰 성취를 하도록 했다.

구봉령, 권춘란, 권호문, 김팔원 등의 쟁쟁한 친구들이 모두 퇴계 제자가 되었지만 김언기는 끝내 가지 않았다. 이렇게 보면 김언기는 몇 번이고 퇴계를 만났을 것 같은데 그렇게 하지 않았다.

퇴계 사후, 도산사림(옛 禮安士林)과 안동사림은 경쟁적으로 추모 사업을 했다. 전자는 1574년 도산서원을, 후자는 1575년 여강서원(현 虎溪書院)을 짓기 시작하여 1576년 같은 날 퇴계 위패를 모셨다.

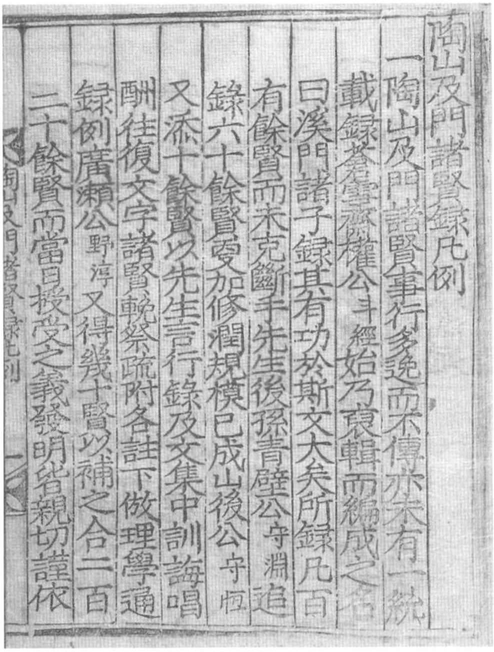

陶山及門諸賢錄凡例

一陶山及門諸賢事行多逸而不傳亦未有一統

載錄者蒼雪齋權公斗經始乃裒輯而編成之名

曰溪門諸子錄其有功於斯文大矣所錄凡百

有餘賢而未克斷手先生後孫青壁公守淵追

錄六十餘賢更加修潤規模已成山後公守恒

又添十餘賢以先生言行錄及文集中訓誨唱

酬往復文字諸賢輓祭疏附各註下倣理學通

錄例廣瀨公野淳又得幾十賢以補之合二百

二十餘賢而當日授受之義發明皆親切謹依

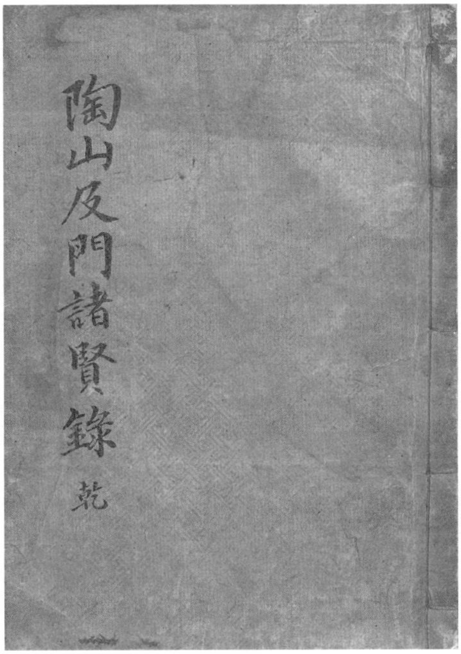

『도산급문제현록』 ⓒ도산서원

여강서원 건립은 퇴계학파의 분화를 의미했다. 초대 원장이 김언기였다. 안동 최고 학자임을 증명하는 순간이었다. 나이 54세였다. 김언기는 자기 빛을 내는 항성이었다.

제자 선정은 적부 문제가 있었다 하더라도 그때마다 그럴 만한 정황이 있었다. 배순裵純의 경우처럼 사료가 문헌으로 밝혀지지 않은 한 이런 기조는 유지될 것 같다. 제자 몇 명이냐는 중요하지도 않다. 인물은 신화가 있기 마련이고, 신화 없는 인물 또한 없다.

퇴계 신화는 4가지, 혹은 5가지 정도 회자되고, 앞으로 더 생산될 가능성도 있다. 신화는 사실과 허구가 함께한다. 신화는 사실이 아니나 마음의 진실이다. 정몽주의 '선죽교의 피'가 그렇고, 최영 장군의 '적분赤墳 묘'가 그렇다.

제자 선정은 끝이 아닐 수도 있다. 진위 문제는 그런 차원에서 이해하면 될 것 같다.

『퇴계선생문집 부록』에 만사 88명, 뢰문誄文 10명, 제문 114명, 모두 183명, 166편 글이 있다. 이 가운데 자신을 '문인門人'이라 한 사람이 106명이다. 그들의 추모 언어는 절절하기도 하다. 스승에 대한 추억이 있으니까 당연하다.

2) 말 등에 술을 싣고 먼 길을 왔지만
-청계 김진-

여담이지만, 안동에서 퇴계와 만난 흔적이 보이지 않은 분이 또 한 분 있다. 청계 김진金璡(1500~1580)이다. 한 살 차이, 80세 장수, 아들 다섯 모두 제자. 도무지 안 만나기가 어려웠다. 그럼에도 어느 문헌에도 흔적은 없다. 심지어 넷째 아들 김성일에게 보낸 많은 편지에도 잘 보이지 않는다.

왜 만나지 않았을까? 김진은 다음 세대를 준비했다. 자녀들이 발신하는데 뒷받침하고자 했다. 총명한 아들들의 미래를 그리며 자신의 관직 진출마저 포기했다. 그러면서 자신의 존재성을 지키고자 했다. 김유金綏가 상상하기 어려운 화려한 건물 '탁청정濯淸亭'을 지으며 자신의 존재를 지키고자 했듯이 김진은 자신의 인생을 생각하며 의식적으로 만나지 않은 것 같다.

김진은 이문량과 친구였다. 『벽오집』에 제문과 시가 있는데 그 시문은 두 분 우정의 깊이를 보여준다. 제문은 역시 '옆에서 말하듯' 썼다. 첫머리는 이러하다. 어렵지 않아 원문 그대로 옮기니 한 글자, 한 글자 뜯어보며 감상해보기 바란다.

▮ 청계 김진 영정

祭金瑩仲(璡)

君生世兮八旬有一 少我生兮纔二甲 身康健兮氣豪猛 多才藝兮小齷齪 窮經典兮敎諸子 總矯矯兮卓卓 收科第兮若摘髭 三男一贅兮連擢拔……

시는 정말 이채롭다. 제목이 '유숙하며 애일당 주인에게 드림(留贈愛日堂主人)'인데, 김진에게 남은 유일한 시 작품이다. "한 점 고기 맛으로 솥 전체의 맛을 알 수 있다(嘗鼎一臠)"하니, 이 한 작품으로 청계의 인품과 학식을 가늠하는 데 부족함이 없다.

말 등에 술을 싣고 먼 길을 왔지만	馱載朋樽涉遠程
어찌 하룻밤에 쌓인 회포 다 펼치겠는가.	一宵那展隔年情
잠화 백발로 돌아가는 뱃머리	簪花白髮回船處
저무는 강 정자엔 한줄기 피리소리.	落日江亭一笛聲

이문량도 장수했다. 84세. 이문량이 좀 더 오래 살아 김진과 퇴계에게 제문을 썼다. '내앞'에서 멀리 부내까지 왔지만 이웃 퇴계는 만나지 않았다. 김언기 이상의 수수께끼가 아닐 수 없다. 제문은 안동문화권 최초의 그랜드 CEO, 김진의 성품과 인생을 알게 하고 시는 김진의 이런 모습의 상징처럼 느껴진다.

氣豪猛, 小齷齪, 教諸子, 總矯矯는 곧 용기와 돌파력과 수성守成과 그 모든 것을 아우르는 굳은 의지이다. 오늘의 CEO가 갖추어야 할 필요한 덕목이기도 하다. 성철 스님이 속세의 딸 이름을 '필요 없다'는 뜻의 '不必'로 짓고 집을 떠나 자기 세계를 구축했듯이 남모르는 원려遠慮의 큰 뜻이 없다면 역사를 만들 수 없다.

김진이 퇴계를 만나지 않았음은 '퇴계의 세계'에 있지 않은, '김진의 세계'를 구축하기 위함이다. 그 결과 오늘의 '안동 의성김씨의 세계'가 이루어졌다. 다섯 아들에게는 군君, 사師, 부父 가운데 부父의 존재가 결코 다른 둘의 뒤에 서지 않는다.

『벽오집』 부록에 『청암유고靑巖遺稿』가 있는데 김진의 아들 김극일金克一

이 이문량의 아들 이원승李元承에 보낸 시가 있어 그 제목만 소개한다. '人日後一日贈李進士'이다. '음력 1월 7일 다음날, 이 진사에게 드린다.'이다.

김진과 이문량, 김극일과 이원승의 이런 우정 때문인지 애일당에는 김진의 시와 더불어 김극일, 김성일, 김용金涌의 3대 '애일당구로회'의 축하 시가 남아 있다.

3) 산은 높고 높다, 강은 길고 길다
-퇴계의 유계-

퇴계는 1570년 12월 8일, 70세로 운명했다. 12월 4일, 유언을 남기며 조카에게 기록하도록 했다. 이를 '유계遺戒'라 한다. 그 내용은 대략 이러하다.

> 국장國葬을 하지 말라.
> 작은 돌(小石)에 '퇴도만은진성이공지묘退陶晩隱眞城李公之墓'라고만 써라.
> 비문은 내가 지은 자명自銘만 써라.
> 지금 현실에 맞게 해야 하며, 옛 법과 멀어서도 안 된다(宜於今而不遠於古).

퇴계는 이날 제자들을 마지막으로 만났다. 주변에서 만류했지만 "삶과 죽음이 갈리는 마당에 아니 만날 수 없다" 하며 옷을 단정히 입고 맞이하여 "내 평소 아는 것이 없는 사람이 여러분과 종일토록 강론했으나 이것 또한 쉬운 일이 아니었다" 했다. 제자들과의 마지막 인사였다.

다음날 7일, "나의 모든 서책은 굉중宏仲(이덕홍의 자)이 맡아 관리하라" 했다. 다음날 8일, 최후의 한마디는 "저 매화나무에 물을 주라"였다. 그 다음 최후의 한마디는 "내 머리 위로 비바람 소리가 들리는구나(初八日朝. 命灌盆梅.

午時呼寯姪曰. 吾頭上有風雨聲)"였다. 그러고는 자리를 바르게 하도록 하고는 앉은 채로 눈을 감았다. 돌아가셨다.

죽음은 슬프다. 퇴계의 죽음은 슬프고 감동적이다. 나는 『퇴계집』을 오랫동안 보았고, 연구하여 학위도 받았다. 그래서 나름대로 퇴계는 이런 인물이 아니었을까 생각해보기도 한다.

그러나 『퇴계집』의 이 장면을 대할 때면 가슴에 차오르는 그 무엇으로 목이 멘다. '그 무엇'은 무엇인지 아직도 모른다. 이것이 퇴계에 대한 나의 화두다.

여기서 잠시 퇴계의 자기 고백인 '자명自銘'이나 다시 한번 읽어보자.

나면서 어리석고	生而大癡
커서는 병도 많네	壯而多疾
중년에 어찌하여 학문을 좋아했고	中何嗜學
만년에 어찌하여 벼슬을 얻었는가	晩何叨爵
학문은 구할수록 더욱 멀고	學求愈邈
벼슬은 사양하면 더 내리시네	爵辭愈嬰
나아가 넘어지기도 했지만	進行之跲
물러나 감추기를 곧게 했네	退藏之貞
나라 은혜 망극하고	深慙國恩
성현 말씀 두렵도다	亶畏聖言
산은 높고 높다	有山嶷嶷
강은 길고 길다	有水源源

짐을 벗고 가벼운 옷 입으니	婆娑初服
모든 비방 사라진다	脫落衆訕
내 소회 막혀 있고	我懷伊阻
내 깊은 뜻 누가 알랴	我佩誰玩
생각하니 고인만이	我思古人
진실로 내 마음 사로잡았네.	實獲我心
어찌 후세에	寧知來世
지금의 내 마음을 알아주지 않으랴	不獲今兮
근심 속에 즐거움 있고	憂中有樂
즐거움 속에 근심 있네	樂中有憂
돌아가리니	乘化歸盡
다시 무엇을 바랄까.	復何求兮

자명은 비석에 각이 되어 있다. 금보가 썼다. 2003년 2월, 동행한 권기윤 교수와 올라와 이 글을 읽어 내려가는데, 그때 교수는 무언가 느낀 바가 있었는지 문득 "산은 높고 높다. 강은 길고 길다(有山嶷嶷 有水源源)"라는 구절은 외워야 한다며 중얼거렸다.

비석 옆에서 점심 먹는 도중에도 그랬다. 그가 그러니 나 역시 자꾸 그 구절에 눈길이 갔다. 그런데 어느 날부터 교수의 그 중얼거림이 화두처럼 자꾸 떠올랐다. 그래서 중얼거렸다.

산은 높고 높다, 강은 길고 길다, 산은 높고 높다, 강은 길고 길다……

이 말을 가끔 되뇌다 보니 묘하게도 성철 스님의 '산은 산이요 물은 물이다'라는 말씀이 교차되어 떠올랐다. 유교와 불교, 불교와 유교는 어떻게 다른가? 돈오의 경지는 진정 있는가? 생각이 꼬리를 물고 끝없이 떠올랐다. 그렇지만 화두를 끌어안고 고행할 인내심이 없는 사람에게는 부질없는 일이었다.

여러 상념 끝에 뜻도 모르면서 대강 이렇게 정리했다. 우리 모두 산과 같고 강과 같아야 하며, 또 높은 산 긴 강이 되어야 한다고. 전자는 불교적인 인생이고 후자는 유교적인 인생이라고. 설령 그렇게 되지는 못하더라도 그런 삶을 살아가야 하며 그런 인물이 되고자 노력해야 한다고. 그것이 인생이라고.

퇴계는 후회 없는 삶을 살았다. "더 바랄 것이 없다"라고 했다. 최선을 다했기에 그런 표현이 가능했다. 인생 결산이고 고백이다. 퇴계는 글처럼 '높은 산'이 되었고 '긴 강'이 되었다. 수많은 추모 글도 그렇다. 더 이상 수사할 수 없는 표현들이었다.

류운룡은 "천천히 걸으심은 학이 춤추고, 한가로이 계심은 매화 향기 같았다" 했다. 이이는 "의지는 밝은 해를 꿰뚫었고, 행동은 맑기가 가을 물과 같았다" 했다. 김성일은 "순결하고 아름다운 갈고 닦은 금과 옥, 산처럼 무겁고 못처럼 깊고 고요하다" 했다.

남치리는 "봄바람이 자리 위에 불고, 가을 달을 가슴 속에 품었다" 했다. 조목은 "밝은 해는 빛을 잃고, 상서로운 구름은 색채가 사라졌다" 했다. 이덕홍은 "봄이 왔으나 산 매화는 슬픔을 토하고, 개울가 버들은 시름을 머금었다" 했다.

기대승은 말했다. "산은 무너질 수 있고 돌도 깨어질 수 있지만, 나는 아노니 선생의 이름은 하늘과 땅과 더불어 영원할 것(山可夷 石可朽 吾知先生之名與天地而並久)"이라고.

한 위대한 인생의 죽음을 생각하며 내려오는데 자꾸만 길옆 단아한 무덤으로 눈길이 간다. 석물은 있지만 아무런 표식은 없다. 퇴계 며느리 금씨 부인의 무덤이다.

부인의 무덤이 여기에 있게 된 것은 유언 때문이다. 부인은 평소 "아버님 생전 내가 모셨는데 부족함이 많았다. 죽은 후라도 정성껏 모시고 싶으니 내 죽거든 가까이 묻어 달라"고 했다. 그래서 꿈은 이루어졌다. 효부의 지극한 정성은 지금 저승에서 계속되고 있으리라.

4) 한국의 윤리적, 정신적 우월성을 말살할 목적으로
-『추월한수정 중건 부조기』-

참고로, 퇴계 제자를 기록한 책명은 『퇴계제자록』에서 『도산문현록』으로, 1914년에는 『도산급문제현록』이 되었다. 초기에는 편집자 개인 안목이 작용했지만 1914년에는 적지 않은 공론 과정이 있었다. 간행 일기, 즉 『급문록영간시일기』를 남겨 그 과정을 자세하게 알게 했다.

『도산급문제현록』 마지막 쪽에 '甲寅 五月 陶山書院 刊行'이 쓰여 있고, 다음 쪽에 '編輯兼發行人 李忠鎬, 安東郡陶山面溫惠里 一0六六 番地, 大正 十一年 十二月 十日 初版印刷'로 되어 있다.

'갑인년'은 1914년이다. 발행인 이충호는 퇴계 종손이고, '도산면 온혜리 1066번지'의 개편된 행정 구역이다. 도산면은 이때까지 천년 세월 '예안현禮安縣'이었는데, 일제가 예안면과 도산면으로 나누었다.

'온혜리 1066번지'는 퇴계종택이 1906년, 1907년 연이은 방화로 임시로 이사 간 마을 이름과 번지이다. 그 집을 '홍주영감댁'이라 했는데, 퇴계 10대 종손 이휘영과 친밀했던 이휘재의 집이었다.

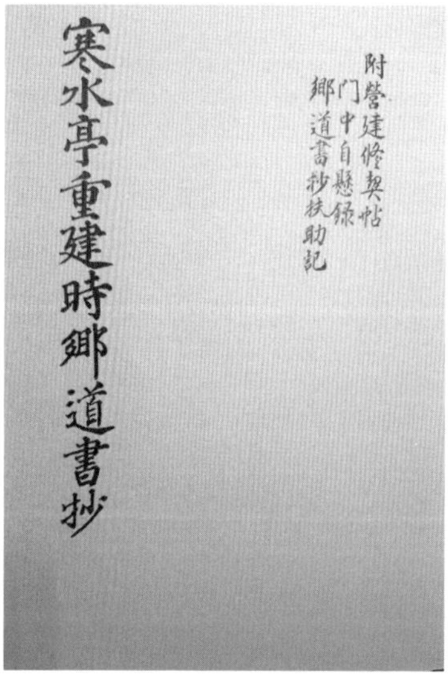

▮『추월한수정 중건 부조기』

이때 『퇴계선생언행록』도 함께 간행했고, 이어 1926년 퇴계종택과 부속 정자 '추월한수정'을 복원했다. 『도산급문제현록』 목판은 한때 농암종택에 보관되어 있기도 했다. 그 까닭은 도산서원 보존이 어려운 한 순간이 있었기 때문이다.

최근 퇴계종택에서 '추월한수정의 복원 당시의 부조기'를 영인하여 각 문중에 배포했다. 책 이름은 『한수정중건시寒水亭重建時 향도서초鄕道書抄』이다. 해석하면, "추월한수정 중건 당시 향내의 위문 글 모음집"이다. 부조 문중과 금액이 책 뒤편에 기록되어 있다.

『도산급문제현록』과 『퇴계선생언행록』의 발간, 그리고 퇴계종택과 추월한수정의 중건은 일제의 문화 말살에 위기의식을 느낀 조상들의 우리 문화 지키기, 즉 '퇴계 지키기 일환'으로 진행된 일이었다. 엄청난 부조 금액과 문중은 그 생생한 증거이다. 삼남三南의 문중, 종택은 거의 참여하고 있어, 당시의 현황을 가장 적나라하게 보여주는 문서의 하나이다.

이근필 종손은 배포 취지 글에 방화 원인을 "1906년, 1907년에 한국의 윤리적, 정신적 우월성을 말살할 목적으로 도추島醜가 두 차례에 걸쳐서 상계 종택에 방화하였고, 암태문물巖台文物이 총체적으로 오유烏有로 화化하였습니다" 했고, 중건 목적을, "당초부터 추월한수정은 개인의 힘이 아닌 유림 전체의 성역誠力으로 이루어진 시설로, 수기치인修己治人의 길을 가서 구도

성성求道成聖을 이루려는 구도자들을 위한 수련의 장"이라 했다. 도산서원선비문화수련원의 설립 근거, 명분이기도 하다.

'안동이 왜 문향文鄕인가'는 이런 기록 때문이고, 그런 결과물의 축적이 지금 한국국학진흥원 60만 점의 자료기탁으로 남겨졌다. '양반(교양인)—안동'은 이로 말미암고, '정신문화—안동' 역시 이로 말미암는다.

5) 어느 때 가을 달빛 비치는 퇴계의 개울을 보게 될까 -추월한수정-

'추월한수정'은 한자로 '秋月寒水亭'이라 쓴다. 매우 낭만적인 이름이다. 1715년 권두경이 도산서원 원장이 된 후, 종손 이수겸과 논의하여 자손과 사림의 모금으로 지었다.

권두경의 '계상 옛터에 관련된 고증의 글(溪上遺址建屋表坊考證)'을 보면, 이때 종택에 와 보니 "모든 집이 화재로 밭이 되었는데, 외손 김씨, 박씨가 소유했으며, 한서암만 외롭게 있었는데 지나가는 사람들이 무슨 집인지도 몰랐다"고 했다.

이때까지 종택은 '도산 3곡' 부포마을에 있었고 이곳은 매우 피폐했다. 따라서 어떤 경우든 퇴계 추모 공간 한 채 정도는 있어야 했다. 추월한수정은 이런 연유로 지어졌다. 종택이 이때 함께 지어졌으며 부포 생활도 이로써 끝이 났다.

추월한수정 옆에 종택 솟을대문이 있고, 대문 위에 '烈女通德郎行司醞署直長李安道妻恭人安東權氏之閭'란 긴 정려旌閭 글씨가 있다. 퇴계의 존재만으로도 숙연해지는 이 집에 열녀는 또 웬 말인가? 누가 열녀였던가? 퇴계 손부 안동권씨, 즉 이안도의 부인이다.

부인은 남편이 일찍 죽자 흩옷 차림으로 거적자리에서 밤낮을 울기를 다섯 달, 그런 상태에서 3년상을 나니 병이 깊어졌다. 이후 밥을 입에 대지 않고 좁쌀미음으로 연명하고 머리를 빗질하지 않은 채 23년을 띠를 풀지 않았다.

일찍이 말하기를 "내가 죽지 못하고 명을 이어가는 것은 다만 후사 때문이다. 만일 후사를 세우지 못하고 죽으면 저승에서 무슨 낯으로 그이를 만날 수 있을까" 했다. 결국 후사는 조카 이영도의 아들 이억으로 결정되었고, 이억이 혼인하여 며느리와 함께 들어오는 날 목욕재계한 후 소복을 입고 자결했다.

정려는 초상 중에 내려왔고 시신은 열녀문을 나와 발인했다. 종택 열녀문은 이런 연유로 세워졌다.

제례 절차는 '가가예문家家禮文'이라 한다. '집집이 다르다'는 뜻이다. 그것은 '예종선조禮從先祖'라 하여, "조상이 했던 방식 그대로 따라 하기 때문"이다. 안동 가문들의 제사 절차와 진설陳設이 조금씩 다름은 그런 연유이다.

농암종택은 "부복 앞에 두 번 절"하는 순서가 있는데, 다른 집에는 거의 없다고 한다. 이를 '부복전재배俯伏前再拜'라 한다. 어떤 경우든 시是와 비非의 대상이 아니며, 선악의 대상은 더욱 아니다.

퇴계종택 제례는 '중포中鮑'로 유명하다. '포를 상 가운데 놓는 것'을 말한다. 그 유래가 권씨부인 때문이다. 부인이 홀로 제사를 지내는데 낮은 상머리에 놓인 포가 치마에 걸려 떨어지니 그만 가운데로 옮겼는데 그것이 전통이 되었다고 한다. 종택에서도 그렇게 말한다. 사실이라 생각된다.

참고로, 예법 문제에는 퇴계 유언에 "지금 현실에 맞게 하며, 옛 법과 멀어서도 안된다(宜於今而不遠於古)”를 상기할 필요가 있다. 모범답안처럼 생각된다. 여기서 잠시 퇴계종택 가계를 보면,

李滉—寯—安道—상계파……퇴계종파
純道—의인파
詠道—하계파

李安道—嶷—命哲—杲—守謙—世德—龜應—志淳—彙寧—晩憙—中慶—忠鎬—源懿—東恩—根必—致億(현 종손)

역대 종손들의 이름을 보면 항렬 따라 작명했음에도 불구하고 하나의 사실을 발견하게 된다. 8대손 이세덕으로부터 17대손 이치억에 이르기까지 모든 이름에 ‘心’ 자가 들어 있다. 德, 應, 志, 寧, 憙, 慶, 忠, 懿, 恩, 必, 億 등.

왜 이렇게 지었을까? 나는 막연히 퇴계가 心學을 주력했기에 그 정신을 이어가자는 뜻이 아닐까 생각했다. 그 후 이이순의 문집 『후계집』에 추월한수정 편액 관련의 글(秋月寒水亭揭扁記事)’이 있어 읽어보니, 추월한수정의 건축 의의와 역대 종손들의 작명에 대한 시사점을 주고 있었다.

추월한수정 편액은 기대승의 “선생의 마음은 마치 물에 비친 가을 달과 같다(先生之心 如秋月寒水)”는 말에서 인용했다. 이는 “천년을 전해 내려온 마음이 마치 물에 비친 가을 달과 같다(恭惟千載心 秋月照寒水)”라는 주희의 시구를 인용한 것으로, 기대승은 “성현 전심의 묘를 터득할 수 있고(得聖賢傳心之妙), 이 심법을 전수한 사람은 오직 퇴계 선생 한 분뿐”이라 했다. 추월한수정의 편액과 건축 의의는 이로써 분명하게 나타났다.

추월한수정

추월한수정은 문학적 향취가 물씬 풍기는 특이한 편액으로, 도무지 도학자 퇴계에게는 어울리지 않을 것 같지만 선문답 같은 이 시 한 구절 속에 도학의 핵심이 담겨 있다. '추월한수'의 무대는 말할 것도 없이 개울가 즉, '계상溪上'이다. 퇴계의 개울은 단순한 개울이 아니라 퇴계 철학을 만든 성찰과 사색이 깃든 낭만의 미적 공간이다.

모르긴 하나 '전심지묘傳心之妙'에 담긴 '심心'과 그 심법의 오묘함을 전수한 사람은 오직 퇴계 한 분뿐이라는 설명에서 바로 역대 퇴계 종손들의 이름 속 '심心' 자의 작명 비밀도 담겨 있지 않을까. 퇴계가 터득한 전심의 묘를 후손들도 그렇게 터득하고 이어가기를 희망한 것은 아닐까?

희망은 전통을 만들었다. 그렇지만 진정 어느 경지에 가야 가을 달빛이 물에 비추는 것을 보고 진리를 깨닫게 될까. 또 어느 때 가을 달빛 비치는 퇴계의 개울을 보게 될까?

2. 퇴계에게 '고인古人'은 누구인가

1) 오매낙민寤寐洛閩 갱장공맹羹墻孔孟 -퇴계에게 쓴 추모사-

퇴계에게 쓴 만사, 제문은 이렇게 가슴 저미는 아름다운 문자로만 쓰인 것은 아니다. 일독해보니 그런 글 가운데도 공자, 맹자, 정자, 주자는 어김없이 나타난다. 좀 더 살펴봐도 안자, 자공, 이윤, 주렴계, 사마광, 도연명, 기자 등 중국 인물들이다. 인물뿐 아니다. 영향도 이들에게서 받았다고 했다.

김성일도 만사에 '統緖傳閩洛 淵源接泗洙'라 했다. 정탁도 제문에 '上希孔顔 下效程朱'라 했다. 박순도 만사에 '寂寥顔氏巷 蕭灑武夷庄'이라 했다. 조목도 봉안문에 '寤寐洛閩 羹墻孔孟'이라 했다. 후일 쓴 '海東鄒魯', '海東考亭', '山南洛閩' 등의 현판 글씨도 같은 뜻이다. 모두 "공자, 맹자, 정자, 주자를 계승했다는 뜻"이다.

조목의 글을 해석하면 "오매불망 정자, 주자이고, 갱장불망 공자, 맹자였다"이다. 과연 그러했을까? 왠지 공허하다. '공자, 주자를 이었다'가 아니면 '한국의 공자, 주자'이다'. 왜 한국의 퇴계가 아닌가? 어떻게 1100년대의 중국 인물, 주희 시대와 1500년대의 한국 인물, 퇴계의 시대가 같을 수 있겠는가!

물론 그렇지 않은 글도 있다. 기대승, 박승임, 이산해 등의 만사가 그렇다. 그러나 이 글에도 한국 인물은 없다. 이성중이 '정몽주와 이언적을 계승했다'고 했지만 바로 중국의 인물, 정자와 이연평을 썼다.

다만 류성룡의 만사와 봉안문은 수식의 문자가 잘 보이지 않은, 사실적 서술로 느껴져 눈길이 간다. 중국 인물이 없음은 말할 것도 없다. 다른 제자들의 시문과는 무엇인가 조금 다른 듯하다. 도학적 냄새가 느껴지지 않는다. 류성룡은 자신을 의식한, 자신만의 세계관이 있었던 것일까? 『징비록』은 그런 측면의 일단일 수도 있다.

그렇다면 한국에는 인물이 없었는가? 중국만을 사모하고 답습한 우리는 아류의 슬픔을 숙명적으로 안고 있었던 민족인가? 우리 민족에게는 우리 민족을 이끌어갈 만한 당대의 어른은 없었는가? 퇴계의 국가관과 세계관은 제자들이 거론하는 것처럼 이 정도의 인식에 머물러 있었는가? 나는 아니라고 본다. 퇴계는 항성이지 위성이 아니었다. 그것도 언제나.

퇴계에게 '고인古人'은 누구인가? 물론 중국 인물일 수 있다. 그때까지 문헌이란 문헌은 중국 고전이 전부라고 해도 과언이 아니었으니까. 이를 상고하고 인용함은 당연하다. 그러나 이는 그야말로 상고 자료 정도가 아니었을까. 왜냐하면 퇴계가 인식하는 한국도 원래 문헌의 나라였기 때문이다.

『퇴계집』 '논인물論人物' 조에 "우리나라를 현재 '문헌의 나라(文獻之邦)', '군자의 나라(君子之國)'라고 일컫는 것도 다 까닭이 있다"고 했다. 우리 역사를 조망하고 내린 평가이다. 우리나라도 문헌과 군자가 있는 문명국이라는 결론이다. 『왕조실록』과 『경국대전』은 상상하기 어려운 책이다. 500년 전에 이런 기록을 남긴 민족은 천지에 없다.

그런데 지금 우리나라는 야만국으로 전락되어 가고 있다. 짐승만도 못한, 절체절명의 위기가 다가왔지만 이를 바로잡을 사림세력이 궤멸되고 있다. 이에 대응하는 당대의 인물, 당대의 지성은 누구인가? 이들 두고 어디에서 교훈을 찾을 것인가?

답은 현장에 있다. 저 이국 멀리 있지 않다. 제자들이 인식하는 것처럼 온통 중국에 함몰된 퇴계가 아니었다. 제자들이 잘 몰랐기 때문이다.

어려서부터 배운 정유일이 "당시 사람들은 선생을 잘 알지 못했고, 안다는 사람들도 시인으로 지목하거나 속세를 떠난 사람이라 생각"했다. 가장 오랫동안 보아 온 조목도 "선생의 학문은 배우는 자는 많지만, 아는 자는 적고, 아는 자가 있다고 해도 얻은 자는 적었다" 함이 이런 사정을 말해 준다.

시대는 시대가 요구하는 인물과 철학이 요구된다. 과거는 거울일 뿐, 과거가 답이 될 수는 없다. 환경이 너무 다르기 때문이다. 선조들의 중국 인식은 절대적이었다. 문명국의 인식이다.

그 인식이 도학이고 도학자였다. 철학과 철학자가 있다는 인식이었다. 퇴계의 주희 언급은 인식을 증폭시켰다. 그런 인식의 고착화가 만사, 제문에 주조가 되었다. 오류의 고착은 이로 말미암는다.

마치 호가 없는 이이李珥에 호를 지어 올려, 지금 전 국민이 '율곡栗谷'이란 호가 생시에 있었던 것처럼 인식되는 것과 다름없다. 이이는 호가 없었다. 김장생이 쓴 행장에 자字 '숙헌叔獻'만 있다. 사후 문득 호가 지어졌고, 통용되며 사실처럼 굳어졌다.

'신사임당申師任堂'이란 호도 마찬가지다. 중국 "주나라 문왕의 어머니 태임太任을 본받는다"하여 지어 올렸다. 모자는 이후 이 땅에서 현인, 현모가 되어갔다. 아니 되었다.

2) 중국에 공자가 있다면 한국에 퇴계가 있다
– 동굴의 우상, 극장의 우상–

여기서 잠시, 서양학자의 '인식에 대한 견해'를 조금 인용해보겠다. 1561년 영국에서 태어난 프랜시스 베이컨은 인식의 한계, 즉 선입관을 갖게 되는 이유를 "이성을 맹신하고 경험을 소홀히 하기 때문"인데, 이를 '동굴의 우상'

이라고 하고, "나보다 앞서 성립한 철학 체계의 도그마에 속박되어 나의 판단을 그르치게 함"을 '극장의 우상'이라 했다. "진정한 학문을 이루기 위해서는 이들을 타파해야 한다"고 했다.

심리학에서는 이를 '확증편향의 오류'라 하여 "선입관을 뒷받침하는 근거만을 수용하고 자신에게 유리한 정보만을 선택적으로 수용하여 마침내는 그릇된 정보와 믿음을 옳은 것으로 믿어버리는 현상"이라 한다.

중국에 대한 인식에 혹시 이런 측면이 있지 않았을까? '중국中國'에 대한 '동방東方'부터 그렇다. 왜 자청해서 주변국으로 인식하는가? 우리 조상들이 인간 주희朱熹는 알지 못하고 성현 주자朱子만 숭상한 것은 아닐까. 인식의 당연함이 사대가 되어 '사문난적斯文亂賊'을 만들고, 마침내 '삼전도 치욕'으로 결과된 것은 아닐까?

박지원이 '예덕선생전', '허생전', '양반전' 등을 지어 호소했건만 가식과 허명의 덫에 걸린 이른바 '양반'들에게는 '소귀에 경 읽기'였다. 나라 패망은 예정된 길이었는지도 모를 일이다. 오죽 답답했으면 '예덕선생穢德先生'이라 하랴!

그런데 왠지 퇴계는 이런 동굴의 우상, 극장의 우상에 빠져 있지 않았다는 생각이 든다. '확증편향의 오류'가 없었음은 말할 것도 없다. 나만의 생각일까? 꼭 그렇지는 않다. 우리나라에도 '한국의 퇴계'라고 한 사람 있었다. 이익李瀷이다.

이익은 퇴계를 '이자李子'라 하고 『이자수어李子粹語』를 썼다. 이익은 "중국에 공자가 있다면 한국에 퇴계가 있다(東邦之有退陶 猶中國之有孔子)"고 했다. 가장 시원한 평가이다. 가장 바른 평가이기도 하다.

이익은 선대 학자들이 보지 못한 학문 경지에 이르렀고, 결국 자신만의

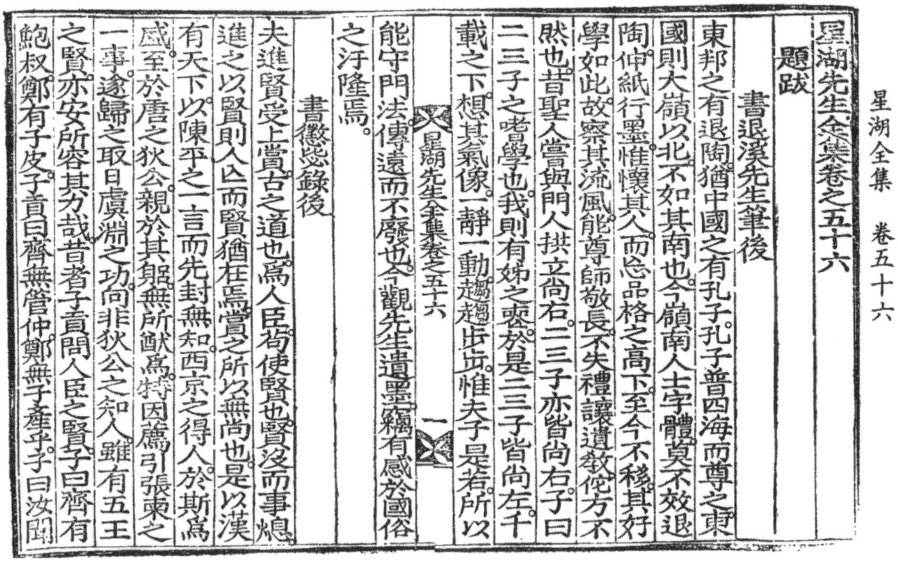
星湖全集 卷五十六

星湖先生全集卷之五十六

題跋

書退溪先生筆後

東邦之有退陶猶中國之有孔子孔子普四海而尊之東國則大嶺以北不如其南也今嶺南人士字體莫不效退陶仲紙行墨惟懷其人而忘品格之高下至今不移其好學如此故察其流風能尊師敬長不失禮讓遺敎彷彿不然也昔聖人嘗與門人拱立尚右二三子亦皆尚右子曰二三子之嗜學也我則有姊之喪故是二三子皆尚左千載之下想其氣像一靜一動趨趨步步惟夫子是若所以能守門法傳遠而不廢也今觀先生遺墨竊有感於國俗之汚隆焉

星湖先生全集卷之五十六 一

書徵毖錄後

夫進賢受上賞古之道也爲人臣苟使賢也賢沒而事熄進之以賢則人亾而賢猶在焉賞之所以無尚也是以漢有天下以陳平之一言而先封無知西京之得人於斯爲盛至於唐之狄公親於其躬無所猷爲特因薦引張柬之一事遂歸之取日虞淵之功向非狄公之知人雖有五王之賢亦安所容其力哉昔者子貢問人臣之賢子曰齊有鮑叔鄭有子皮子貢曰齊無管仲鄭無子產乎子曰汝聞

▌성호 이익의 『이자수어』 ⓒ한국고전번역원

학문을 정립했다. 그 힘은 사색이었다. 이익은 사색의 대가라 할 수 있다.

강세황의 명작 '도산서원도'가 이익의 부탁으로 그려졌음도 그런 자신만의 인식 때문에 이루어진 것임은 말할 것도 없다.

퇴계는 제자들과 점과 선으로 잠시, 잠깐씩 만났으니 알기에는 기회가 너무 적지 않았을까. 퇴계는 따뜻하고 다정다감한 그야말로 인정 있는 우리의 이웃이지 저 높이 있는 신화 속 인물은 아니었다.

'이선기악理善氣惡'은 '이기분속理氣分屬'과 더불어 퇴계가 시대정신을 온몸으로 인식하며 저항의 대응 논리로 주창한 개념이다. 기대승과 긴 세월, 물러서지 않은 이 개념의 고수가 증명하고 있다. 학문 일반을 주장하는 기대승이 퇴계를 이해하지 못함은 자명한 일이었다. 역설로 만사, 제문은 이를 증언해주는 거울이다.

일생을 함께하며 온갖 내면을 편지로 주고받은 이문량의 만사가 돋보임은 그나마 퇴계를 알았기 때문 아닐까? 서두에 쓴 '지기'와 '인리'는 '진정한 친구'와 '진정한 이웃'이 아니고는 쓸 수 없는 추모 문자이다.

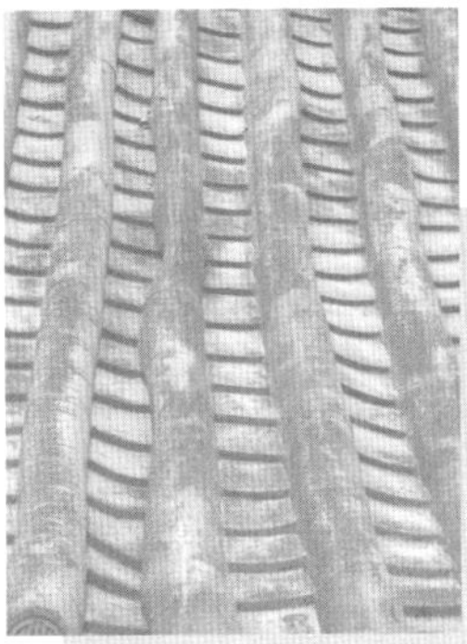

제2장

의도적 호칭
퇴계에게 선생은 누구인가

1. 아 슬프다, 나의 벗 금계 황 선생이여

1) 스승이 제자에게 '선생'이라 함은 사문 초유의 일입니다
-퇴계의 학문적 동지-

퇴계는 중국 도학자를 외면하지 않았다. 아니 더욱 철저하게 찾았다. 이들이 '퇴계의 고인古人'일 수도 있다. 그런데 이는 상고 자료일 뿐, 관심은 어디까지나 한국이고 한국의 인물이었다. 고인은 한국에 있었고, 그 표현을 '선생先生'으로 했다.

퇴계가 쓴 다섯 편의 행장은 그 생생한 증거이다. 행장 글이 없었다면 '공자, 주자를 계승했다', '오매불망 공자, 주자'라는 지적은 그대로 수용되었을 수도 있다. 모두 그렇게 믿었으니까. 지금도 그렇게 보는 시각이 있으니까. 다섯 편의 행장은 퇴계가 왜 '한국의 퇴계'인가의 물음에 일정한 답을 준다.

필자는 2017년, 〈금계 황준량 선생 탄신 500주년 기념〉의 글을 문중의 요청으로 쓴 바 있다. 무엇을 쓸까 살펴보니, 퇴계가 황준량에게 쓴 '금계황공행장錦溪黃公行狀'과, 관상명정棺上銘旌에 쓴 '嗚呼亡友錦溪黃先生'은 황준량의 일생에서 가장 중요한 사안이었다. 살펴보니 두 사안은 놀라움 그 자체였다. 더욱 놀라운 일은 이제까지 그 누구도 이를 거론한 적이 없었다는 점이다.

'嗚呼亡友錦溪黃先生'은 번역하면, "아 슬프다, 나의 벗 금계 황 선생이여"이다. 이 표현은 인구에 회자되어, 『평해황씨족보』에 실리고 마침내 조정에까지 알려져 영원한 국가기록으로 남게 되었다. 기록은 이러하다.

> "고 목사 신 황준량은 선정 신 이황의 뛰어난 제자입니다. 도학을 일찍이 듣고 그 실천이 독실하였으며, 역학의 근원을 깊이 연구했습니다. 주자의 책을 간행하여 반포했으며, 학생들을 교육하여 유풍을 크게 떨치게 하였습니다. 죽음에 이르자 선정께서 그 명정에 '선생'이라고 썼습니다. 스승이 제자에게 바로 선생이라 일컬은 것은 진실로 사문 초유의 일입니다. 영남 선비들은 지금까지도 높이 우러러 존경하고 있습니다."
>
> 원문: 故牧使臣黃俊良, 先正臣李滉高弟也. 聞道旣早, 踐履且篤, 推究易學之源, 刊布晦庵之書, 教授生徒, 儒風大振. 及其歿也. 先正, 以先生題其旌, 師門之於弟子, 直稱先生, 是誠斯文初有之事也. 嶺外人士, 至今景仰而尊慕. 『承政院日記』 고종 3년

"스승이 제자에게 '선생'이라 함은 사문斯文 초유初有의 일"이라 했다. '제자 행장 저술'도 사문 초유의 일이었다. '황공黃公'도 어렵다. 꼭 써야 했다면 '황군黃君' 정도 아닐까. '공公'은 극존칭이다. 관 위에 쓰는 글, 명정 글씨도 파격이다. 관례라면 '星州牧使平海黃公之柩'로 써야 한다. 왜 이렇게 쓴 것일까? 해프닝인가?

퇴계의 일언 일동을 보면 그럴 수도 없다. 그렇다면 무엇 때문에 이런 일

▌금선정 ©문화재청

이 일어났는가? 왜 퇴계는 황준량을 '선생'이라 하고 그 일대기, '행장'을 지었는가? 그것도 자청해서 했는가? 황준량의 '선생 지칭'과 '행장 저술'은 퇴계 이해의 중요한 단서가 된다.

기념행사는 금계錦溪 개울가, 금선정錦仙亭 옆에 새로 세운 빗돌 제막식이었는데, 빗 글은 도산서원 김병일 원장이 지었고, 나는 기념 강의를 했다. 빗 글을 읽어보니 '학문적 동지'라는 말이 유난히 눈에 들어왔다. 그 대문은 이러했다.

"퇴계 선생은 그의 명정銘旌에 선생先生이라고 쓸 정도로 예우했을 뿐 아니라, 먼저 세상을 떠난 제자의 죽음 앞에 망연자실하여 조금이나마 애통함을 덜고자 직접 행장行狀을 쓰고, 두 차례의 제문祭文을 지어 그의 일생이 예사롭지 않았음을 증언하고 망우亡友라 칭하며 위로했다. 그리고 그의 학문과

문학이 뛰어나고 소중하여 세상에 널리 알리고자 손수 시문詩文을 교열하고 문집의 편차를 정하여 간행을 서둘렀다. 또한 제자가 만년에 못다 이룬 금양정사錦陽精舍를 관리할 승려의 부역을 면제해주고, 정사精舍를 안전하게 수호케 하였다. 참으로 아름다운 사제 간의 사랑이요 곡진한 학문적 동지가 아닌가."

2) 태사 벼슬의 제수는 오직 권씨 족보에만 나타나니 무슨 근거인지 모르겠다

-안동부삼공신묘증수기-

퇴계는 많은 글씨를 썼다. 월천서당月川書堂, 관물당觀物堂, 후조당後彫堂, 겸암정謙庵亭, 임연재臨淵齋, 설월당雪月堂, 선몽대仙夢臺, 성재惺齋, 경류정慶流亭, 송당松堂 등. 사람들이 요청했고 써 주었다. 별로 사양한 것 같지 않다.

그런데 글은 그렇지 않았다. 정중한 글과 비지문碑誌文은 매우 신중했고 거듭 사양했다. 써 주게 될 때도 사실은 물론 글자 하나하나까지 따지고 따졌다. 정확함에 조금도 어긋나서는 안 되었다. 조상과 인척도 마찬가지였다.

가령 1561년, 안동권씨 문중 부탁으로 쓴 '태사묘증수기'의 경우, 제목을 '안동부삼공신묘증수기安東府三功臣廟增修記'라고 썼다. '태사묘太師廟'라 쓰지 않고 '공신묘功臣廟'라 했다. "태사 벼슬의 제수는 오직 권씨 족보에만 나타나니, 무슨 근거인지 모르겠다(太師之授 獨見於權譜 未知何據)" 했다. 최초의 의문이고 영원한 결론이다.

안동권씨 시조의 명예로운 '태사 벼슬의 제수'를 부정한 셈이다. 퇴계는 자신이 '권문權門의 외손外孫으로 썼다'고 했지만, 이 글을 받은 안동부사

권응정은 이 기문을 채택하지 않았다.

퇴계는 이 글에서 안동김씨 시조 김선평과 안동권씨 시조 권행의 평가를 공功과 덕德으로 나누었다. 전자는 공을, 후자는 덕이라 했다. 입공立功, 입덕立德은 헌작獻爵 순서에 예민한 문제였고, 그 순서를 두고 300여 년 공방한 '위차시비位次是非'는 그대로 두 씨족의 부침 역사의 축소판이 되었다. 퇴계의 글도 자연 아전인수 격으로 해석되었다. 김선평의 '공功의 으뜸(首)'과 권행의 '덕德의 더욱(尤)'은 두 씨족이 우위를 말할 때 인용되는 문구가 되었다.

이 공방은 1767년 김시교의 상소에 영조 임금이 "아침에는 김씨 상소에 답해야 하고, 저녁에는 권씨 상소에 답해야 하나" 하며, "삼위병작三位幷爵과 각축各祝을 하라"고 했다. 이로써 종료되었다.

1621년 "권태사 수위 헌작에 문제가 있다"고 한 김상헌이 권태일에게 문제 제기한 지 150여 년만이었고, 사당 건립 800여 년만이었다. 그렇지만 그 이후도 크고 작은 시비가 한 말까지 이어졌다. 모두가 퇴계의 춘추필법 때문에 파생된 일임은 말할 필요도 없다.

씨족의 조상 이력은 예민한 문제다. 가문의 명예와 관련된다. 불분명한 경우 전례를 따른다. 청탁일 경우는 더욱 그러하다. 그것이 인지상정이다. 그러나 퇴계는 그렇지 않다. 우리가 생각하는 상식을 넘어선다. '바름'은 인정과 타협의 산물이 아니었다. 글은 그래야 했다. 그런 사람이 퇴계였으니, 역사와 글의 불후不朽함을 의식한 인생이었다.

『태사묘사적太師廟事蹟』에 퇴계가 이 글을 쓸 때의 태도를 보여주는 글이 있어 소개한다. 퇴계는 『고려사』와 『동국여지승람』을 본 이후 비로소 글을 지었고, 그때 기록들을 벽에 써 두고 이를 보아가며 썼다고 했다. 기록은 이러하다.

"노선생老先生께서 '태사묘묘정비기문'을 지을 당시, 사적이 상세하지 않아 오랫동안 초를 잡지 못했다. 2단 문자(『고려사』와 『동국여지승람』)를 얻은 후 비로소 지었다. 이 책의 글을 우측 벽에 친히 써서 붙여 놓고 보아가며 초를 잡았다. 그 후 계묘년에 다시 벽을 도배할 때, 이 글과 다른 친필을 얻어 책을 만들어 본원(태사묘)에 두었다."

원문: 老先生 作太師廟廟庭碑記文時 未詳當時史蹟 久未構草 得此二段文字 後始爲做成 此文字親筆書于座右 以爲考覽而構草 其後癸卯改塗壁時 得此及其他親筆 而作帖冊 置本院

▌퇴계묘비 ⓒ문화재청

과장, 과시, 허명을 가장 싫어한 분이 퇴계였다. 그런 품성이 유언으로 남아 '내 비석을 하지 말라'하고, 하더라도 "'조그만 돌(小石)'에 열 글자만 써라" 했다. 그래서 남은 글씨가 '퇴도만은진성이공지묘退陶晚隱眞城李公之墓'이다. 해석하면, "계상과 도산에 늦게 은거해서 살아간 진성 이공의 묘"이다. 아주 소박하다. 이름 석 자만 쓴 셈이다.

관례라면 "崇政大夫判中樞府事 兼 知經筵春秋館事 贈 大匡輔國崇祿大夫議政府領議政 兼 領經筵弘文館藝文館春秋館觀象監事 謚 文純公退溪李先生之墓"라는 거창한 이름을 써야 했다. 수백 자에 이르는 거석의 신도비도

세워야 한다. 이를 사양한 사람이 퇴계였다. 그것도 유언으로.

퇴계는 명예를 멀리하여 더 큰 명예를 얻은, 전 생애를 걸어간 모습이 고스란히 남은 아름답고 행복한 분이다. 아니 주변 사람들의 인생이 아름답고 행복하도록 도와주어 더욱 빛나는 삶을 살아간 분이기도 하다. 그것도 혼신을 다해서.

3) 목숨 걸고 쓴 글이 아니라면, 생사를 넘어 쓴 글이 아닐 수 없다 -다섯 사람의 일대기-

한 사람의 일대기, 즉 '행장行狀'에 대해서는 더욱 엄격했다. 평생 일곱 편을 지었는데, 명종 임금과 아버지를 제외하면 다섯 편에 불과하다.

농암聾巖 이현보李賢輔(1467~1555), 충재冲齋 권벌權橃(1478~1548), 정암靜庵 조광조趙光祖(1482~1519), 회재晦齋 이언적李彦迪(1491~1553), 금계錦溪 황준량黃俊良(1517~1563)이다.

퇴계는 많은 제자, 동료, 친지들로부터 여러 글의 요청을 받았지만, 행장 저술은 이 다섯 사람이 전부다. 퇴계 안목에 일대기를 써 줄 인물은 그 정도에 지나지 않았는지도 모른다.

그 엄격함은 행장 표현에도 그대로 나타나 38세에 죽은 조광조와 권벌보다 13세나 적은 이언적은 이현보와 함께 '선생'이라 하고, 권벌과 황준량은 '공'이라 했다. 권벌 행장은 이언적 행장 저술 3년 뒤 1569년 마지막 저술이니 그 의도는 분명하다.

그 기준은 무엇이었을까? 퇴계의 기준으로 볼 때 '선생'이란 온 국민의 사표가 될 만한 사람에 해당하는 극존칭의 표현이다. 이현보, 조광조, 이언적만이 퇴계 안목에 선생이라 존칭할 만한 분이었는가?

조광조 행장 저술의 경우, 그 같은 사실을 극명하게 보여주고 있다. 퇴계가 당시 사람들이 '두려워서 쓰기를 기피하던' 조광조 행장을 자청, 자임自任해서 쓴 것이기에 더욱 그런 추론이 가능하다. 19세에 성균관에서 '먼발치로 잠깐 본 것'이 전부인, 사사 처형된 조광조의 일대기를 쓰고 주저 없이 '선생'이라 했다. 역시 '사문 초유의 일'이었다.

행장 기록을 『퇴계집』 순서대로 적어보면 이러하다.

명종,	明宗大王行狀
농암 이현보,	崇政大夫行知中樞府事聾巖李先生行狀(저술년도 1556년)
금계 황준량,	星州牧使黃公行狀(1563)
정암 조광조,	靜庵趙先生行狀(1564)
회재 이언적,	晦齋李先生行狀(1566)
충재 권벌,	贈大匡輔國崇祿大夫議政府左議政兼領經筵監春秋館事行崇政大 夫議政府右贊成兼判義禁府知經筵事權公 行狀(1569)
아버지 이식,	先府君行狀草記

조광조, 이언적은 관직명이 없다. 복권되지 않았기 때문이다. 권벌은 복권 이후 지었으므로 긴 관직명이 있다. 세 사람 모두 1567년 복권되었다. 조광조는 죽은 후 48년, 권벌은 23년, 이언적은 24년 만이다.

조광조는 1519년 사약을 받았고, 권벌은 1548년, 이언적은 1553년 귀양지에서 죽었다. 모두 기묘사화, 을사사화의 중심인물이다.

시호를 받았다면 썼겠지만, 저술 당시까지 모두 받지 못했다. 이현보는 1557년, 조광조, 이언적, 권벌은 1570년 함께 받았다. 이현보는 효절孝節,

권벌은 충정忠定, 조광조는 문정文正, 이언적은 문원文元이다.

퇴계는 1576년 받았는데, 문순文純이다. 효孝와 충忠과 문文은 다섯 사람의 인생을 압축한 단 한 글자이다.

'다섯 사람의 행장'은 엄청난 의미를 내포한 글이었다. 우리나라도 중국에 못지않은 도학자道學者 있음을 표방한 인물 서사敍事였다. 퇴계가 왜 '한국의 선생'인가, 왜 '한국의 퇴계'인가를 증명하는 결정적 글이기도 했다.

궁극적으로는 우리나라를 진리의 나라로 끌어올리려는 크고 원대한 이상을 담은, 퇴계 최고의 저술이었다. 퇴계 안목에 이현보, 권벌, 조광조, 이언적, 황준량은 그런 인물이었다.

퇴계는 이현보의 정계 은퇴와 조광조의 도학 정치, 혹은 개혁정치 실패를 교훈 삼으며, 이언적의 경전 저술을 전 생애의 지남으로 삼았다. 그래서 세 사람 행장은 그 제목을 '농암이선생행장聾巖李先生行狀', '정암조선생행장靜庵趙先生行狀', '회재이선생행장晦齋李先生行狀'이라 했다.

조광조는 사사賜死되고, 이언적은 귀양 가서 죽었다. 이들 일대기를 썼다. 국사범 옹호 아닌가? 1564년, 1566년 지었으니 복권 이전이다. 청탁받지 않은 조광조 행장을 자청해서 썼고, 이언적은 "도학적 저술을 남긴 오직 한 분"이라 했다. 더하여 '선생先生'이라 했다. 나라에서는 '국가적 죄인'이지만, 퇴계에게는 '민족의 선생'이었다. 분명한 정권 거부, 퇴진 표명이다. 일생을 근신하고 매사 조심스럽게 처신한 퇴계의 성정으로 볼 때 이는 설명이 어려운, 너무 큰 파격이다. 왜 그랬을까?

'행장 저술'과 '선생 칭호'는 한국의 도학자 있음의 표방이다. 이현보, 조광조, 이언적은 중국의 인물과 대등하다는 판단이고 공개적인 선언이다. '선생 선언'은 어쩌면 '도학자' 이상일 수도 있다.

五五六

集二卷。藏于家。嘉靖四十二年癸亥十二月日。
眞城李滉謹狀。

靜庵趙先生行狀

先生姓趙氏。諱光祖。字孝直。自號靜庵。趙氏爲漢陽著姓。七代祖良琪。仕高麗爲摠管。入元。當世祖朝。以副帥破哈丹兵。獻俘帝。賜袍帶獎之。高祖諱溫。爲 本朝開國功臣。封漢川府院君。謚良節。漢川生義盈庫使諱育。贈吏曹參判。參判生成均館司藝諱衷孫。贈禮曹判書。判書生諱元綱。官至司憲府監察。贈吏曹參判。是爲先

退溪先生文集卷之四十八　二十八

生皇考。妣驪興閔氏。縣監誼之女。以成化壬寅八月十日生先生。先生生有美質。少小嬉戲。已有成人儀度。稍見人非違。輒能指言之。及長。知讀書修業。慷慨有大志。獨不屑意於科舉之文。而興慕聖賢之風。博學力行。期於有成。年十九而孤。奉母家居。至誠色養。孝義之稱。達於邦國。正德庚午。試進士居魁。辛未丁內艱。至乙亥夏。廷臣有以孝廉薦。聞除造紙署司紙。是年秋。應
中廟謁聖別試。登乙科第一人及第。授成均館典籍。俄遷司憲府監察。禮曹佐郎。司諫院正

▌정암조선생행장『퇴계집』ⓒ한국고전번역원

행장은 공적보고서며, 역사관의 반영이다. 문화 중심국 선언이며 국가 정체성 확립에 초석을 놓고자 함이었다. '고인'은 한국의 인물이고, '선생'은 그 모든 것의 압축이었다.

김종직의 '조의제문弔義帝文' 한 편이 빌미가 된 무오사화의 필화 사건을 퇴계가 모를 리 있었겠는가! 목숨 걸고 쓴 글이 아니라면, 생사를 넘어 쓴 글이 아닐 수 없다. 그 이유는 오직 하나, 뜨거운 나라 사랑이었다. 그런 의도가 없었다면 일면식도 없는, 불과 38세에 죽은 조광조를 '선생'이라 할 까닭이 없다.

기묘사화의 상징이 조광조라면, 권벌은 을사사화에 '아니 되옵니다'한 단 한 분이다. 퇴계의 권벌 행장 저술 명분을 '큰 절개(大節) 때문'이라 함이 그 증거이다. 황준량은 퇴계에게 유일한 학문적 동지 같은 존재였다. 16세 연하였지만 서로 존경했다. 그리고 피를 토하는 상소문, 역사상 최고의 상소문, '단양진폐소丹陽陳弊疏'를 쓴 인물이기도 하다.

퇴계의 행장 저술은 모순이 폭발할 시대의 굽히지 않은 한 지성적 학자의 시대정신에 대한 대 국민보고서의 의미를 지닌다. 역으로 '다섯 사람'은 모순 시대 지성이 어떤 모습이어야 하는가를 우리 후손들에게 몸소 보여주었다.

행장 저술은 이理, 기氣 이론과도 함께 한다. 퇴계의 '이선기악理善氣惡', '이기분속理氣分屬'의 굽히지 않은 주장은 훈구 집단을 악의 집단으로 규정하고 축출시키고자 하는 신념의 논리였다. 펜은 칼을 이기는 법이고, 문명국인 우리나라가 오랑캐의 야만국이 되어서는 안 되는 일이었다. 사림은 선의 집단이며, 동시에 당대의 진보였다.

참고로 '명종 임금 행장'은 퇴계 67세에 명종이 승하하니, 그 책임자가 되어 짓게 되었다. 아버지 행장은 "아버지 행적이 후세에 전해지지 않음은 불효이기 때문에 써두지 않을 수 없다"고 했다. '행장초기行狀草記'라 했으니, 가장家狀은 넘어서고 행장이라고 하기에는 무언가 부족하여 그렇게 쓴 것 같다. 두 편은 부득이 쓴 것이니 자신이 의지로 쓴 행장은 다섯 편이 전부이다.

왜 당대 인물 가운데 다섯 사람인가? 네 사람은 수긍이 간다. 이현보, 권벌, 조광조, 이언적은 대감 품계에 올랐고, 시호가 내린 사람이다. 국가적 인물이라 할 수 있다. 행장을 못 쓸 사람이 아니다.

황준량은 그렇지 않다. 대감에 오른 것도, 시호를 받은 것도 아니다. 재야 산림山林도 아니다. 고을 원 정도를 지낸 그저 그런 관료이다. 외관상 그렇다. 황준량 행장 저술은 예상할 수 없는 일이었다. 한마디로 사건이었다. 아니 다섯 사람의 행장 저술 모두가 사건이었다.

4) 퇴계는 행장이 필요하지 않으며, 그 누구도 쓸 수 없습니다 -퇴계 행장 없음의 이유-

참고로, '행장'이란 글을 좀 더 설명하면 이렇다. 누군가 죽으면 집안 차원에서 일대기를 쓴다. 그 글을 '가장家狀', 혹은 '유사遺事'라 한다. 가장이 완성되면 이를 가지고 저명한 학자에게 요청하여 다시 글을 받는데, 이 글이 행장이다.

행장은 공인된, 완성된 글이다. 가능한 당대 인물에게 받고자 한다. 왜냐하면 행장은 시호諡號를 받기 위한 글, 즉 '시장諡狀'의 공적 자료가 되기 때문이다. 그러니까 시호를 받기 위해서는 가장－행장－시장으로 이어지는 하나의 메커니즘이 작용한다.

모든 글이 다 잘되어야 하지만, 행장의 글은 결정적으로 중요하다. 당대 석학 퇴계에게 받고자 함은 당연한 일이었고, 그렇게 쓴 행장은 당연히 그 권위를 인정받았다. 그렇지만 아이러니하게 퇴계 자신은 행장이 없다. 왜냐하면 그 누구도 쓸 수 없었기 때문이다.

조광조도 그러했다. 누가 쓸 수 있었을까? 퇴계 한 분이 아니었을까? 45년이 흐르는 동안 그 누구도 올바른 행장을 쓸 수 없었음이 이를 증명한다. 신을 쓰려면 신보다 위에 있거나, 적어도 동급은 되어야 쓸 수 있는 이치와 같다. 그동안 조광조 행장이 지어지지 않았음은 복권 문제도 있었지만, 아마 쉽게 쓰기 어려웠기 때문이라 생각된다.

퇴계도 그러했다. 쓸 수 없으니 저마다 썼다. 조목의 '퇴계선생언행총록', 이덕홍의 '계산기선록', 김성일의 '퇴계선생실기', 정유일의 '언행통술', 박순의 '행략' 등이 그런 글들이다. 후대에도 권두경의 '퇴계선생언행총록', 이

수연의 '퇴계선생언행록', 이익의 '이자수어', 정약용의 '도산사숙록' 등의 글이 계속 써졌다. 이런 글의 양산은 무엇을 의미하는가. 그만큼 모른다는 반증이다.

조목은 퇴계 문도의 장남이요, 이덕홍은 비서실장 격이다. 퇴계를 가장 가까이서 오래도록 모셨는데, 두 사람이 퇴계의 실체를 두고 언쟁하는 모습을 보면 그런 생각이 된다.

다름 아닌 '퇴계 성현 논쟁'이다. 조목은 "선생께서는 성현의 모습이 있다" 하니, 이덕홍이 "무슨 말입니까, 어찌 모습뿐이겠습니까(이미 성현입니다)." 하는 논쟁이 그것이다. '퇴계를 모름'은 문헌과 정보가 공개된 지금도 그러하니 당시에야 오죽했으랴!

퇴계의 인간관계가 점과 선으로 이루어져 있고, 나이 과시, 관직 과시, 학문 과시, 인품 과시가 없어서 더욱 알 수가 없었다. '학문 사단' 만들고 관리하기에 골몰하는 요즈음 학자라는 사람들이 진정으로 본받아야 할 교훈이다.

선조 임금이 어전회의에서 대신들에게 "시호와 증직을 위해 행장을 지으라" 하니, 이이가 "행장이 필요하지 않으며, 그 누구도 쓸 수 없습니다" 했다. 그래서 지어진 글이 이이의 '퇴계유사'이다. 퇴계 시호 '문순'은 행장, 시장 없이 내려졌다.

이이는 자고自高가 높은 분이다. 그 누구도 높이 평가하지 않았다. 모두가 자기 아래이다. 그런데 단 두 사람, 퇴계와 조광조는 인정하는 셈이었다. '퇴계유사' 마지막 글에 퇴계와 조광조를 비교, 평가한 부문이 있어 흥미롭다. 그 글은 이러하다.

"선생은 세상의 유종儒宗이 되셨다. 정암 조광조 이후에 견줄 만한 사람이 없다. 재조才調와 기국器局은 혹 정암에 미치지 못하더라도, 의리義理와 정미精微함을 탐구함에는 정암 또한 미칠 수 없었다."

5) 올바른 행장을 얻으려면 당대의 문장을 찾아야 한다

-퇴계이선생행장退溪李先生行狀의 기대-

참고로, '퇴계 행장' 즉 '퇴계선생 일대기'가 없는 것은 아니다. 500년이 지난 근년, 권오봉 박사가 쓴 책이 『퇴계선생 일대기』였다. 이 책은 퇴계 추모 정성이 녹아 있는 역작이다. 그동안 쓴 그 누구의 글보다 앞서는 책이다. 퇴계 이해의 필독서라 할 만하다.

아들, 손자, 친지들에게 보낸, 공개되지 않은 가서家書를 인용한 점은 더욱 그렇다. 가정생활에 밀착된 언어라서 무척 감동적인 부분도 있다.

박사의 책은 일종의 평전이다. '퇴계 평전'은 정순목, 금장태 교수에 의해 쓰인 바 있다. 선인들이 쓴 『연보』는 지난 시대 평전이라 할 수 있다.

그동안 퇴계 관련 논문은 2,700편(한국연구재단), 단행본은 326권(국립중앙도서관)이 나왔지만, 일반인은 거의 읽지 않는다. 사실 읽기도 어렵다. 도산서원 명의의 간행도 없었다. 불가사의한 일이지만 사실이었다. 그만큼 퇴계는 어려운 인물이란 반증이기도 했다.

천 원권에 초상화가 있는 인물, 서울에 '퇴계로'가 있는 인물, 퇴계는 모두가 안다. 그러나 실상은 전연 그렇지 않다. 모두가 모른다. 지금 퇴계를 설명할 수 있는 사람 몇 명일까? 나는 잘 보지 못했다. 전문가가 그러하니 일반인이야 오죽하랴! 왜 그럴까, 무슨 문제일까?

우선 자료 접근이 쉽지 않다. 『퇴계집』은 방대하고 기록은 한문이다. 거기다가 장르도 다양하고, 글은 문, 사, 철이 혼재되어 있다. 그 하나도 넘기 어렵다.

학자의 논문이 있지 않은가? 그것도 아니다. 학문 분업으로 저마다 쓰고, 저마다 발표한다. 통섭의 시대에 분업에 안주해 있다. 그 많은 논문 발표에도 그렇다. 어쩌면 이 때문에 더 어려워졌는지도 모른다.

심지어 어느 학자는 "퇴계는 이제 더 이상 쓸 것이 없다"라고 한다지만, 유감스럽게도 '퇴계를 모름'은 여전하다. 여기에 K-인문의 퇴보, 혹은 위기가 도사리고 있다.

그 이유는 '퇴계는 이런 분입니다' 하는 '행장 장르'의 글이 아니기 때문이다. 안목이 없고는, 문장이 아니고는 쓸 수 없다. 문, 사, 철을 넘나드는 글을 써야 한다. 퇴계가 그런 학문을 하였기에 그리 공부해야 하는데, 지금 학문과 글들은 그렇지 않다. 분업을 권리처럼 고수한다. 사태가 그러하니 끝없이 '장님 코끼리 만지듯' 한다.

요컨대 식재는 차고 넘치는데, 맛깔 나는 음식은 없다. 명품 요리는 더욱 없다. 명인 퇴계에 명품 글이 없다. 그래서 학자도 모른다. 국민은 더욱 모른다.

행사도 그렇다. 적어도 퇴계만은 행사를 위한 행사를 해서는 안 된다. 정말 숙고해야 한다. 많은 글이 써진다 해서, 많은 행사가 있다 해서 선양되는 것이 아니다. 좋은 글, 뜻깊은 행사가 되어야 한다. 그렇게 함이 우리의 도리이다. 그렇게 함이 진정한 추모행사이다. 이 시대 멋진 영화라도 한 편 나왔으면 좋겠다. 제목을 '선생'이라고 하고, '명량'이라는 영화가 주목받았듯이.

퇴계가 홍인우가 쓴 '조광조 행장'을 보고 "우선 올바른 행장을 지어야 하며, 그러기 위해서는 당대 문장을 찾아야 한다(當先求行狀可也……求當世大手

之人)"고 한 이유가 여기에 있다.

'퇴계 이선생 행장退溪李先生行狀'은 지금까지도 써지지 않았으며, 어쩌면 먼 후일에도 써지지 않을 수도 있다. 어느 멋진 학자의 그런 글이 나오기를 진심으로 기대한다.

2. 농암 이현보 선생 일대기

1) 지금 사람들은 이러한 은퇴가 있는지도 모릅니다 -이현보의 정계 은퇴-

퇴계는 행장마다 소회를 밝혀 저술 동기와 명분을 대략 알게 한다. 동기와 명분은 행장 저술의 두 축이다. 이현보, 조광조, 황준량 행장은 거의 자청, 자임해서 썼다. 자료 대부분을 자신이 조사하고 검토했다.

권벌, 이언적 행장은 본가 요청으로, 아들들이 가지고 온 초고, 가장家狀을 보고 썼다. 1년 정도 소요되는 힘든 장르의 글이었다. 이현보, 황준량은 주고받은 많은 시문이 남아 있고, 나머지 세 사람은 행장 글이 전부이다. '이언적 행장이 가장 어려웠다'는 전언傳言이 있다. 집필 순서별로 살펴보겠다.

'이현보 행장'은 1556년 7월 완성되었다. 1555년 6월 죽었으니 1년 만에 지었다. '의리상 사양할 수 없다' 했다. 소회의 기록은 이러하다.

> "황은 향촌에서 생장했는데 공이 볼 것 없다 않고, 매양 가르치므로 부축해 모시고 쫓아다닌 것이 몇 번인지 알 수 없다. 금년 봄, 황이 서울에서 돌아와 공을 임강사의 반도단 위에서 두 번 뵈옵자, 지극히 기뻐하고 상쾌하게 여기

는지라, 이제부터는 가히 문하에서 모시고 길이 쇄소灑掃의 심부름을 할 수 있을 줄로 여겼더니, 집과 나라가 불행하여 갑자기 이 일을 당했으니, 아 애통하도다!

상주들이 이해 8월 공을 용두산 남쪽 도곡 선영 곁에 장사지냈다. 황이 외람되이 모시기를 가장 오래 했다고 하여 행장을 부탁하니, 황은 의리상 사양할 수 없어서 겨우 그 몇 가지를 취하여 이상과 같이 쓰니, 어찌 감히 붓 잡은 사람에게 채택되어 후세 사람들이 믿을까마는 우선 상주들의 지극한 뜻을 보답하기 위함이다."

이현보는 누구인가? 퇴계에게 이현보는 왜 '선생'인가? 그렇게 인식한 시기는 언제인가?

이현보는 연산군 시절, 사관과 언관이었다. 직언으로 '괘씸죄'인 '능상지죄凌上之罪'에 걸렸으나 연산군의 어처구니없는 실수로 방면되었다. 동료들이 그 강직함을 보고 '소주도병燒酒陶甁'이라 했으니, "겉은 검으나 속은 냉엄하다는 뜻"이었다.

중종반정으로 청요직에 올랐지만, 이현보의 선택은 지방이었다. 보장되는 영달을 포기했다. 밀양, 충주, 안동, 성주, 대구, 영주, 경주, 경상도관찰사로 이어지는 여덟 고을, 30여 년을 근무했다. 전 관료 생활을 지방에서 근무한 셈이었다. 가끔 중앙보직을 받았지만, 그때마다 나와버렸다.

안동부사 시절, 관내 80세 이상 남, 여, 귀, 천을 함께 초청한 파격적인 경로잔치는 휴머니즘 가득한 진정한 목민관의 모습이기도 했다. 여기서 이현보는 고을 원의 신분으로 색동옷을 입고 춤을 추었다. 이런 공복 자세는 성주에서는 "고을 사람들이 전출의 길을 가로막고", 충주에서는 "떠나는 날 따라와 붙잡고 눈물을 흘리는 사람들이 길을 메웠다"고 했다.

경상 관아에서는 "임기 동안 가족, 친지들의 공관 출입을 금지시켰다" 했다. 조선시대 그 어느 관리도 이런 길을 가지 않았으니, 관찰사들의 계속되는 표창상신과 계층을 초월하고 누렸던 인기, 청백리 녹선은 우연이 아니었다.

이현보의 지방직 자청은 이상사회 실현을 위한 한 지성적 지식인의 고뇌에 찬 선택이었다. 이런 측면은 집안에서도 "자제와 비복들을 편애하지 않았고, 혼인도 문벌 집안을 찾지 않았으며, 사람을 대함에 빈부귀천을 가리지 않았다"는 퇴계의 이현보 행장의 기록과도 일치한다.

이현보는 조선조 유일의 정계 은퇴식을 하고 물러난 인물이다. 1542년 7월 17일, 종2품 '영감(참판)' 신분으로 물러났다. 인기와 여망으로 보면 '대감(판서, 정승)'도 가능했지만 관심이 없었다. 임금, 동료들의 만류도 뿌리쳤다. 『중종실록』 기록은 이러하다.

> "호조참판 이현보가 병으로 사직을 요청하여 고향으로 돌아가니 조정 사대부들이 한강 기슭에 나와 전송하였다.
>
> 사신은 논한다. 이현보는 노부모를 위해 외직을 자청하여 여덟 고을을 다스렸는데, 부임하는 곳에서 명성과 치적이 있었다. 부모가 죽자 예를 다하고 하루아침에 홀연히 고향으로 돌아가려 했다. 사대부들이 다투어 말렸으나 소매를 뿌리치고 작별하고는 배를 타고 유유히 떠나갔다. 배 안에는 오직 화분 몇 개, 바둑판 하나뿐이었다."

『퇴계집』의 퇴계 기록은 이러하다.

"1542년 봄에 병을 말하며 사퇴하고자 하니, 서울의 수많은 사대부가 나와 전별하였다. 궁궐에서 제천정까지 수레와 말이 일렬로 떼를 지었고, 대신들이 전별시를 지어서 주며 말하기를, '이런 일은 고금에도 없는 성스러운 일입니다' 하였다."

이현보의 은퇴 모습은 장관이었다. 임금의 인견과 금서대金犀帶, 금포錦袍 하사, 경복궁 전별 막사, 전 대신들이 참석한 한강 강변 제천정 전별연, 그 행차 일부가 옮겨 간 두모포 2차 전별연, 이후 벗들이 배에 동승하여 삼전도까지 따라와 함께 자고, 다음날 저자도의 이별로 이어지는 유례없는 일정이었다.

『농암집』에는 "대신들이 한때 전 조정을 비우고 나왔으며", "궁궐에서 한강까지 수레와 말이 일렬로 떼를 지은" 모습을 본 "도성 사람들이 담장처럼 서서 찬탄해 눈물 흘리며 '이런 일은 고금에 없는 성스러운 일입니다" 했다.

김안국, 권벌, 이언적, 퇴계는 뱃길까지 동행했고, 풍기군수 주세붕은 죽령 고개에서 맞이했다. 그때마다 전별 시들이 끊임없이 지어져서, "당하관들의 이름과 시는 다 기록할 수도 없었다" 했다. 거국적 행사였고, 실록은 이를 '염퇴恬退'라 했다.

김중청은 "회재, 충재께서 전송대열에 서고, 모재, 퇴계께서 시를 지어 전별했으니, 중국의 소광, 소수가 떠날 때의 일백 량 수레의 영광과도 비교할 수 없는 것"으로, "신라, 고려, 조선의 우리나라 수천 년 역사의 천백만 명 가운데 단 한 분뿐"이라 했다.

이현보는 이때 한강 배 위에서 은퇴의 기쁨을 한 곡 노래로 읊었다. 그 노래가 '효빈가'이다.

돌아가리라, 돌아가리라 말뿐이오 간 사람 없어
전원이 황폐해지니 아니 가고 어쩔꼬
초당에 청풍명월이 나며 들며 기다리나니

퇴계는 3일 일정을 함께하며, 14수의 시를 지었다. 이례적으로 많이 지었다. 또 그 제목이 '이 참판 선생께서 돌아감을 나라에 빌다(李參判先生假歸);', '이 선생을 받들어 전별하다(奉餞李先生)' 등이었는데 특이한 어휘 구사였다. '참판'의 은퇴가 아닌 '선생'의 은퇴였다. 퇴계가 이현보에게 '선생'이란 단어를 최초로 쓴 순간이고, 매우 의도적 표현이었다. 시 한 수는 이러하다.

소광, 소수의 은퇴처럼 공은 이미 이루어졌고,	上東門外候功成
전별 인사 구름 같아 후생을 감동시키네.	祖帳如雲感後生
한낮 신선이 되어 오르니 어찌 글로 표현하랴	白日登仙何足道
급류 시절, 어떻게 이런 명예로운 은퇴가 있을까!	急流空羨此閑行

이현보의 은퇴는 한 사람 관료의 은퇴가 아닌, 한 분 선생의 역사적 한순간으로 이해하고 있다. 그래서 저 중국의 전설적인 현인 '소광, 소수와 비견된다' 했다. 후일 국왕이 내린 이현보 제문에도 "소광, 소수처럼 가지런히 빛이 난다" 했다. 그 한 대문은 이러하다.

백발의 대로는	皤皤大老
조정의 표준이었다.	式表朝行
만류에도 머물지 않고	挽不可留
고향으로 물러났으니	退身桑鄉

▌제천정전별연도 ⓒ한국국학진흥원

1508년 이현보가 영천군수로 나올 때 제천정에서 관료들과 전별하는 모습이다. 왕실 소유 정자로 지금의 이태원동 강변에 있었다. 한강 변에 날아갈 듯한 멋진 정자. 제천정을 복원할 수는 없는 것인가!

적막한 청사에	寂寞青史
소광, 소수처럼 가지런히 빛나네.	二疏齊光

'대로大老'는 극존칭이다. '대로' 호칭은 명종 임금이 이현보에게 내린 유서에도 '경은 천하대로天下大老요 당세원구當世元龜라' 한 바 있다. 조선 500년, '대로'라 불린 인물은 드물다. 송시열을 그렇게 불러, 모신 사당이 '대로사大老祠'인데, 정조 임금이 '대로사비大老祠碑'라는 글씨를 써서 내린 바 있다.

이현보를 역사적 현인인 도연명, 하지장, 범리 등과 비교하였지만, "소광, 소수와 가지런히 빛이 난다"는 최고의 찬사라 할 수 있다. '양소兩疏'라 불리는 이들은 명예의 절정에서 물러나 중국 역사에서 최고로 존경받는 인물이 되었다.

중국 4대 시인, 백거이의 명시, '불치사不致仕(물러나지 않은 벼슬아치)'에 등장하는 인물이 바로 양소이니, 오랜 중국의 역사에도 자진해서 정계 은퇴한 인물이 없었던 모양이다.

'선생' 표현도 특이하다. 당시 거의 사용하지 않았다. 퇴계가 씀으로 역사상 부각 된 용어였다. 신라시대 '백결선생', '강수선생' 정도 쓰였으며, 고려시대는 거의 사용되지 않았다.

고려말, 조선 초에 이색, 정몽주, 서거정에 그런 표현이 있다. 그렇지만 일상적인 용어는 아니다. 퇴계 시대는 모두가 '공公'이었다. '선생'은 퇴계가 문득 사용했고 이현보는 대상이었다.

1547년 지은 시는 제목이 그대로 '상농암이선생上聾巖李先生'이다. 시는 이러하다.

고대 새 굽이에서 가을을 감상하고,	高臺新曲賞深秋
손으로 국화를 꺾으면서 갈매기를 마주한다.	手折黃花對白鷗
덕을 우러러본 지금 맑은 밤 꿈결같이,	仰德至今淸夜夢
밝은 달이 다시금 물속에 떠오른다.	月明時復到中洲

1556년 '농암이선생행장'을 지었다. 후일 조광조, 이언적 행장을 짓고 '선생'이라 썼다. 조광조는 자임한 것이기에 '선생'이 결론되어 있었고, 이언적은 가져온 자료를 검토한 끝에 내린 결론이다. 그 무렵 사회적인 존칭은 '공'이었다.

35세 연하인 이이가 퇴계 제문에 '공'이라 했고, 50세 연하인 황준량이 이현보에게 '공'이라 했다. 그 누구도 '선생'은 아니었다.

'선생'은 과연 누구인가? 퇴계는 왜 사문화된 이 단어를 새삼스럽게 사용하게 되었을까? 그 의도가 어디에 있었을까? 역사상 누구도 질문한 사람 없었고, 누구도 답변한 사람이 없었다. '선생'은 퇴계 일생의 화두였던 것 같고, 지금은 우리에게, 아니 우리 민족에게 또 다른 화두를 던져주고 있다.

'선생'은 그 후 보편화되었다. 퇴계가 '퇴계 선생'이 되었음은 말할 것도 없다. 제자들이 차츰 그렇게 호칭하기 시작했다. 전에 없던 일이었고, 그 자신 이 땅에서 명실공히 선생이 되어갔다. 아니 되었다.

이에 앞서 1540년, 이현보는 퇴계 형제에게 '분어행盆魚行'이라는 시를 지어주며 정계를 물러날 것을 종용한 바 있다. 이 시는 당시 관료들을 어항 속의 물고기에 비유한 장문의 특이한 형식의 시로, 정국 동향의 구조적 비극성을 예리하게 진단하고 있다.

이현보는 이 시에 "어항 속 물고기들 자유를 즐기지만, 그 장소를 얻은 것은 아니라고(盆中遊自恣 然非得其所)" 했고, 퇴계는 화답 시에 "깊은 훈계는 저 분어행에 있으니, 지극한 가르침 새겨 명심하리(深戒在盆魚 至誨當銘記)" 했다.

이제 막 권부에 들어선 정3품 도승지 이해, 정4품 의정부사인 퇴계에게 누가 사퇴하라고 할 수 있을까? 권유도 쉽지 않고 수용은 더욱 어려웠지 않았을까? 그런데 놀랍게도 퇴계는 다음 해 1543년 첫 은퇴를 감행했고, 1546년 또 물러났으며, 이후 취임, 퇴임을 거듭했다. 부르면 올라갔지만 '물러남'에 방점이 있는 처신이었다. 그야말로 '진이모퇴進而謀退'였다.

이런 퇴계에게 기대승은 한때 "선생님의 사퇴는 매우 잘못되었습니다"라고 날카롭게 공격한 바 있는데, 퇴계는 이 공격에 대하여 최후로 이현보와 주희朱熹의 은퇴를 인증하면서, "고인古人들에게 노병은퇴老病隱退는 아주 자연스러운 일인데 지금 사람들은 이러한 은퇴가 있는지도 모른다"고 개탄했다.

이현보의 은퇴는 그 자체도 어려운 일이었지만 3년 뒤, 1545년 발발한 을사사화로 더욱 빛을 발했다. 전별연에 참석했던 윤임, 유인숙, 유관, 권벌, 이언적 등 당대를 주름잡던 인물들의 불행이 바로 따라왔기 때문이다.

'분어행' 시에 "때 지어 다니며 의기양양하지만, 하룻밤 풍파에 몸 둘 곳도 없다(隨行而逐隊 揚揚方得意 風波一夕起 將身無處置)"라고 한 그대로 되었다. 권고받고 물러난 퇴계는 이현보와 더불어 사림으로 사화를 벗어난 유일한 인물이 되었다. 명종 임금이 이현보에 내린 유서에 "경은 정관선기靜觀先幾와 명철보신明哲保身 했다"는 말 그대로였다.

이현보에 대한 퇴계의 언어들은 퇴계 이해에 도움을 준다. 왜냐하면 생전, 사후 일관되게 '선생'이라 한 유일한 사람이 이현보였기 때문이다.

2) 퇴계가 아래에서 웃으면서 받아 마시기를 왕복 서너 차례
–농암 어부가–

은퇴 후 이현보의 생애는 두 가지 의미 있는 일이 있었다. 하나는 효도, 경로이다.

이현보는 시호가 '효절孝節'이며, 당호가 '애일愛日'이다. 효도하기 위한 집 '애일당'을 지었고, '애일당구로회愛日堂九老會'의 '색동옷 재롱'은 대신, 명

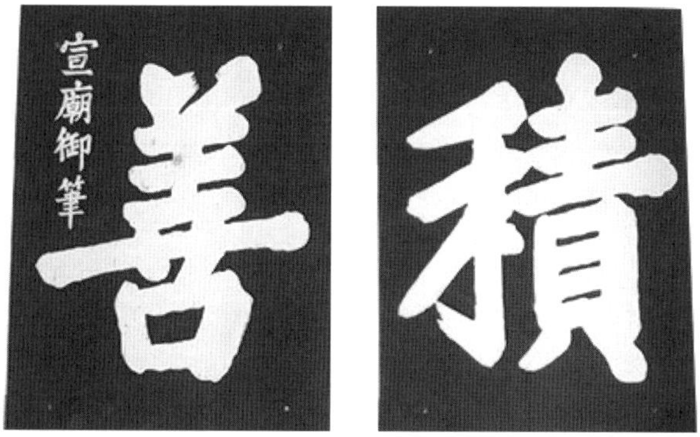

▌선조 임금이 농암종택에 내린 어필 적선

현 43명의 축하 시와 선조 임금이 특별히 '적선積善' 글씨를 하사하는 계기가 되었다. 『애일당구경첩』은 그 축하시 친필 모음집이다.

이현보 가문의 장수도 그 요인이었다. 7대 200여 년, 평균연령이 80세가 넘었다. 이현보 본인이 89세였으며, 부모가 98세, 85세, 조부모 84세, 77세, 증조부 76세, 고조부 84세였다. 동생, 아들들도 모두 장수했다.

'애일당구로회'는 14년 이어졌고, 자손들로 계승된 '속 애일당구로회'는 농암종택 500여 년 아름다운 전통이 되었다. 퇴계가 참석했음은 말할 것도 없으며, 이후 후손들이 이 행사를 주도했음도 사실이다.

이현보의 효는 관직 생활 가운데도 끊임없이 실천하고 있었다. 안동부사 시절의 안동양로연이 그러했듯이, 지방직 자청이 곧 효도하기 위함이었다. 따라서 이현보에게 '경로'는 '박애'와 더불어 지방행정의 중심이며, 전 생애를 관통하는 최고의 가치 덕목이었다.

다른 하나는 국문 시가 창작이었다. 이현보의 강호 생활에 대한 실록의 기록은 이러하다.

"이현보의 고향 생활은 담백했다. 한가할 때 이웃 방문은 걸어가서 만났고, 스스로 농부로 자임했다. 집 앞 큰 강이 있어 배를 띄울 만했다. 그래서 때로, 손님이 오면 노를 저었다. 두건을 비스듬히 쓰고, 소요하는 모습을 보고 사람들은 신선 같다 했다."

이현보는 농부로 자임自任하고 일게 서생書生과 다름없는 담백하고 물욕 없는 생활을 하여 '유선儒仙'으로 추앙받았다. 그리고 천성적인 시인으로, 분강의 강가를 두건을 비스듬히 쓰고, 애일당과 강각, 강 건너 임강사 사이를 흐르는 분강汾江 주변을 자적하며 '강호지락江湖之樂'과 '강호지미江湖之美'라는 새로운 문학 지평을 열어 국문학사에 '강호문학의 창도자'로 평가받았다.

분강 기슭 '귀먹 바위, 농암'에 올라 지은 노래가 유명한 '농암가'이다.

농암에 올라보니 노안이 더욱 밝아지는구나
인간사 변한들 산천이야 변할까
바위 앞 저 강, 저 언덕 어제 본 듯하여라

여기에 퇴계를 비롯한 김안국, 이언적, 주세붕, 조사수, 임내신, 황준량 등 여러 인사들이 찾아왔고, 이들과 회동에서 강과 달과 배와 술과 시가 있는 풍광을 연출했다. 이 감흥과 미의식이 그대로 문학과 음악과 예술이 되었다.

1547년 7월, 분강 '자리 바위(簟石)'에서 퇴계, 황준량과 함께하며 남긴 이현보의 기록은 이러하다.

"이슥고 어두워졌다. 촛불을 밝히니 바위는 강 가운데 드리워 있고, 강물은 좌우로 나누어져서 흘렀다. 내가 취하여 희극을 하는데, 술잔에 술을 부어

▌2014년 분강 모습 — 왼편 귀먹바위, 가운데 코끼리바위, 우측 사자바위, 그리고 멀리 강 건너 자리바위가 보인다.

나뭇가지 얼개에 올려 띄우니, 퇴계가 아래에서 웃으면서 받아 마시기를 왕복 서너 차례, 금계 무리가 이 모습을 보고 부러워했다."

이날 모임은 온통 신선들의 신선 잔치였다. 퇴계가 먼저 "모시고 천석에서 노니 신선 땅에 오른 듯하다(陪遊泉石似登瀛)" 하니, 이현보도 "유인(퇴계)이 찾아와서 스스로 신선 땅이 되었다(遊人探勝自蓬瀛)"고 했다.

바로 한해 전 1546년, 퇴계는 양진암을 찾아온 이현보에게 "이날 모시고 즐기니 나 역시 신선이다(此日陪歡我亦仙)"하기도 했다.

황준량은 "분강 일대는 신선 세계(一區形勝幻壺瀛)"이며, "진정한 신선들의 높은 모임 그대로 전설이 될 것(眞仙高會應傳說)"이라 했다. 한국적 유상곡수流觴曲水이며 한국적인 풍류였다.

이현보는 모두가 신선이라 했고, 퇴계도 이미 성인의 모습을 하고 있었으니 황준량의 표현도 지나치지는 않다. 다만 자신을 포함하지는 않았다. 그러나 모를 일이다. 퇴계가 "시문은 세속을 벗어났고, 미목眉目은 그림 같다" 했으니 포함되어 있지 않았다고 볼 수도 없다. 이날 이현보 81세, 퇴계 47세, 황준량 31세였다.

2년 뒤 1549년 6월 18일, 명작 '농암 어부가'가 창작되었다. 세 사람이 합작했다. 황준량이 어부가 원본을 기적같이 찾아왔고, 퇴계는 비상한 관심을 기울였다. 완성 후 이현보는 서문을 쓰고 퇴계는 발문을 지었다. 발문 일부는 이러하다.

> "물가 난간에 기대고 물안개 속에 배를 띄울 때면, 아이들에게 한목소리로 노래하게 하고, 소매 나란히 춤추게 했다. 바라보면 그 아름다움은 신선과 같으니, 아 선생은 그 진락을 얻었으니, 마땅히 그 진성을 좋아하심이다."
>
> 원문: 憑水檻而弄烟艇 必使數兒 並喉而唱咏 騈袂而蹁躚 傍人望之 縹緲若神仙人焉 噫 先生之於此 旣得其眞樂 宜好眞聲

퇴계에게 '선생'은 유가적 목표이며, '신선'은 도가적 이상이다. 두 가지를 겸비한 인물, 이현보의 '진락'과 '진성'의 풍류는 '인생지락人生之樂'이 되어 '도산 12곡'에 영향을 주었고, 오늘의 한류 문화의 바탕이 되었다.

이현보는 "'어부장가 9장'은 '영詠' 수 있게, '어부단가 5장'은 '창唱'할 수 있도록 전연 '새로운 노래(新曲)'로 창작했다" 했다. '읊음(詠)'의 시대에 '노래(唱)'가 나왔다. 그 노래를 분강에서 연출했는데, 퇴계 표현이 '병후이창영並喉而唱咏 병메이편선騈袂而蹁躚'이라 했다.

그 뜻은 "아이들에게 한목소리로 노래하게 하고, 소매 나란히 춤추게 했다" 했으니, 떼창이며 군무였다. 그 모습 또한 "아름답기가 신선 같았으며, 진락眞樂과 진성眞聲이 거기에 있었다" 했다. 이로써 우리의 노래와 춤이 시작되었다.

세 사람은 혈연, 학연으로 만났지만, 그 만남은 나이를 뛰어넘어 이루어진, 세상에 남은 가장 지고하고 아름다운 만남이었다.

서로에게 지기가 되고 지음이 되어, 망년지우忘年之友를 넘어서는 피안의 만남을 현실로 이루었다. 이들 모임이 영남가단의 모태가 되어 송순, 정철로 이어지는 호남가단과 쌍벽을 이루었다고 했다.

윤선도는 '어부사시사' 발문에, "어부가를 읊으면 사람에게 표표飄飄하여 유세독립遺世獨立의 정서가 일어났다. 이런 까닭으로 농암 선생께서 좋아하셨으며. 퇴계 선생께서도 탄상歎賞해 마지않으셨다" 했다.

안동지역에서는 17세기 김응조, 18세기 권두경, 19세기 이휘영 등의 문집 기록에 "분강에서 농암의 어부가를 다 함께 불렀다" 하여, 학술적 계승이 아닌 현장 연출로서 전승이 있었음을 밝혀놓았다.

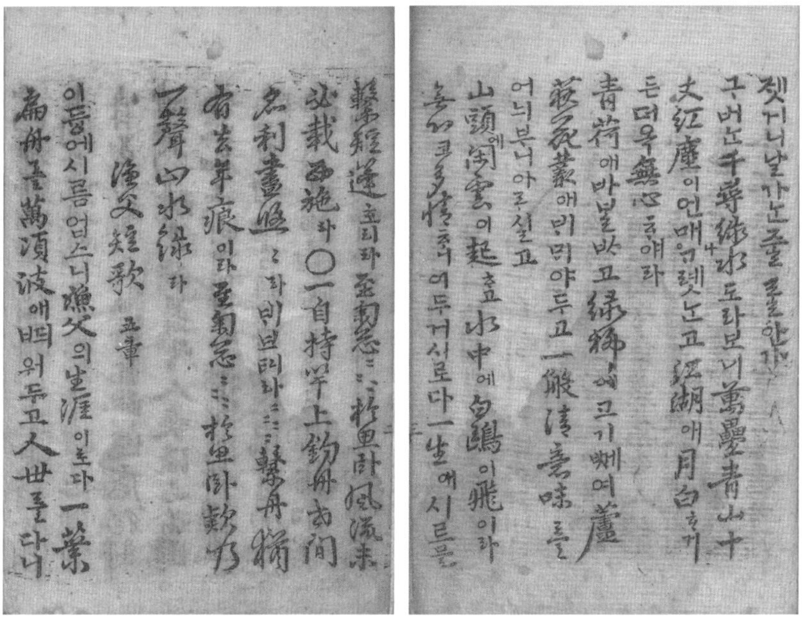

퇴계 친필 이현보 어부가 ⓒ한국국학진흥원

3) 관직을 버리고 은퇴하는 날이 바로 신선되는 날입니다

–노선생老先生, 노선백老仙伯–

퇴계는 이현보가 은퇴할 때 또 하나의 용어를 썼다. '신선神仙'이다. 은퇴하는 이현보를 신선이라 했다. 전별 시에 "한낮 신선이 되어 오르니, 어찌 말로 표현할 수 있으랴" 했다.

퇴계의 이현보 제문은 명문의 서정시인데, 은퇴 장면이 감동스럽게 묘사되어 있다. 거기 '신선'이 역시 쓰여 있다. 글은 이러하다.

> "서울 도성에서 은퇴할 때, 대신들 장막에서 전별주 권하니, 신선께서 타신 배는 일엽편주인 듯, 아득히 큰 기러기가 날아가는 듯. 아름다워라, 분강 한 굽이여!"
>
> 원문: 祖道都門 帳飮公卿 仙舟一葉 望若鴻冥 美哉汾曲

『퇴계집』에 '통재痛哉', '애재哀哉'는 많다. 그러나 '미재美哉'는 없다. 아마 이현보에게 쓴 이 글이 유일한 것 같다. 필자가 한문 원문을 가끔 소개함은 번역문에는 알 수 없는 원문 뜯어보는 재미가 적지 않기 때문이다, 또 그래야만 '글'이 무엇인지, '글의 맛'이 무엇인지 알기 때문이다. 퇴계가 그렇게 썼기 때문에 더욱 유념할 필요가 있다. '쉽고도 아름답게'

퇴계에게 '아름다움'이란 무엇이며, '신선'은 어떤 존재인가? 이런 표현이 흥미로워 살펴보니, 퇴계의 또 다른 모습의 단면으로 보였다. 도산서당, '매화시'는 더욱 그랬다. 그런 건물, 그런 시를 쓰는 사람은 드물다. 이런 측면은 이현보와도 밀접하다. 퇴계에게 이현보는 한결같이 신선이며, 도교적 용어인 '진락眞樂'을 거듭 언급했다.

▮농암 이현보 영정 ©한국국학진흥원

가령 이현보가 지은 '어부가' 발문에, "(농암 선생께서) 갈매기를 벗하며 기심을 잊었으며, 물고기를 바라보며 그 즐거움을 알았으니, 강호지락에 있어서는 그 진락을 얻었다고 할 수 있다(押鷗而忘機 觀魚而知樂, 則其於江湖之樂可謂得其眞矣)한 표현들이 그렇다.

'진락'이 무슨 뜻인가? '진짜 즐거움?' 찾아보니, '진眞'은 『장자』에 많이 나오는데, 이건 예사로운 글자가 아니다. '진眞'을 함양하기 위해 지은 집이 '양진암養眞庵'이다. 퇴계가 이 당호의 집을 지었고, 이언적도 지은 바 있다.

정유일이 퇴계를 '동방에 진유眞儒가 나왔다'고 했고, 권호문이 이현보를 '상계진인上界眞人'이라 했다. 선비 가운데도 '진짜 선비', 사람 가운데도 '진짜 사람'인가? 우리 조상들에게 '진眞'은 체득해야 하는 궁극의 개념이다. 그래서 '진지眞知'를 쓰기도 했다. 지식에도 '참다운 지식이 있다'는 뜻이다.

퇴계는 이현보에게 다양하게 사용했다. '진경眞境', '진락眞樂', '진성眞聲', '진은眞隱'이 그러하다. 곧 이현보가 소요하는 곳은 '진경'이며, 그 풍류는 '진락'이며, 그 노래는 '진성'이며, 이현보는 바로 '진은'이라 했다.

도산서원 일대의 산이 영지산인데, 그 산을 이현보에게 양보하며 쓴 시에 "원하건대 아름다운 이름을 진은께 드립니다(願將美號輸眞隱)" 했다. 자신은 가은假隱이기 때문에 진은인 이현보께서 '영지산인靈芝山人'의 이름을 드린다는 뜻이다.

퇴계의 '청량산인淸凉山人'은 '영지산인'의 양보 다음에 지은 이름이고, 그 과정에서 보여준 '영지산 연하煙霞 소유 시비'는 두 사람 관계의 최고의 어떤 경지를 보여준다.

또 '노선백老仙伯'이라 하기도 했다. 시 제목 '이선생내림한서李先生來臨寒棲'에 '돈하산남노선백頓荷山南老仙伯'이라 했고, 또 다른 시 제목 '농암선생내림계당聾巖先生來臨溪堂'에 '제일광화노선백第一光華老仙伯'이라 했다.

번역하면 "황송하세도 한서암에 노선백께서 왕림하셨나"와 "제일 영광스러운 일은 계당에 노선백께서 찾아 주심이다"이다. 시 제목과 구절에 '이선생, 농암선생, 노선백'을 거듭 썼다.

퇴계는 주희朱熹를 '선생'이라 했고, 2번 '노선생老先生'이라 했다. 『퇴계집』의 '답노이재答盧伊齋'의 글에 '노선생집주장구老先生集註章句'라 했고, '심경후론心經後論'에 '노선생일생종사老先生一生從事'라 했다.

퇴계 제자들이 후일 퇴계를 그렇게 호칭했다. 앞서 소개한 '태사묘사적'에 "老先生作太師廟廟庭碑記文"의 표현들이 그렇다. 누구에게도 하지 않은 표현이다.

'선백仙伯', '선생先生'으로는 무언가 부족하여 '노老'를 붙인 듯한데, 이미 언급한 '대로大老'의 '대大'는 '노老'로도 부족하여 붙인 것인가? 『논어』와 『예기』에 "신하, 가신家臣의 우두머리", "공경, 제후의 우두머리가 '노老'"라는 기록이 있기는 하다.

여기서 잠시, '퇴계 신선'에 대해 퇴계종택의 종손, 이치억 박사의 견해를 옮겨본다. 논문 제목은 "그 자체로 가치 있고 즐거운 자족의 삶이어야"이다. 그 글은 이러하다.

> "퇴계는 무엇인가 '되는' 것을 목표로 하지 않았고, 재물이나 명예나 권력 등을 '얻는' 것을 기뻐하지 않았지만, 그 역시 '되어야겠다'고 공공연하게 말했던 것이 하나 있다. 이외로 그것은 '신선'이다. 신선을 갈망하는 마음은 그의 글 곳곳에서 발견된다.
>
> '지상에 스스로 신선이 있으니, 관직을 버리고 은퇴하는 날이 바로 신선되는 날입니다. 어찌 적성산 아래에서 연단을 해야만 신선이라 하겠습니까?'"
>
> 원문: 蓋地上自有神仙 只投紱歸來之日 是也 何必鍊丹於赤城山下 然後謂之仙耶. 『퇴계집』 '答黃仲擧'

'신선'은 퇴계 최후의 소망이었고, 되고자 하는 단 하나의 목표였다. 학식

과시, 명예 과시, 관직 과시, 인품 과시에 관심 없었지만, 신선은 그렇지 않았다. 그런데 그 논리가 놀랍다.

이미 언급한 것처럼 "관직에서 은퇴하는 날이 신선이 되는 날"이라 했다. 연단鍊丹 수련만이 신선이 되는 것이 아니라는 논리이다. 황준량에게 보낸 편지이니 아마 이현보를 지칭한 것 같다.

적성산은 '중국 도교 4대 성지'이다. 그 산의 입산과 연단 수련은 곧 신선으로 들어가는 문턱이다. 그 '연단의 수련'보다 '관직 은퇴가 곧 신선이 되는 날'이라 했다. 관직 은퇴가 그만큼 어렵다는 뜻인가? 아니면 정말로 그렇게 된다는 것인가?

도교道教는 '도道'의 교다. 적성산에 가면 큰 바위에 '도道' 한 글자만 크게 새겨 놓았다. '대도무위大道無爲'도 새겨 놓았다. 적성산뿐만 아니다. 온 나라에 도교 건물이 있다. 중국은 도교의 나라이다. 과거도 그렇고 지금도 그렇다. 우리가 생각하는 공자와 주자를 신봉하는 유교는 아주 소수다. 거의 없다고 보면 된다.

공교롭게도 한국 학자들이 좋아하는 한 글자가 역시 '도道'다. '도학'을 부르짖어 '도학자'가 되었고, 그 도학자들이 이른바 '동방오현'이 되었다. 16세기는 문득 도학의 시대가 되었다. 또 도학은 어느덧 정치이데올로기가 되어 한 시대를 풍미했다. 그 도학자를 퇴계는 '완벽한 선생'이 됨으로써 근접한 것으로 이해한 것인지도 모른다. 퇴계는 부지불식간에 그 중심인물이 되었나.

학술적으로는 '성性', '이理'가 등장하는데, 학자들이 진眞, 도道, 성性, 이理를 단독으로, 혹은 혼용해서, 혹은 부정확하게 사용했다. 성리性理, 진리眞理, 도리道理도 그 혼용의 개념인데, 지금 사람들도 혼용해서 쓴다. 이해하기 쉽게 쓴 글이 아니라면 모르고 쓴 것일 것 같다.

여기에 문득 '기氣'라는 글자가 부각되어 사태를 복잡하게 했다. 전에 없는 일이었다. 이제는 사안을 하나에서 둘로 바라보는 이원론적 사고를 하도록 했다. '이기'의 등장이고, 퇴계의 이기분속理氣分屬과 이이의 이기묘합理氣妙合은 그 대표적 논리다. 학술 일반이 정치 일반에 깊숙이 들어온 결과이다.

퇴계는 불교는 배척했다. '물과 불 같다' 했다. 그렇지만 도교는 사뭇 수용하고 있다.

다음 시는 영수靈秀라는 스님에게 준 시다. 이현보가 영수에게 준 시를 따라 지은 시로, 자신의 유교, 불교, 도교에 대한 견해를 직설적으로 표명하고 있어 매우 흥미롭다. 여기서 이현보에 또 '노老'를 써서 '노암선老巖仙'이라 했다. '큰 농암 신선'이라는 뜻이다.

불자는 그 도를 도라 하나	釋子道其道
유교와는 물과 불같다.	氷炭於彝訓
문하에 있으면 마땅히 물리칠 것으로	在門吾當麾
시를 지어줌은 분수는 아니다.	贈言非夙分
다만 명산에 간다고 하니	祗云遊名山
내 붓이 이미 떨릴 뿐.	吾筆已可奮
하물며 우리 노암선老巖仙께서	況我老巖仙
귀한 시를 먼저 아끼지 않으셨으니.	瑰辭先下靳

어찌 너의 길을 손잡으랴! 安得携汝去
붉은 사다리를 타고 하늘로 오르고 丹梯躡天近
바다의 삼신산에 가서 海中三神山
뭇 신선들과 웃으며 이야기하고 싶을 뿐. 群仙笑相問

인간이 무불통지에 이르면 다음 단계는 어디인가. 부처인가, 신선인가, 도인인가, 성인인가? 퇴계는 아무도 오를 수 없는 그 어떤 높은 곳을 소망했고, 신선이 되었는지도 모를 일이다. 그래서 "삼신산에 가서 뭇 신선들과 웃으며 이야기하고 싶다"고 한 것이 아닐까. 이처럼 『퇴계집』에 도교 관련 용어는 아주 흔하다. 아니 애용한 것처럼 보인다. 그렇지만 불교 관련 용어는 거의 없다.

퇴계가 명명하고 사랑한 천사川沙의 갈선대葛仙臺, 고세대高世臺도 곧 신선이 사는 곳, 도인이 사는 곳을 뜻한다. 갈선, 고세는 도교 용어이다. 왜 흥이 나면 그곳에 훌쩍 가서 '홀로 걷는 즐거움'을 만끽한 것일까? 신선과 도인이 되고자 한 것일까? 퇴계의 매화시, '도매고종陶梅古終'은 신선과의 교감에서 나온 시인가?

갈선대 아래 월란대月瀾臺라는 곳이 있다. 과거 월란사가 있었고, 지금은 월란정사가 있다. 도산 일대가 한눈에 보이는 절경이다. 신선이 살면 딱 어울리는 그런 곳이다. 그런데 그 옛날 퇴계는 거기 가서 신선처럼 생활한 바 있다. 이덕홍이 너무 궁금하여 물었다. "왜 밤낮 그런 산속에 가서 계십니까"라고. 답변이 이러하다.

"꿈속에 본 신선을 찾아가서 실지 체험해보고 싶어서다. 선배들은 항상 산수를 통해 그 오묘한 이치를 체득했다. 그래서 한번 시험해 보았고, 신선이

노는 경지도 직접 맛보고 싶었다."

퇴계도 그렇지만 '이현보 신선'도 그런 점이 있다. 이현보 나이 77세, 도산서원 진입로 뒷산, 영지산 정상 8부 능선에 영지정사를 짓고 오르내렸는데, 지금도 오르기 힘든 그곳을 그 나이에 오르내림은 설명이 잘 안 된다. 도무지 신선이 아니고는 할 수 없는 일이다. 퇴계가 찾아갔음은 말할 것도 없다. 지금 영지정사 터를 찾아가 보면 상식적으로는 이해가 안 된다.

도는 길이다. 인생의 길이다. 무엇이 진리의 길인가? 퇴계 '자명'에 '산은 높고 높다'라는 구절이 있다. 이현보에게 쓴 제문에도 '산은 높고 높다(山之巍巍)'라고 했다. '그 높은 곳'은 어디일까? 신선이 사는 곳일까?

자명, 제문에 왜 이런 구절이 있을까? 퇴계는 확실히 속세에 있었지만, 속세의 인물이 아니었고 이런 모습이 '한국의 퇴계'가 된 한 단면이 될 수도 있다.

참고로, '퇴계 신선'은 어떤 모습인가? 김성일이 퇴계를 평가하여 쓴 글을 보면, '신선'이 있다면 꼭 이런 모습이 아니었을까 생각해본다. '군자君子'라 했고, 그것으로는 부족하여 '성덕군자聖德君子'라고 했다. '언행록' 기록인데, 그 글은 이러하다.

"선생의 학문은 명쾌하다. 선생의 도는 광명정대하다. 선생의 덕은 온화한 바람이요, 상서로운 구름이다. 선생의 글은 옷이며, 음식이다. 선생의 마음과 도량은 가을 하늘 밝은 달이며, 탁 트인 얼음 항아리이다. 선생은 순결하고 아름다워, 갈고 닦은 금과 옥이다. 산악처럼 무겁고, 못처럼 깊고 고요하다. 바라보면 안다, 선생이 성덕군자가 되었음을."

참고로, 이현보는 만년에 기로소耆老所에 입소되고, 청백리에 녹선 되었으며, 명종으로부터 "경은 진실로 천하대로天下大老요 당세원구當世元龜"라는 최고의 찬사를 받았다.

은퇴 후 거듭되는 명령에도 불구하고 올라가지 않으니, 1품 숭정대부崇政大夫의 품계品階를 내려 예우했다. '재야 제상'이 되었고, 죽는 순간까지 이 직책을 띠고 있었다. 조선 전기 보기 드문 일이었다.

조선 500년, '대로大老'라 불린 인물은 흔치 않으며, 효절孝節이란 시호도 이현보가 유일하다. 이현보는 전 생애에 걸쳐 명예를 포기하여 더 큰 명예를 얻은 삶을 몸소 보여주어 우리에게 행복한 삶이 어떤 것인지 말해 주고 있다.

3. 금계 황준량 공 일대기

1) 끝났구나, 끝났구나, 애통하고, 애통하다

-퇴계의 학문적 동지-

'황준량 행장'은 1563년 12월 완성되었다. 죽음이 3월이니 9개월 걸렸다. 밤낮 쉼 없이 썼다. 소회는 이러하다.

"황이 공(황준량)을 선생(이현보)의 문하에서 처음 알았고, 함께한 것이 가장 오래고 친밀했다. (나는) 어리석고 비루하여 견문이 없었는데, 공을 만나 깨우침이 많았다. 공이 물러나 진실로 왕래하며 예전 약속을 이루고자 했다. 공은 항상 내가 늙고 병든 몸을 보존하기 어려운 것을 염려했지만, 어찌 오늘 늙고 병든 자는 세상에 남아 있고, 오히려 강건한 나이의 그대를 곡哭할 줄이라! 공의 언행을 쓴다고 했지만 정중하여 감히 다하지 못하고 큰 사실만 서술한다. 후일 붓 잡는 자가 상고하길 바라며, 볼 것 없는 글로 다 쓰지 못한다. 아 슬프다!"

원문: 滉初識公於先生之門 相與游從 最久且密 愚陋無聞 得公以警發者多 公之退歸 實有往來修舊之約 而公常憂我老病難保 豈料今日老病者在世 而反哭君於康疆之年也哉 公之言行可紀者 鄭重而不敢盡 獨撮其大者如右 庶或他日秉筆者有考 而拙訥之文 無所發明 嗚呼悲夫

행장 마지막 문자가 '아 슬프다(嗚呼悲夫)!'이다. 행장의 이런 마무리는 흔하지 않다. 정말 슬펐던 모양이다. 퇴계 전 생애에서 이렇게 슬퍼한 적 없다. 이렇게 슬픈 추모사를 쓴 적도 없다.

부고를 듣고 지방을 써 붙이고, 곡을 하고, 관상 명정을 썼다. 만사, 제문도 지었다. 그것도 각각 두 편씩 지었다. 그 가운데 제문 한 편은 장문으로 고인의 생애 전체를 추억하고 있다.

그 글들은 슬픔을 넘어 격정의 비등점에 이르고 있다. '눈물이 물 흐르듯(傾水老淚)'하고, '실성하여 오래 울부짖었다(失聲長號)' 했다. '피눈물이 난다(敍疇襄以瀝血)'고도 했다. '아 슬프다(嗚呼痛哉)'의 표현도 바로 '아 금계여(嗟嗟錦溪)'였다. 그 부분은 이러하다.

"아 슬프다 금계여, 어찌 이 지경에 이르렀는가! 어찌 생각이나 했을까, 영결의 말이 부고와 함께 이를 줄을! 실성하여 오래 울부짖으니, 늙은이의 눈물이 물이 쏟아지듯 흐르네. 하늘이 이 사람을 앗아감이 어찌 이리 빠르단 말인가! 사실인가 꿈인가! 너무 슬퍼 목이 메어, 말을 다 할 수 없고 정을 누를 길

없네. 아 슬프다 금계여! 정령 한번 가고 돌아오지 않으시려는가! 끝났구나, 끝났구나! 애통하고, 애통하다!"

원문: 嗟嗟錦溪 而至此耶 何意訣言 與訃偕至 失聲長號 傾水老淚 天奪斯人 曷其亟耶 眞耶夢耶 惝怳哽塞 言不暇悉 情不能裁 嗟嗟錦溪 一去難回 已矣已矣 哀哉哀哉

다음에 이어지는 일도 놀라움의 연속이다. 황준량 원고가 간행되도록 했다. 발문을 28세의 이산해에게 부탁하는 세심함까지 보여주고 있다. 이산해의 아버지 이지번이 황준량과 친했기 때문이다. 책임감 있게 쓰라는 무언의 주문이었다. 그 결과, 3년 만인 1566년『금계집』초간본이 간행되었다.

그뿐만 아니다. 황준량이 생전 기획했던 금양정사를 완성토록 했다. 1566년 '금양정사완호기문錦陽精舍完護記文'을 지어 풍기군수 조완벽에 청원하며 승려들에게 부역을 면제하고 정사를 수호하도록 했다. 황준량의 강학 정신이 계승되도록 하는 공간을 마련했다. 이런 틈틈이 행장을 썼다. 황준량이 어떤 인물이어서 그 죽음이 이토록 퇴계를 격동시키는가!

인간 친애의 궁극은 무엇인가. 추억이다. 아름답게, 알뜰하게 추억하는 것이 궁극이다. 인간이 할 수 있는 최대의 배려이고, 최고의 예우이다.

퇴계는 황준량의 죽음을 그렇게 추억했다. 존경과 사랑이 없었으면 불가능한 일이었다. 그렇다고 하여 바로 황준량 행장이 지어진 연유를 알았다고 할 수는 없다. 퇴계 슬픔의 본질이 어디에 있는가를 좀 더 들여다보아야 한다.

황준량은 모든 면이 앞섰다. 과거부터 그렇다. 24세에 문과급제. 을과 2등이니, 33명 가운데 5등이었다. 1540년 4월 1일, 경복궁 근정전에서 있었던 일로, 박승임과 류중영이 함께 합격했다.

문과급제 나이를 보면, 이현보 32세, 권벌 30세, 조광조 34세, 퇴계 34세로 당시 과거 평균연령이 36세였다. 신동이라 한 류성룡이 25세였고, 이언적이 24세였다. 대부분 '신동神童'이라 했는데, 황준량은 '기동奇童'이라 했다. 글 명성은 자자했고, 그 '자자함'을 자세히 알고 있는 단 한 사람이 퇴계였다. 왜냐하면 퇴계와는 생애 마지막까지 문학적 교류를 계속했기 때문이다.

행장에 "임종하기 하루 전날 황滉에게 편지로 영결을 고했는데, 사의辭意가 청신淸新하여 평일과 다름이 없었다" 했다. 간담상조肝膽相照는 이 경우, 꼭 맞는 말이었다.

계상서당溪上書堂 건축 후 최초로 찾은 황준량에게 지은 시는 그런 사정을 엿보게 한다. 제목이 "퇴계 초가에 황금계가 왔다(退溪草屋黃錦溪來訪)"이다. 퇴계 개울가에 탁주 잔 놓고 학문을 토론하는 두 사람 모습이 눈에 선연하다.

이 시는 퇴계가 황준량을 바라보는 시각의 높이를 그대로 보여준다. 황준량은 제자의 범주를 넘어서고 있다. 16세 연하라고 느껴지지 않는다.

냇가에서 그대 만나 궁금한 점 토의하며	溪上逢君叩所疑
탁주 한 잔, 그대를 위해 준비했네.	濁醪聊復爲君持
하늘이 매화 늦게 피게 할까 걱정했는데	天公却恨梅花晩
일부러 잠깐 사이 가지마다 눈 꽃피어 주었네.	故遣斯須雪滿枝

퇴계의 인품 가운데 가장 빼어난 면이 인간관계이다. 대화가 되고 학문이 통하면 나이 고하를 넘어 사귀는 점이다. 이현보가 34세 연장이고, 이이는

35세 연하이다. 상하 교유 폭이 70세다.

1559년, 32세 갓 급제한 26세 연하의 기대승이 58세의 성균관대사성, 즉 지금의 서울대학교 총장에게 질의하여 1566년까지 8년, 114통의 편지를 주고받았고, 그 편지들이 '한국 성리학의 꽃'이 되었다.

황준량은 기대승과 흡사하다. 기대승이 편지로 교류했다면, 황준량은 시로 교류함이 다른 점이다. 짧은 생애, 984수를 지었다. 상당수가 퇴계와 주고받은 시다. 시가 안부고, 안부가 곧 시였다. 숨이 넘어가는 전날도 시를 지어 보냈다. 거의 '한국 시의 꽃'이라 할 만하다.

사람들은 성리학의 학술적 성과만 말하지, 수창시의 말할 수 없는 애잔한 인정의 세계는 간과한다. 삶은 과연 무엇인가? 그런데 천재 박명인지 기대승 46세, 황준량 47세, 이이 49세에 죽었다. 퇴계 인생의 시작 즈음에 모두 세상을 떠났다.

퇴계는 황준량을 "원숙한 학문 경지에 들어선 인물"이라 했다. 대단한 평가이다. 증거는 문집이고, 그 평가가 『금계집』 간행으로 이어졌다.

여기서 우리는 『금계집』의 빠르고 완벽한 간행을 주목할 필요가 있다. 『금계집』은 퇴계가 정리, 편집했고, 1566년 단양군수 손여성이 간행했다. 황준량의 '단양군수 시절의 은공 때문'이라 했다. 부임 당시 올린 상소문으로 '단양군민 10년 세금 탕감'에 대한 보답이다.

1584년 단양군수 황응규는 이 초간본을 보완하여 다시 간행했다. 전임 고을 원의 치적을 후임들이 군 차원에서 계속해서 추모했다. '빠르고 완벽한 간행'은 이렇게 되었는데, 거의 전례 없는 일이었다.

문집간행은 어렵다. 비용 때문에 엄두를 못 낸다. 인물이어야 되지만 인물도 쉽지 않다. '일고逸稿'로 남은 많은 유고집이 이를 증명한다. 없어지기

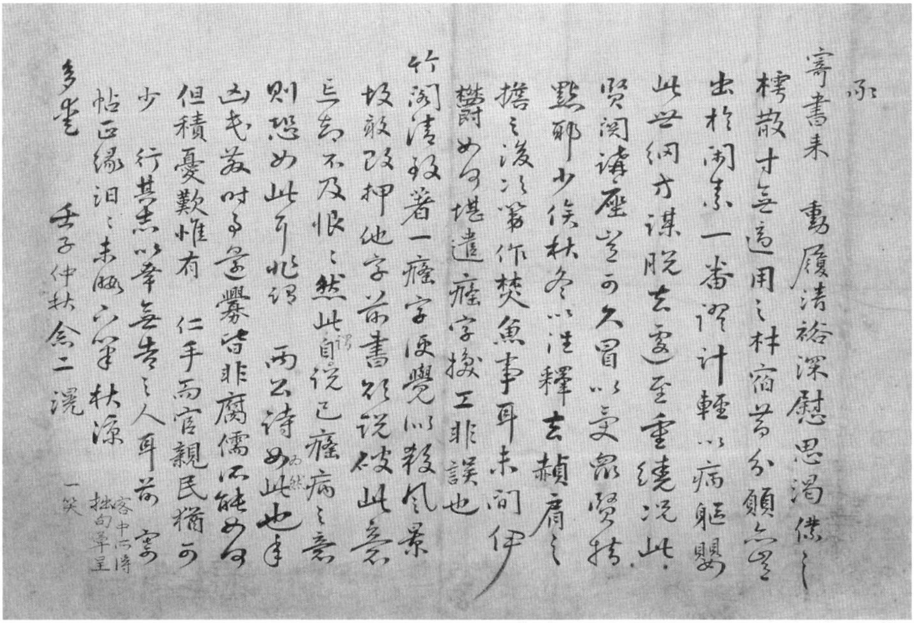

▍퇴계가 황준량에게 보낸 편지

쉬운 것이 글이고, 임진왜란 이전의 글은 더욱 그러했다. 100년 만의 간행도 쉽지 않았다. 이때는 이미 많은 원고 훼손과 그 위에 글의 선별 간행이 이루어졌으므로 매우 축소되어 나온다.

그뿐만 아니다. 개별 글 자체가 다시 첨삭된다. 후인들이 보기 좋은 글자로 바뀌기도 한다. 지금 발견되는 친필 원문을 보면 가감되었었음을 알 수 있다.

가령 퇴계가 황준량에게 보낸 아래 소개한 친필 편지 원본을 보면, "前寄帖正緣汩汩 未假下筆 秋凉多愛 客中所得拙句 草呈 一笑 壬子仲秋念二 滉"의 구절이 있는데, 『퇴계집』에는 이 부분 모두 삭제되고 '秋凉多愛'만 남아 있다. 이런 식이다.

번역하면, "전에 보내주신 시집은 바빠서 아직 마치지를 못했습니다. 가을이 왔으니 즐기시기를 바랍니다. 여행길에 얻은 시구를 보내드리니, 한 번

웃으시기를 바랍니다. 1552년 8월 22일, 황"이다. 많은 글이 이런 첨삭 과정을 거쳐 편집된다. 필화筆禍가 예상되는 글은 수없이 가감되기도 한다. 이리하여 겨우겨우 간행된 것이 오늘날의 목판 문집이다.

참고로 『농암집』은 110년 뒤인 1665년, 『정암집』은 166년 뒤인 1683년, 『충재집』은 123년 뒤인 1671년 간행되었다, 『회재집』이 23년 뒤인 1575년이고, 거국적 물력이 투입된 『퇴계집』은 30년 뒤인 1600년이다. 그만큼 문집간행이 어려웠다.

그렇다면 퇴계는 왜 그토록 『금계집』 간행에 심혈을 기울였을까. 이 물음의 연장선에 '황준량 행장 저술'의 답안도 아울러 내재 되어 있다. 문학적 성취와 공직자의 업적으로 그 연유를 생각해볼 수 있다.

2) 백성들이 무슨 죄가 있기에 이처럼 고통스럽게 합니까 –단양진폐소–

'만시輓詞'는 추모 노래인데, 가장 임팩트한 사연을 싣는다. 퇴계의 황준량 만사에 "주자 책을 함께 읽었으며 몇 번이고 같이 눈물 흘렸다('朱書每與人同讀 幾憶平生淚共流)했다. 이어진 글은 "문장은 세속 인물을 벗어났으나, 어찌 하늘이 이런 운명을 주었나(穎脫爲文出俗姿 天胡賦命獨多奇)"이다. 퇴계의 황준량 인식은 이 두 구절에 함축되어 있다. "함께 책을 읽고 눈물 흘린 동지며, 문장은 세속을 벗어난 인물"의 그 요절한 운명이 행장 저술의 근간이다.

퇴계가 황준량과 함께 읽은 책은 『주자선서』나. 퇴계가 이 책 속의 '편지의 글' 3분의 1 정도를 선별하여 묶은 책이 『주자서절요』다. 학생 교육을 위한 요점정리 책이다. 1558년 서문까지 써 둔 책이었다. 숙원 사업이었지만 출판은 주저했다. 과연 사람들이 "그 책으로 공부를 하려고 하겠는가"라는 걱정이었다.

그래서 황준량에게 "이 책을 간행하더라도 사람들이 읽으려 하지 않음에야 어찌하겠는가"라고 했다. 퇴계가 주저하는 사이, 1561년, 황준량은 성주에서 자신이 발문을 써서 간행했다. 과감하고 획기적인 일이었다. "함께 읽고 눈물을 흘린 감동의 책"은 그렇게 간행되었다. '학문적 동지' 운운은 결코 과장이 아니었다.

이에 앞서 1557년, 명종께 올린 상소문, '단양진폐소丹陽陳弊疏'는 적폐가 쌓인 단양 주민들의 처한 현실을 상소한 글로, "관은 백성을 근본으로 삼아야 하는데, 여러 적폐 때문에 백성이 살아갈 수 없으니, 이를 어찌 관청이라 할 수 있겠느냐" 했다. 절규하는 상소였다. 5001자의 상소문은 그렇게 써졌다. 일부는 이러하다.

> "세금과 부역을 감당하지 못해 기름이 끓는 듯, 목마른 붕어가 모인 듯, 호소할 길 없으니 백성들이 무슨 죄가 있기에 이처럼 고통스럽게 합니까?……이슬을 맞으며 깊은 산속에서 살며, 승냥이 살무사에 죽더라도 돌아오려 하지 않습니다. 마을 인가에 연기도 나지 않아, 전쟁이 난 뒤보다 더욱 심하여 미처 슬퍼하기 전에 눈물이 먼저 떨어집니다."

상소문에 "단양군민에게 10년 동안 세금 감면해 달라" 한다. 명종 임금은 감동하여 "앞으로 10년 동안 20여 가지 공납과 세금을 특별 감면하라" 했다. 흩어진 주민들이 돌아왔고, 굴뚝에 연기가 피어올랐다. 황준량은 이때 기쁨을 시로 읊었다. 그야말로 '여민동락與民同樂'이었다. 시는 이러하다.

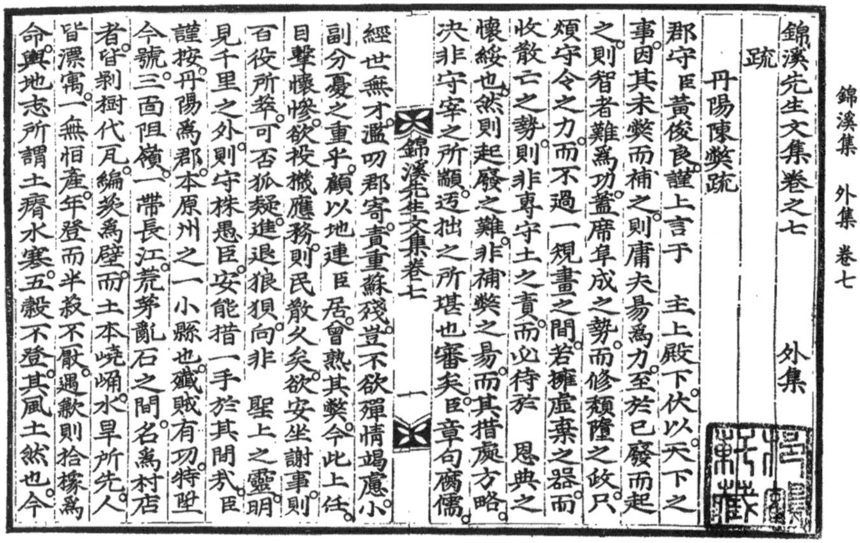
錦溪先生文集卷之七　外集

疏

丹陽陳弊疏

郡守臣黃俊良謹上言于　主上殿下。伏以天下之事。因其未弊而補之。則庸夫易爲力。至於已廢而起之。則智者難爲功。蓋席卑成之勢。而修頹墮之政。只煩守令之力。而不過一規畫之間。若擁虛棄之器。而收散亡之勢。則非專守土之責。而必待於　恩典之懷綏也。然則起廢之難。非補弊之易。而其措處方略。決非守宰之所顓。迂拙之所堪也。審矣。臣章句腐儒。

錦溪先生文集卷七　一

經世無才。濫叨郡寄。責重蘇殘。豈不欲殫情竭慮。小副分憂之重乎。顧以地連臣居。曾熟其弊。今此上任。目擊懍慘。欲投機應務。則民散久矣。欲安坐謝事。則百役所萃。可否狐疑。進退狼狽。向非　聖上之靈明。見千里之外。則守株愚臣。安能措一手於其間哉。臣謹按。丹陽爲郡。本原州之一小縣也。殲賊有功。特陞今號。三面阻嶺。一帶長江。荒莽亂石之間。名爲村店者。皆剝樹代瓦。編荻爲壁。而土本磽确。水旱所先。人皆漂寓。一無恒産。年登而半菽不厭。遇歉則拾橡爲命。輿地志所謂土瘠水寒。五穀不登。其風土然也。今

錦溪集　外集　卷七

▌단양진폐소 ⓒ한국고전번역원

홍수와 가뭄 사이 겨우 살아난 주민들	九死民生水火間
나라 은혜 바다 같아 보답하기 어렵다네.	汪恩如海欲酬難
바람 불어 무너진 집 다시 짓고	風茅破屋方謀蓋
가시 덮은 거친 밭, 이제 개간하네	封棘荒田始闢閑

'단양진폐소'는 퇴계의 '무진육조소', 조식의 '단성현감사직소', 이언적의 '일강십목소'와 더불어 '한국 4대 상소문'이라 일컬어질 만큼 명문이다. 퇴계 68세 1568년, 조식 55세 1555년, 이언적 49세 1539년, 황준량 41세 1557년에 지었다. 4편 가운데 황준량의 글을 최고로 본다. 왜냐하면 황준량의 글은 글로써 그친 것이 아니라, 임금의 마음을 움직인 유일한 글이기 때문이다. '진폐陳弊'는 곧 '적폐'이니, 그야말로 적폐 청산을 이루어낸 글이라 할 수 있다. 황준량의 문장이 이를 이루도록 했다.

만약 천하 명문이 있다면, 만약 피를 토해 쓰는 글이 있다면 황준량의 상소문이 그런 글이라 할 수 있다. 목민관 필독의 글이며, 영원한 상소문으로 존재한다. 황준량은 이 한편의 글만으로도 '선생'이 되고도 남는다.

선생이 별사람인가? 청빈, 근면, 애민의 관리, 빼어난 학문의 선각적 안목을 지닌 관리가 고금에 어디 흔한가! 결국 그런 생애가 퇴계 마음을 격동하게 하여 '나의 벗 금계 황선생'이라 했고, '금계황공행장'을 짓게 했다.

퇴계는 여기서 황준량을 다시 생각하지 않았을까? 퇴계 단양군수 역임이 48세였고 황준량은 41세였다. 황준량 48세는 성주목사였다. 전자는 종4품이고 후자는 정3품이다. 3계단 차이다. 문과급제도 10년 앞서고, 관직도 10년 정도 앞선다.

피폐한 단양군의 전임자로서 나이 어린 후임의 혼신 다하는 공무 수행은 감동을 주고도 남음이 있었다. 상소문 글 자체가 '문장'이었기에, 더욱 고무되었으리라. 황준량 상소문은 감동 그 자체였다.

시는 종횡무진 거침이 없다. 말이 1천여 수이지 누가 그렇게 지었나. 그것도 47세 나이에! 시격의 높음은 말할 것도 없다. 수많은 퇴계와의 수창시가 이를 증명하며, 지리산 산행 때 지은 시의 경우, 글자 수가 2천5백 자였다. 그런 시는 지금도 없다. 황준량이 왜 문장가인지를 보여주는 한 작품이다. 좀 더 살았다면 몇천 수까지 지었을지 가늠하기 어렵다. 2천여 수를 지은 퇴계와도 비교된다.

여기서 황준량 시 한 수를 감상하기로 한다. 제목은 "함옥헌에서 이복고 시를 따라 짓다(次涵玉軒李復古韻)"이다. 복고는 이언적의 자다.

넓은 하늘 구름 걷히니 밤기운 깨끗한데 天豁雲消夜氣清
고요한 가운데 가만히 시심이 일어나네. 靜中詩興偶然生
어느 사람 가슴속이 저처럼 맑을 수 있으랴 何人襟宇清如許
개인 달, 맑은 연못 상하가 모두 밝구나! 霽月澄潭上下明

'이언적의 시는 천작天作'이라 하여 차운이 쉽지 않다. 그러나 황준량에게는 아무런 문제가 없다. 황준량 역시 천작으로 지었다. 시 속에 지목한 '어느 사람'은 이언적이다.

이언적은 "가슴속이 '제월징담霽月澄潭'처럼 밝다" 했으나, 황준량의 마음이 이미 그 경지에 도달해 있다. 차운次韻 시는 원운元韻한 사람의 시적 수준에, 혹은 넘어서야 써지는 법이다.

황준량은 이미 이언적을 잘 알고 있었다. 만사를 지어 추모했으며, 그 만사에 이언적의 '일강십목소'의 상소문은 "간담肝膽의 충정이 담겼으며, 천년 뒤에도 평가받으리라" 했다.

황준량은 조식의 '단성현감사직소'도 잘 알고 있었고, 이를 찬양하는 시(贈曺處士植)도 썼다. 시는 이러하다.

나라에서 은명 세 번 내렸지만 九天恩命降書三
고상한 마음, 오두막에 누웠다네. 高尚襟懷臥一菴
상소 올려 충정 다 보였건만 披盡血誠封白簡
백발 되도록 백의였네. 愧將華髮困青衫

임금께서 직간을 용납하니 威收聖主能容直
조정 대신들 부끄러워했네. 責重朝紳可發慙

선비들 변질하여 아첨꾼만 모였는데　　　　　士氣渝來成碌碌
하늘이 봉황에게 말 없는 무리를 두렵게 했네. 天敎鳴鳳警群喑.

이로 보면 '단양진폐소'는 선배들의 상소문을 세밀히 검토한 끝에 나온 자신만의 작품이다. 자연 이들 상소문을 넘어서는 글을 쓰고자 했고, 드디어 넘어서는 글을 썼다.

영의정을 역임한 이산해는 시문에도 출중했다. 도산서원 석벽에 '천연대天淵臺' 글씨도 썼다. 젊은 날 쓴 황준량 시문의 평가는 극찬이다. 그 글은 이러하다.

"읽어보면 봄 구름이 하늘에 떠가는 듯, 꽃잎이 하늘 햇살에 비치는 듯, 원숙하고 혼후하여 그 끝을 다 엿볼 수 없다. 어찌 일반 문인, 재사들이 미칠 수 있겠는가"

원문: 讀之則如春雲行空 天葩映日 圓熟渾厚 無涯涘可窺 豈尋常文人才子之所可企及乎

3) 세속을 넘어선 인물이며, 명민한 풍표에 미목이 그림 같다
-秋山欲畫 澄江如鏡-

글이 지적 영역이라면, 공무는 동적 활동이다. 퇴계가 "넉넉하여 장차 무슨 일을 맡겨도 역량을 베풀지 못할 데가 없었다" 했는데, 이는 사실이었다. 공직자의 덕목을 모두 갖추었다. 청렴하고 근면하며, 선각적 안목을 지녔다.

청렴은 행장 기록처럼, "운명하던 날에 이르러서는 이불과 속옷 등이 준비되지 않아서 베를 빌려 염斂을 했는데, 옷이 관을 채우지 못했다" 했고, "사람들은 그 청빈함을 드러내지 않아 몰랐다" 했다. 퇴계 기록이니 틀림없다.

공직 자세도 확고하다. '거관사잠居官四箴'이라는 글을 쓰고, 그렇게 했다. 지금 관공서에 걸어두고 사용해도 될 것 같다. 4가지는 이러하다.

청렴으로 몸을 지키고	持己以廉
사랑으로 백성을 대하며	臨民以仁
마음은 공익에 두고	存心以公
공무는 부지런해야 한다.	莅事以勤

퇴계를 비롯하여 이현보, 이언적, 주세붕, 류성룡이 청백리에 녹선된 분들인데, 황준량이 여기 포함되어 있지 않음은 정말 유감스럽다. 황준량의 지방직은 천직으로, 신령현감은 자청하여 나온 자리였다. 애민 의식 때문이었다. 상소문에 전임자들이 "살을 도려내고 골수를 우려내며 거북 등처럼 털을 벗겨 못하는 짓이 없다" 했다. 이야말로 '여민동고與民同苦'의 마음이다.

황준량은 교육에도 박차를 가했다. 세 고을살이 동안 학교 4개를 창건하고, 4개를 중수했다. 1551년 신령향교 확장, 백학서당 창건, 1557년 단양향교 이전, 1560년 성주향교 중수, 영봉서원 확장, 녹봉정사 창건, 공곡서당 창건이 있었다. 만년 1563년에 고향 풍기에 개인 서당 금양정사를 지었다.

주세붕이 백운동서원을 창건 한 해가 1543년이고, 그 서원에 퇴계가 사액을 청원한 해가 1548년이다. 퇴계가 1570년, 70세에 안동에 역동서원 창건을 주도했음을 볼 때 여간 앞선 일이 아닐 수 없다. 스승이 나서기 전에 제자가 뛰어든 셈이었다, 『주자서절요』의 빠른 간행처럼 모두가 그러했다.

백운동서원은 창건 초기부터 관심을 가져 1547년에는 관찰사 안현安玹 등과 장기대책을 수립했다. 그 계획서가 '사문입의斯文立議'인데, 말하자면 '유림의 서원 수호 결의'였다. 1548년, 퇴계의 사액 요청은 이 결의가 영향을 주었을 수도 있다.

황준량은 하늘이 내린 재능을 지녔고, 지칠 줄 모르는 열정의 소유자였다. 삶은 그리하여 불꽃이 되었다. 자신의 철학 때문이었다. 주세붕에게 보낸 편지에, "措世而明道 反身而窮理"라 했다. 해석하면 "세상에 나가 길을 밝혀야 하며, 자신을 성찰하고 진리를 탐구해야 한다"이다. 그냥 하는 말이 아니었다.

길을 내는 사람이 인물인데, 황준량은 그런 길을 내고 걸어갔다. 그것도 거침없이 걸어갔다. 그래서 과로가 쌓였고, 그 과로가 병이 되었다. '황준량 과로'를 알고 있었던 퇴계가 조목에게 보낸 편지에,

> "중거(황준량 자)는 확 터지고 밝으며, 영민하고 명쾌하다. 늦게 학문을 좋아하여, 고을 원의 재임 때 특별히 교육에 힘을 기울였다. 공무와 학문을 진력하니 이로 인해 피로가 쌓여 병을 얻었다."
>
> 원문: 荅趙士敬書云 仲擧開爽敏快 晩好此學 在州殊有倡率之事 盡力仕學 因勞生病

황준량은 '자신의 과로를 운명'이라 했다. 성주목사 재직 시의 기록은 이러하다.

> "공무 틈틈이 책을 읽는데, 밤새도록 침식을 잊고 게으르지 않았다. 누가 과로로 병이 생길까 엿보는 자가 있어 말하기를, '책을 읽고 공부하는 것은 본래 마음 수양과 기를 보양하는 일인데, 어찌 책을 읽는다고 병이 나겠는가.

그렇다 하더라도 운명이지 글의 죄는 아니지 않은가!"

원문: 每於公餘 輒與吳對案講讀 夜以繼日 忘寢與食 亹亹不倦 人或以因勞生病爲規者 答曰 讀書爲學 本以治心養氣 安有因讀書而致生疾之理 其或有反是者 命也 非書書罪也"

다음 글은 황준량이 퇴계에게 쓴 편지인데, 사제 간에 주고받는 사연 같지 않다. 높이 날아가는 학의 모습 같다. 퇴계가 만사에서 '문장은 세속을 넘었다(穎脫爲文出俗姿)'는 표현 그대로다. 두 사람이 얼마나 높은 경지에서 마음을 주고받고 있는가를 보게 하는 단서가 된다. 글의 한 조각은 이러하다.

"가을 산은 그림 같아지고, 맑은 강은 거울 같은데, 멀리서 즐거움이 온전하고 편안히 수양하심을 생각하니 기뻐 발돋움을 할 지경입니다."

원문: 秋山欲畵 澄江如鏡 遙想樂全宴養 欣跂欣跂

문장뿐만 아니었다. 외모도 "명민한 풍표에 미목이 그림 같다(明敏有風標眉目如畵)" 했다. '세속을 벗어난 그림 같은 외모의 인물'이 황준량이었다. 제자 가운데 그 누구도 듣지 못한 평가이다. 평가는 그대로 기준이며 안목이다.

퇴계가 "재주가 화려하여 오래 함께하여 깨달은 바가 적지 않았다" 하는 말도 과장이 아니다. 어쩌면 퇴계는 황준량에게서 조광조의 모습을 본 것은 아닌지 모르겠다. 그래서 관상 명정에 문득 '선생'이라 하지 않았을까? 장수했다면 '영주의 퇴계'가 되었을 수도 있었다.

황준량은 시인이며 문장가였다. 더하여 뛰어난 행정가였다. 퇴계의 한없는 존경은 당연하다. 자신이 그런 인물이었기 때문이다. 퇴계는 황준량을 자신에 버금가는 뛰어난 도학자로 인식하고 있었다. 그래서 '선생'이라 하지 않았을까?

황준량을 가장 잘 알고 있고, 일생을 선의로 경쟁한 벗으로 죽은 후에도 '영주, 풍기의 두 인물'로 알려진 박승임은 이런 평을 한 바 있다.

> 금계 이름이 세상에 가득하게 남았음은 留名滿世
> 오직 백성에게 사랑을 남겼기 때문이다. 遺愛人民

"이름을 세상에 남겼는데, 온통 사랑으로 남았다" 했다. 참으로 멋진 표현이다. 더 이상 수사하기 어렵다. 죽마고우 이 한마디 말로써 황준량의 인생은 완성되었다.

짧은 생애, 정구鄭逑, 김륵金玏 등의 인물들이 찾아와 제자가 되었다. 퇴계의 수제자의 한 사람인 정구가 황준량의 묘소를 참배하고 쓴 제문 한 구절을 보면, 황준량은 퇴계처럼 이미 '선생'이 되어 있었다. 글은 이러하다.

> "선생은 우리 고을(성주) 원으로 부임하시어 후생을 지도해 주셨습니다. 선비들이 오늘날까지도 그 교화에 감격하여 잊지 못하고 있습니다. 더구나 일찍이 저는 선생으로부터 인정받고 칭찬을 받았던지라 더욱 그러합니다. 저를 인정해주시고 사랑하신 그 뜻은 각별하였습니다. 평생 선생의 덕을 흠모하고 뜻을 받들어 감히 그 기대를 실추시키지 말아야겠다는 생각을 어찌 잠시라도 소홀히 한 적이 있었겠습니까."

참고로, 황준량의 고향이 '푸실(草谷)'인데, 푸실은 퇴계에게도 잊지 못할 곳이다. 21세 1521년, 푸실의 진사 허찬 따님에게 장가갔다. 문경동의 맏사위인데 경남 의령에서 와서 처부모를 봉양했다. 퇴계가 허찬의 사위가 될 수 있었음은 문경동이 숙부 이우와 친분 때문이었다.

허씨부인은 1522년 준寯, 1527년 채寀를 낳고 한 달 후 27세에 죽었다. 3년 후 1530년, 안동 가일 권씨부인을 맞이했다.

처남 허사렴의 맏사위가 오운吳澐이고, 둘째 사위가 박승임의 맏아들 박록朴漉이었다. 오운은 퇴계 숙부 이우의 사위인 오언의의 손자이다. 초년과 만년 푸실에서 살았고, 이런 연유로 허씨부인의 묘갈명을 썼다.

문경동의 둘째 사위는 장응신인데, 김담의 증손자 김사문이 그 사위였다. 김사문의 아들이 김륵이다.

4. 정암 조광조 선생 일대기

1) 날마다 새벽에 일어나 의관을 단정하게 했다
－赤脫出臥와 冠帶而坐－

'조광조 행장'은 1564년 지어졌다. 기묘년이 1519년이니 45년 뒤였다. 엄청난 명성을 생각하면 늦어도 너무 늦었다. 그 이유는 자명하다. 아무도 쓰지 않으려고 했기 때문이다. 누가 감히 조광조 행장을 쓰랴.

이런 사이, 자녀들이 커서 홍인우에게 행장을 부탁했고, 이 행장을 아들 조용이 그 조카 조충남을 퇴계에게 보내 묘비 글을 청탁했다. 소회의 기록은 이러하다.

"선생이 돌아가실 때 두 아들은 어렸고, 또 세상을 두려워하여 피해야 했으므로, 뜻과 행적을 기술할 일은 오랫동안 부탁할 수 없었다. 그래서 사람들의 이목에 남을 사적이 점차 인멸되기에 이르렀다.

그 사이, 진사 홍인우가 행장 한편을 지었는데, 지난해 판관(아들 조용)이 그 종질 충남을 보내 진사가 지은 글을 황에게 주며 말하기를 '비석이 마련되었으니 명문을 지어 묘 앞에 표하기를 청합니다.' 하였다.

황은 '글을 못 한다'고 사양하고 말하기를, '비문을 짓고자 하면 마땅히 먼저 행장을 구하여야 할 것인데, 홍 진사의 글은 너무 간략합니다. 반드시 널리 찾아 많은 사적을 얻고 당대의 문장가를 구하여 행장을 보완한 후에 천천히 비문을 만들어도 늦지 않습니다' 하였다."

원문: 先生之歿 二子皆幼 且有所畏避 志行之述 久未有屬筆 而其事蹟之在人耳目者 漸至湮滅 中間 洪上舍仁祐撰行狀一道 往年 判官遣其從姪忠男來 以洪狀抵滉曰 碑石已具 請爲銘文以表於墓道 滉以不文辭 且謂曰 欲作碑文 當先求行狀可也 今觀洪狀 殊疎略 須更可博訪 多得事蹟 而求當世大手之人 補完行狀而後 徐圖碑文 未晩也

퇴계는 청탁받은 비문은 짓지 않고 행장을 지었다. 거의 자임自任했다. '세상이 두려워하고 피한 것'이라 했으니 모두가 기피했다. 조광조 같은 대현의 일대기를 홍인우 같은 인물의 글로 남겨서는 안 되는 일이었다. 당대 인물에게 받아야만 했다. '당대의 문장가를 찾아보라' 했지만, 그 문장가는 사실 자신을 염두에 둔 말이었다. 부탁받은 글도 조심스러운데, 부탁하지도 않은 글을 쓰고 있다. 왜 그랬을까?

16세기는 고뇌의 시대였다. 참된 정치는 무엇인가 하고. 사림士林은 진보進步였기에 고뇌함은 자연스러운 일이었다. 고뇌 속에서 희망이 잉태되었다.

『소학小學』이라는 책을 새삼스럽게 읽었으며, 생활도 사관생도처럼 했다.

김굉필, 정여창 등이 먼저 그러했다. 스승인 김종직과 다른 길이었다. 이들은 문득 '『소학』을 손에서 놓지 않았으며', "날마다 새벽에 일어나 의관을 단정하게 하고 앉아 책을 읽었다" 했다.

조식도 그러했고, 이언적도 그러했다. 퇴계 역시 그런 행동을 "어제도 그렇게 했고 오늘도 그렇게 했다" 했다. 조식의 일상을 묘사한 글에 이런 표현이 나온다.

> "남명 선생은 새벽에 일어나 의관을 갖추고 띠를 매고서는 자리를 바로 하고 어깨와 등을 꼿꼿하게 하여 앉았으니 바라보면 조각 같았다."

"의관을 단정히 하고 꼿꼿하게 앉는 자세"는 한자로 '관대이좌冠帶而坐'라 한다. 이런 자세는 이때까지 보편적으로 취해온 전통적 생활양식이 아니었다.

예를 들면, 조광조가 생원합격이 되어 성균관에 입학하니, 그때 '학생(儒生)'들은 매우 자유로운 생활을 했다. 조광조의 술회를 보면, 그들은 "옷을 벗고 마음대로 나가고 눕고 했으며(赤脫出臥)," "누가 의관을 갖추고 단정한 행동을 하면 몹시 비웃고 멸시했다" 했다. 이런 행동은 "부형들로부터도 노골적으로 제지를 당했다." 했다.

수많은 '적탈출와'하는 학생들 속에 홀로 '관대이좌'한 인물이 조광조였다. 조광조의 입학 초기는 시쳇말로 '왕따'였다. 피의 투쟁을 예고하는 초기 양상이기도 했다.

1519년 기묘년, 남곤은 국왕에게 "근래 선비들이 독서에는 힘쓰지 않고 단지 벽을 향해 잠잠히 앉아 있는 것만 높게 생각합니다." 했다. 그 결과로 조광조는 사사되었다. 그러나 바로 부활했다. 성균관의 학생들이 조광조의 언동을 목마른 사슴이 물을 마시듯이 했다. 여기에 참다운 인생의 길, 즉 도가 있다고 했다. 『소학』을 읽었고, '관대이좌' 하기 시작했다.

『소학』이 얼마나 소중한 책인가에 대해서는 선조 즉위년 11월 4일, 조강에서 퇴계가 그 영향을 조광조의 '참혹한 벌 받음'과 함께 역설하고 있다. 실록 기사는 이러하다.

> "조광조는 온 나라 사람들이 무겁게 의지하여 공경하고 추앙했기 때문에 더욱 참혹한 벌을 받았지만, 그 뒤 중종과 인종께서 무죄임을 알았습니다. 당시 선비된 이들은 모두 『소학』을 읽었기 때문에 지금까지 조정이나 민간에서 그나마 일으킬 생각을 하고 있는데, 이 모두 남은 교화 때문입니다. 지난날 소인들이 어진 선비들을 해치려고 하면서 붙일 죄목이 없자 '『소학』의 무리이다.'라고 했습니다. 『소학』은 바로 성현의 법언法言이니 비록 한두 사람 읽고도 바르지 못한 자가 있었다 하더라도 이것이 어찌 『소학』의 죄라 하겠습니까."

이 무렵, 중국 남방의 한 인물을 떠올랐다. 본명이 주희朱熹인데, '주자朱子'라 했다. 호는 '회암晦菴'인데, 문득 우상이 되어버렸다. 『주자전서』는 이 무렵 떠오른 최고의 이념理念 서적이었다. '이치(理)에 맞는 생각(念)'이라 했다. 퇴계는 이 책을 너무 좋아해서 '건강을 해치겠다'고 말리는 사람까지 있었지만, "이 책을 읽으면 마음부터 시원해지는데 건강이 무슨 걱정이랴" 했다.

그뿐만 아니다. 『주자전서』의 편지글을 뽑아 『주자서절요』라는 책을 펴기까지 했다. 학생들을 위한 배려였다. '선비들의 숲', 즉 사림士林은 이를 '도학道學'이라 했다. 그래서 이 시대는 '도학의 시대'가 되었다.

이들은 우주와 인간에 대해서도 전연 새로운 해석을 들고나왔다. 이理와 기氣라는 전래의 두 개념을 새롭게 설명하면서 이, 기 개념을 통해 모든 현상을 포괄하고자 했다. 그런 연유로 이 이론의 해석과 정립을 두고 논쟁이 일어났고, 이 땅의 문인 지식인들이 순식간에 사색적, 철학적 구도자의 자세를 갖도록 했다.

'사색적, 철학적 구도자의 자세'를 다시 한 글자로 규정했는데, 그 글자가 곧 '경敬'이라는 글자였다. 경은 불교의 '선禪'과 비교되었다. 구도 방법의 일환이었지만 길은 저 멀리 있었다. '도道'도 길인데 그 길도 멀리 있었다. 퇴계는 경을 아주 쉬운 말로 '옷깃을 여미는 일'이라 했다.

2) 그러나 지금 선생은 그렇지 못했다
-조광조의 도학 정치-

퇴계의 '행장 저술'은 철저히 도학에 맞추어 있었다. 도학 기준이 선정 기준이었다. 조광조는 '창명도학唱名道學했다'고 했으니 상징이나 다름없다. 38세 나이에 '선생'이란 면류관을 받음도 그런 연유였다. 그럴만했다. 행장한 부분은 이러하다.

"(조광조의 도학 정치로 인해) 선비의 학문은 방향을 알 수 있게 되었고, 세상의 다스림은 이로 인해 거듭 밝아질 수 있었다. 도학은 이에 힘입어 타락하지 않았고, 나라의 기맥도 이에 힘입어 무궁해질 수 있었다. 이러한 사실로 본다면, 당대의 사림의 화는 '비록 슬프다' 하겠으나, 선생이 도를 높이고 학문을 창도한 업적은 후세에 영향을 끼쳤다고 할 수 있다."

선비의 학문 방향, 세상의 밝아짐, 도학의 정립, 타락하지 않은 나라의 기맥이 조광조의 도학 정치에서 비롯되었다고 했다. 결과 "학문을 창도한 업적은 후세에 영향을 끼쳤다" 했다.

그런데 어쩐 일인가? 도학은 심각한 문제점을 안고 있었다. 조광조는 죽음을 당했고, 권벌, 이언적은 귀양 가서 죽었다. 세 사람뿐 아니다. 그야말로 '사림지화士林之禍'에 이르렀다. 도학은 그런 학문이 아니다. 그래서 퇴계는 조광조를 정면 비판했다. '세 가지 오류'가 있다 했다. 핵심은 '진퇴 거취의 잘못'이다. 글은 이러하다.

"도학과 도학자를 위하는 길은 입언수후立言垂後 단 한 가지뿐이다. 그러나 지금 선생은 그렇지 못했다. 첫째 불행은 등용, 발탁이 너무 갑작스러웠고, 둘째 불행은 물러남을 구했으나 이루지 못했고, 셋째 불행은 귀양지에서 생애를 마친 일이다. 중년에 충분한 경륜을 쌓을 시간이 없었으니, 입언수후는 더욱 어려운 일이 되었다. 그렇다면 하늘이 이 사람에게 큰 책임을 내린 뜻은 결국 무엇이었던가?"

원문: 所恃以爲斯道斯人地者 有立言垂後一段事爾 今先生則未然 一不幸而登擢太驟 再不幸而求退莫遂 三不幸而謫日斯終 向之所謂積累飽飫於中晩者 皆有所不暇矣 其於立言垂後之事 又已無所逮及焉 則天之所以降大任於是人之意 終如何也

'삼불후三不朽'는 입덕立德, 입공立功, 입언立言이다. '입언수후'는 말을 남겨 후세에 드리우는 것이고, 이를 실천하는 사람이 '입언군자立言君子'이다. 공자, 맹자, 주자 같은 사람은 이를 실천하여 만대에 그 덕을 밝혔다. 군자를 넘어 성현이 되었다.

불후의 명작을 남기는 것, 이것이 '문명文明'이다. 사서四書 등이 이런 책이다. 이런 경우, '입언'은 '입덕'의 경지에 들어가는 것인데, '선생은 전연 그렇지 못했다' 했다.

조광조의 오류는 명백하여, 결국 삼불후에 하나도 이르지 못한 불행한 생애가 되었다. "경륜 부족으로 그르쳤다"는 직선적 표현은 박순에게 보낸 편지에도, "어찌 바둑 두는 것을 보지 못했습니까, 한 수 잘못에 온 판이 그릇되지 않습니까, 기묘 영수가 공부가 완성되기도 전에 갑자기 큰 명성을 얻으면서, 경세제민을 자임하여 실패하지 않았습니까" 하였다.

'경륜의 부족'이 '진퇴의 잘못'이 되었고, 그 잘못은 '공부 부족'이라 했다. "물러나기를 구해야 했지만 그렇지 못했고, 이것이 귀양으로 이어져 불행이 왔다" 했다. '도학자'는 진퇴 거취가 분명해야 했다. 정약용은 바둑 비유의 이 글을 두고, "이 한 문단은 바로 선생(퇴계)이 평생 출처를 그렇게 한 이유이다(此一段 是正先生平生出處之所由然也)" 했다.

도학은 그런 학문이 아니며, 성현도 그런 사람이 아니다. 그래서 퇴계는 "하늘의 뜻이 무엇입니까"하고 절규하고 있다. 동방의 성현 출현은 이로써 무위가 되었고, 퇴계의 끊임없는 '진이모퇴進而謀退'도 여기에서 얻은 교훈이었다. 이 교훈이 퇴계가 이현보를 높이 평가하는 이유이기도 하다.

'도학'과 '도학자'에 대하여 이이는 이런 견해를 피력한 바 있다.

"살펴보니 '도학'이란 이름이 전에는 있지 않았다. 출처에 합당하면 되겠지만, 세상이 쇠퇴하여 성현의 뜻이 전해지지 않으므로, 사람들은 충효의 의義만 알았지 '출처出處의 의義'와 '성정性情의 뜻'은 알지 못했다. 이로써 출처와 성정을 아는 자를 도학자로 지목했다."

'충효보다 더 높은 가치'가 '출처의 의리'와 '성리의 연구'라고 하고, 이를 실천하는 사람이 도학자라 했다. 그 지침을 "우리 선비들이 힘써야 한다." 했다. 퇴계는 이 논리로 보면 가장 도학자에 근접한 인물이라 할 수 있다.

'조식 행장'은 정인홍이 지었는데 글 속에 이런 부문이 있다.

"선생은 출처를 심각하게 보고, 군자의 큰 절조로 삼았다. 고금의 인물을 논할 때 반드시 그 출처를 본 다음, 행실의 잘잘못을 논하였다. 일찍이 말씀하시기를, '근세에 군자로 자처하는 사람 또한 적지 않지만, 출처가 의리에 맞는 사람은 내가 듣지 못했다. 오직 경호景浩(퇴계의 자)만이 고인에 가깝다'라고 하셨다."

원문: 深以出處 爲君子大節 泛論古今人物 必先觀其出處 然後論其行事得失 嘗曰 近世以君子自處者 亦不爲不多 出處合義 蔑乎無聞 頃者惟景浩庶幾古人

그런데도 퇴계는 '조광조 행장'을 지었다. 이 저술은 사사 처형된 조광조의 명예 회복과 복권은 물론이며, 모순이 폭발한 시대의 국가적 사표로 자리매김하도록 했다.

그 글은 퇴계의 지성과 양심, 그리고 역사적 시각이 함축된 시대정신의 보고서라 할 수 있다. 행장 저술은 뚜렷한 이유가 있었고, '선생'과 '공'의 구분도 퇴계만의 기준이 있었다.

원래 유가는 진보였으며, 당시 사림도 진보였고 퇴계는 그 진보의 선구였다. 퇴계 안목에 조광조는 바로 진보의 행동하는 지성이었다. '행동하는 지성'의 일대기를 남기고 '선생'이라는 면류관을 올림은 생존자가 할 수 있는 예우이며 임무이다. 그렇게 해야만 망각되지 않기 때문이다. 그렇게 해야만 민족의 정체성을 바르게 세울 수 있기 때문이다.

임금의 한마음만 믿고, '짝사랑의 죄'를 쓴 조광조에 대한 나라의 변명은 이렇다. 『선조실록』의 기록이다.

"죽은 대사헌 조광조는 세상에 드문 순수하고 아름다운 인품으로, 사우師友 연원淵源의 전수를 얻었고 도학을 드러내 밝혀 세상의 대유大儒가 되었다. 중종 임금의 신임을 받아 충성을 다하고 정성을 다해 임금을 요순과 같이 만들고 백성을 요순시대의 백성으로 만들고자 학교를 일으켜 교화하여 사문斯文을 부식扶植하는 것으로써 자기의 임무로 삼았다. 중종도 그의 어짊을 아시고 말을 들어주고 계책을 따라주며 어진 보필로 삼아 의지하여 당우唐虞 삼대三代의 다스림을 이룩하려고 하였건마는, 바른 사람이 뜻을 얻는 것은, 사악한 사람들이 불행으로 여기는 것으로 간사한 남곤, 심정, 이항 등이 공론에 용납되지 못한 것을 분개하여 홍경주와 결탁하고 흉한 말로 교묘하게 꾸며 임금이 듣고 놀라게 하여 끝내 귀양 보내 죽게 함으로 나라의 원기를 여지없이 깎아 없앴으니, 간신들의 공갈과 속임에 몰리었기 때문이다. 처음부터 임금의 본심은 아니었다."

3) 젊은 날 우연히 여색을 가까이할 수 있었으나
-도학자와 여자-

참고로, 서경덕의 연모 일화는 만인이 안다. 황진이 때문이다. 그녀는 "30년 면벽한 지족 선사도 나에게 무너진 바 있었거늘, 화담 선생은 끝내 그렇지 않았습니다" 했다.

서경덕의 내공이 생불로 추앙받은 지족 선사를 넘어섰다는 뜻이다. 그래서 '송도삼절'이 있는데, '박연폭포와 서경덕과 그녀 자신'이라 했다. 빼어난 인물들의 빼어난 신화이다.

조광조도 그런 일화가 있다. 미남이었던 모양이다. 소년 조광조가 책을 끼고 공부하러 왕래하는데, 그 모습을 엿보고 사모하는 무남독녀 처녀가 있었고, 드디어 상사병이 들어서 죽게 되었다. 아버지가 물으니, "그렇게 되었고, 이제 얼굴만 보면 죽어도 여한 없다" 했다.

사실을 안 아버지가 조광조 아버지에게 울면서 "얼굴만 보여주면 아이를 살릴 수 있다, 그저 첩으로 삼으면 되지 않느냐"고 했으나, 조광조는 거절했다. '그럴 수 없다' 했다. 처녀는 결국 죽었다.

'조광조 행장'에 "少日 偶值女色 將近 卽麾去而避之"란 뜬금없는 구절이 있다. 행장에 이런 사연은 쓰지 않는다. 해석하면, "젊은 날 우연히 여색을 가까이할 수 있었으나, 바로 물리치고 피하였다"이다. 이 글이 가공되어 18세기, 단편소설이 되었다. 안석경의 『삽교만록』에 나오는 글인데, 퇴계의 기록이니 예사롭지 않다.

조광조는 과연 어떤 모습이었을까? 초상화가 없으니 볼 수 없다. 이이가 쓴 묘지명에 이런 구절이 있다.

▌심곡서원 ⓒ용인시청

"아 선생의 타고난 품성이 뛰어나셨다. 옥같이 맑고 금같이 깨끗하며 그 풍도가 수려했으며, 난초 같고 달덩이 같은 밝은 모습이라 정말 볼 만했다. 곧 봉황의 행동이며, 난 새의 비상 바로 그 모습이었다."

원문: 嗚呼. 先生稟受絶人 玉潤金精 相表清秀 蘭滋月朗 容止可觀 鳳儀鸞翔

일화가 없다면 인물이 아니다. 황준량 일화도 비슷하다. 성주목사 재직 시, 아전의 처가 흠모해 상사병으로 죽었다. 여인은 원혼이 되어 나타났고, 황준량은 준엄하게 타일러 거절했다. 드디어 여인의 한이 괴롭혀 병이 되고, 점점 깊어져 귀향길에 죽었다.

임종 순간에 손을 모으는 시늉을 하면서 "남녀는 유별함이 있어야 한다(男

女有別)"고 했다. 이익의 『성호사설』에 실려 있는 내용인데, 이익은 기록 끝에 "굽힐 수 없는 지조가 있었다"고 했다.

퇴계의 황준량에 대한 일련의 모습은 어쩌면 '제2의 조광조'를 생각한 것인지도 모를 일이다. 그래서 '선생'이라 한 것인가?

퇴계 일화도 어떤 측면에서 그렇다. 두향 관련이다. 퇴계가 단양군수로 재직할 때, 군 소속 관기, 두향과의 이야기가 회자되어 왔다. 도덕군자, 혹은 선생님의 '러브스토리'는 후인들의 호기심을 자극하기에 충분하다. 이미 여러 글이 써졌다. 단양을 떠날 때 두향이 매화분을 선물했다거나, 퇴계 장례식 때 '종택 부근까지 왔다'는 등이 그렇다.

후일, "퇴계 종손이 두향 묘소를 찾아갔다"는 기록은 사실처럼 느껴지게 했다. 그렇지만 모두 사료는 아니다. 단양군수 재임 기간 '두향'이라는 관기 이름은 없었으며, 퇴계 글 어디에도 없다. 진실일 수도 있고, 허구일 수도 있다. 기록이 나오지 않은 한 신화로 남을 것 같다. 이미 신화가 되었다.

서경덕, 조광조, 황준량의 이른바, '여자 이야기'의 공통점은 "한결같이 지조를 지켰다"는 사실이다. 모두 그 점이 부각되어 있다. 그 때문에 더욱 원칙주의자적인 면모를 인식시켜 주고 있다.

퇴계 역시 그 자신 평소 "기녀들이 있을 때가 가장 위험한 순간이다"라고 한 기록을 보면, 또 '언행록'에 "선생이 일찍이 임금의 명을 받고 의주에 한 달간 머물렀으나 전혀 여색을 가까이하지 않았고, 돌아오는 길에 평양에 들렀을 때 감사가 이름난 기생을 곱게 꾸며서 잠자리에 보내 주었으나 끝내 돌아보지 않았다'는 내용과 혹은 다른 측면의 '대 여성관'을 볼 때, 크게 다르지 않았을 것 같다.

오운吳澐의 기록을 보면 퇴계는 "21세에 부인 허씨를 맞이하여 서로 공경하기를 손님처럼 하였다"고 했다. '두향 일화'도 그런 관점에서 추론함이 합리적 접근이 되지 않을까 한다.

5. 회재 이언적 선생 일대기

1) 오직 회재 한 분이 있을 뿐이다
-선생의 조건-

'이언적 행장'은 1566년 지어졌다. 죽음이 1553년이니, 13년 뒤에 이루어졌다. 글을 보면 퇴계는 이언적을 잘 모르고 있었다. 그런데 이언적이 찬술한 여러 책을 보고 "반복해서 참고하고 검토하고 나서야 진정한 도학자임을 알게 되었으며", "옛 성현의 말씀과 대조해 보아도 조금도 어긋나지 않았다"고 했다. 그래서 쓰게 되었다고 했다. 소회의 기록은 이러하다.

> "몇 년 전 선생의 서자 전인이 와서 선생이 찬술한 여러 책을 보여주었는데, 근래 전인이 또 그 아들 준浚 편에 수집한 선생의 시문과 지명 및 거쳐 간 관직의 시말, 언행과 사실을 거듭 보내 주었다. 황이 삼가 받아서 읽고 반복해서 참고하고 검토하면서 옛 성현들의 말씀과 대조해 보았다. 그러고 나서야 선생이 도학에 대해서 이렇게 절실하게 추구하고, 이렇게 힘을 다해서 행하고, 이렇게 바름을 얻어, 선생의 출처의 대절과 충효의 일치가 모두 근본한 곳이 있다는 것을 알게 되었다."
>
> 원문: 頃年 先生庶子全仁來示先生所纂修諸書 近全仁又遣其子浚 以其所裒集先生詩文誌銘及歷官首末言行事實重來示 滉謹受而伏讀之 反

覆參究 質之以古聖賢之言 於是始知先生之於道學 其求之如此其切也 其行之如此其力也 其得之如此其正也 而凡先生之出處大節 忠孝一致 皆有所本也

퇴계는 이언적을 몰랐다. 전에 "찾아가 뵈었지만 제대로 알아보지 못했다" 했다. 그래서 늦게 알게 되었고, '그리워하지 않은 적이 없었다' 했다. 그 글은 이러하다.

"선생이 당시에 이미 스스로 깊이 감추고 드러내지 않았기 때문에 사람들은 선생이 도를 갖춘 분인 줄을 알지 못했다. 불초한 나는 선생을 찾아가서 뵌 적이 있었음에도 제대로 깨닫지 못했고, 이를 계기로 질문하여 깨닫지 못했다. 여러 해 병을 앓아 산속에서 지내는 동안, 먼지 묻고 좀이 먹은 서책에서 엿본 것이 있는 듯하였으나, 돌아보면 의탁하여 물을 곳이 없었다. 그런 뒤에야 한탄스럽게 선생의 사람됨을 떠올리며 그리워하지 않은 적이 없었다."

원문: 然先生在當時, 旣深自韜晦, 故人未有知其爲有道者. 滉之不肖, 固嘗獲登龍門而望芝宇矣. 亦懵然莫覺, 不能以是深叩而有發焉. 十數年來, 病廢林居, 若有窺覘於塵蠹間, 顧無所依歸而考問, 然後未嘗不慨然想慕乎先生之爲人.

이언적은 퇴계로부터 '도를 갖춘 분'으로 평가되었지만, 경우는 조광조와 달랐다. 이언적은 조식, 이이로부터 매우 부정적 평가를 받았으니, 그렇게 평가가 굳어버릴 뻔했다.

그러나 퇴계 안목에는 전연 다른 인물이었다. '선생'이라 했고, '동방사현東方四賢'이라 했다. 이유는 "도학의 저술을 남겨 우리나라를 문명국으로 끌어

올리는데 기여했다" 하고, '오직 한 분'이었다고 했다. 소신의 평가였다. 『언행록』의 글은 이러하다.

> "우리 동방에 도학자가 없지 않았지만, 문헌을 찾아볼 수 없으니 그 조예의 얕음과 깊음을 상고할 수 없다. 우제주(우탁). 정포은(정몽주)은 시대가 멀고, 한훤(김굉필). 일두(정여창) 같은 학자들은 들을 수 있는 가까운 사람이지만, 문헌을 찾을 수 없으니 참으로 한스러운 일이다. 참고로 할 수 있는 분이 있다면, 오직 회재 한 분이 있을 뿐이다……조예가 깊지 않고서야 능히 이럴 수 있겠는가!"

'도학'은 문명국의 학문이다. 중국이 문명국이 되었음은 도학적 저술을 남긴 공자, 맹자, 주자 등의 존재 때문이었다. 이들 문헌을 '성학聖學'이라 하고, 우리나라를 '소중화小中華'라 한 까닭도 여기에 있었다.

퇴계, 이이의 핵심 저술을 각각 '성학십도聖學十圖', '성학집요聖學輯要'로 표현함도 문명 의식 때문이며, 엄청난 저술 활동 역시 그렇다. 중국 학자들을 의식한 결과이다.

퇴계는 "우리나라는 예부터 성인이 살고자 했고, 기자 같은 성인이 살았던 곳"이라 했다. 성인이 도학을 했기에 도학을 해야 할 당위가 있으나, 유감스럽게도 지금 도학을 올바르게 하는 사람이 없기에 사상의 위기가 왔다. 과거 도학자가 없지 않았지만 문헌을 남기지 않았기에 제대로 과업을 이루지 못했다고 했다.

퇴계는 우리나라가 '혼란에서 질서로', '야만국에서 문명국'으로 그나마 명맥을 이어온 연유를 이렇게 설명하고 있다.

▌양동마을 회재종택(무첨당)

"그 뒤 신라가 삼국을 통일하여 하나가 되었고, (이를 계승한) 고려는 5백여 년 동안 세상에 도리가 일어나고 문화의 풍토가 차츰 열리어 중국으로 유학하는 학자가 많아지고 경학(도학)이 따라서 성하게 일어났습니다. 그리하여 혼란이 질서로 변했고, 중화를 사모하여 오랑캐를 면하게 되었습니다…… 그래서 우리나라를 현재 '문헌의 나라(文獻之邦)', '군자의 나라(君子之國)'라고 일컫는 것도 다 까닭이 있는 것입니다." 『퇴계집』 '論人物'

'문헌의 나라'는 도학적 저술이 축적된 국가를 말하며, '군자의 나라'는 진퇴 거취의 겸양이 넘치는 사회를 말한다. 두 가지가 오랑캐를 면하고, 문명국 건설에 기여하는 결정적 축이 된다. 이것이 바로 도학이며 도학자가 할 일이다.

퇴계는 우리나라가 여기까지 온 과정에 정몽주, 김종직, 김굉필, 정여창의 기여가 있었음을 또한 잊지 않고 있다. 모두 '도를 지키려다 목숨을 잃었다' 했다. '마음 아프다' 했다. 그러나 '선생'이라고 하지는 않았다. 그 의도는 명백하다. 진퇴 거취와 문헌 저술에 모두 미치지 못했기 때문이다. 추모 시는 이러하다.

우리나라는 추로라 불렸고	吾東號鄒魯
선비들 모두 육경을 읽네.	儒者誦六經
도를 알고 좋아하는 사람 어찌 없으랴만	豈無知好之
누가 성취한 사람인가?	何人是有成
굳고 굳센 정포은이여	矯矯鄭烏川
죽음에도 끝내 변치 않았네.	守死終不更
점필재가 학문을 일으키니	佔畢文起衰
도를 구하는 자 그 마당에 가득했네.	求道盈其庭
청출어람 하는 사람 있었으니	有能青出藍
김 한훤당과 정 일두가 서로 이어 울렸네.	金鄭相繼鳴
그 문하에서 배우지 못했지만	莫逮門下役
그윽한 정에 마음 아파하노라.	撫躬傷幽情

2) 동방에서 찾아보면 거의 견줄 만한 이가 드물다
-문명국의 조건-

다음 글은 퇴계가 '이언적 행장'을 지은 이유와 소회를 그대로 설명한 내용이다. '선생'이라는 면류관을 올린 연유이기도 하다. 일독을 바란다.

“선생이 유배지에서 『대학장구보유』, 『속대학혹문』, 『구인록』을 짓고, 또 『중용구경연의』를 편수했는데, 『중용구경연의』는 미처 완성하지 못했지만 심력을 기울인 것이었다. 이 세 종류의 책을 통해서 선생의 학문을 볼 수 있거니와, 그 정밀한 견해와 홀로 터득한 묘리는 망기당 조한보에게 준 ‘무극태극’에 관한 편지 네, 다섯 편에 가장 잘 드러난다.

그 편지의 내용은 우리 유학의 본원을 밝히고 이단의 사설을 물리친 것으로, 정미함을 꿰뚫고 상하를 관철한 뜻이 순수하여 모두 바른 도리에서 나왔다. 그 의미를 깊이 탐색해 보면 모두 송나라 유학자들의 학설을 이어받은 것인데, 특히 주자에게서 얻은 것이 많다.

원문: 先生在謫所作『大學章句補遺』『續或問』『求仁錄』又修『中庸九經衍義』『衍義』未及成書 而用力尤深 此三書者 可以見先生之學 而其精詣之見 獨得之妙 最在於「與曹忘機漢輔論無極太極書」 四五篇也 其書之言 闡吾道之本原 闢異端之邪說 貫精微 徹上下 粹然一出於正 深玩其義 莫非有宋諸儒之緖餘 而其得於考亭者 爲尤多也

“아, 우리나라는 예로부터 인현仁賢의 교화를 입었음에도 그 학문이 전해지지 않았다. 고려 말부터 조선에 이르기까지 스스로 이 도에 뜻을 두고 세상에서도 도학으로 지칭한 호걸의 선비가 없지 않았다.
그러나 그 당시를 상고해 보면 대부분 명성明誠의 실질을 다하지 못했고, 후세에 와서 일컫는 데는 또 연원을 징험할 길이 없었다. 그리하여 후대의 학자들에게 흔적을 따를 바가 없게 함으로써, 지금은 명맥이 완전히 끊어지기에 이르렀다.”

원문: 嗚呼, 我東國古被仁賢之化 而其學無傳焉 麗氏之末 以及本朝 非無豪傑之士有志此道, 而世亦以此名歸之者 然考之當時 則率未盡

明誠之實 稱之後世 則又罔有淵源之徵 使後之學者, 無所尋逐 以至于今泯泯也

"우리 선생의 경우에는 전수받은 곳이 없이도 스스로 이 학문에 분발하여, 은은하면서도 날로 드러나는 덕이 행실과 부합되고, 훌륭한 저술을 남겨 말이 후세에 전해지게 되었으니, 동방에서 찾아보면 거의 견줄 만한 이가 드물다. 못된 소인배가 조정에 있어 잠시는 훌륭한 행적을 모함할 수 있었지만, 들판에서 콩을 따오듯 현인은 모두 존경하는 법이니 장차 높은 산처럼 우러르는 사람들이 구름처럼 일어나리라. 그러니 어찌 선생의 덕업과 행적을 기술하여 세상에 전하지 않을 수 있겠는가!"

원문: 若吾先生 無授受之處 而自奮於斯學 闇然日章而德符於行 炳然筆出而言垂于後者 求之東方 殆鮮有其倫矣 青蠅止樊 僅能誣芳躅於電往 中原采菽 舉將仰高山以雲興 則先生之德業行跡, 胡可無記述以傳於世乎

"그렇지만 나는 우매하고 고루하며 아는 것이 없어서 이 책임을 감당할 수 없다는 것을 극히 잘 알고 있다. 다만 우러르고 존경하는 마음을 스스로 그만둘 수가 없기에, 감히 전인全仁의 요청에 따라 외람되이 서차序次를 정하였다. 훗날 지혜와 덕과 문장력을 겸비한 군자가 나와서 이 글에 근거하여 재단하는 바가 있기를 바랄 뿐이다."

원문: 而滉極知昧陋無聞 不足以任是責矣 徒以景仰尊慕之心 有不能自已者 敢因全仁之請 而僭爲之掇拾序次 以竢它日知德能言之君子 有所據而裁幸焉爾

3) 벼슬만 올라가는 사람이 있는데 진정 부끄러운 일이다 -선비의 처신-

사관의 평가가 바른 것만은 아니다. 퇴계는 사관으로부터 "한 번도 타인의 잘못을 말한 적이 없고, 한 번도 시폐를 말한 적이 없다(未嘗言人之過 未嘗言及時弊, 『명종실록』 乙酉條)"라고 평가받았지만, 이는 사실과 꼭 부합되지는 않는다.

퇴계만큼 타인의 잘잘못을 거론한 인물도 흔하지 않다. 문집 한 부분이 '논인물조論人物條'라고 엮어질 만큼, 많은 사람을 비판했으며, 문집 곳곳에 인물평이 산재되어 있다.

여기에는 정몽주, 김종직, 서경덕, 조식 등, 전시대는 물론이고 동시대의 인물까지 거의 망라되어 있다. 퇴계의 평가는 엄격하여 당대는 물론 후일까지 엄청난 인물 포폄의 근거로 작용했다.

제자들의 평가도 그 연장선에 있다. 가혹하다 할 만큼 많다고 느껴지기까지 한다. '맞춤식 교육' 때문 아닐까 한다.

그런데 퇴계가 비판한 부류는 사림 계보에 분류되는 인물이다. 거론하지 않는 인물은 훈구세력들이다. 이런 분류 의식은 매우 주목되는 점으로, 전자의 인물들이 얼마간의 지적에도 불구하고 역사발전에 도움이 되었다는 인식에서 비롯되며, 후자는 직접적인 위해危害의 상황도 상황이지만, 역사에 남길 가치가 없다는 판단 때문이다. 『퇴계집』에 권력을 움켜잡고 술수로 정치를 전횡한 인물들이 나타나지 않은 점은 이러한 역사의식 때문이다.

요컨대 문명국 건설에 기여하고 안 하고가 인물에 대한 기준인 셈이다. 이런 기준이 있었기에, 조광조를 비판하면서도 한편으로는 찬양하고 있다. 이언적을 이토록 찬양함도 그 다름 아니다.

참고로, 퇴계는 사관으로부터 "한 번도 시폐를 말한 적이 없다"라는 평가에 대해 다음의 글은 일정한 답변을 준다. '언행록' 기록인데 글은 이러하다.

> "1568년 류운룡이 이덕홍에게 묻기를, '선생께서 시사에 한 말씀도 없으니, 사람들은 물에 빠진 것을 보고도 구해주지 않는다고 의심하게 된다……자네는 나의 이런 뜻을 여쭈어보지 않겠는가?'
>
> 퇴계가 그 말을 전해 듣고 웃으면서 말씀하시기를, '나는 원래 사리를 모르는 병든 사람일 뿐이다. 무슨 말을 하겠는가. 임금의 잘못을 바로잡는 것은 대인의 일이지, 어찌 나 같은 사람이 감당할 수 있겠는가!'
>
> 가령 대인의 재덕이 있다 하더라도, 때를 헤아리지 않고 움직인다면 나라에 아무런 이익이 없고, 도리어 자신만 해칠 뿐이다. 세상에 말이 쓰이지 않으면서, 벼슬만 올라가는 사람이 있는데, 진정 부끄러운 일이다.
>
> 지난번 회재 선생이 '일강십목소'를 올려 가선대부에 특진했으나, 그 상소문은 어느 하나 채택되었다는 말은 듣지 못했다. 이 어찌 선생의 마음이었겠는가마는, 이야말로 교훈으로 삼아야 할 일이 아닐 수 없다."

"때를 헤아리지 않고 움직인 대인"은 누구이며, "말이 쓰이지 않으면서 벼슬만 올라간 사람"은 누구인가? 조광조를 지칭하는 것인가? 이언적 상소문에 대한 지적도 날카롭다.

퇴계의 '무진육조소'를 이 언급과 연관해서 읽어보면 새로운 맛이 난다. 그 이례적 강성의 논조는 황준량의 '단양진폐소'의 영향을 받지 않았을까?

참고로, 김창회 천사 종손께서 "퇴계가 회재 행장을 쓰는데 초고草稿가 고리짝으로 하나였다"는 전언傳言 말씀을 해주셨다. 진위는 알 수 없다. 다만

한 가지, 이 말이 갖는 의미는 "정성으로 고치기를 수도 없이 했다"는 뜻이다. 행장 글에 "읽고 반복해서 참고하고 검토하며 대조해 보았다"는 소회가 있어, 이 말의 근거를 뒷받침하기도 한다.

퇴계 모든 행장 글이 다 그렇다. 고뇌의 소산이고 고심의 역작이다. 글 자체로 작품이다. 지금 이 초고의 퇴계 친필 글들이 나타나는데 보면, 지우고 다시 쓰고 고심한 흔적이 역력하다. 퇴계의 '이언적 행장 저술'과 '과감한 선생 표현'은 이런 고심에서 내려진 최후의 결론이다.

한국국학진흥원이 발간한 '향산고택 자료' 『구인득인求仁得仁』에 퇴계가 정서正書한 '회재이선생행장'이 공개된 바 있다.

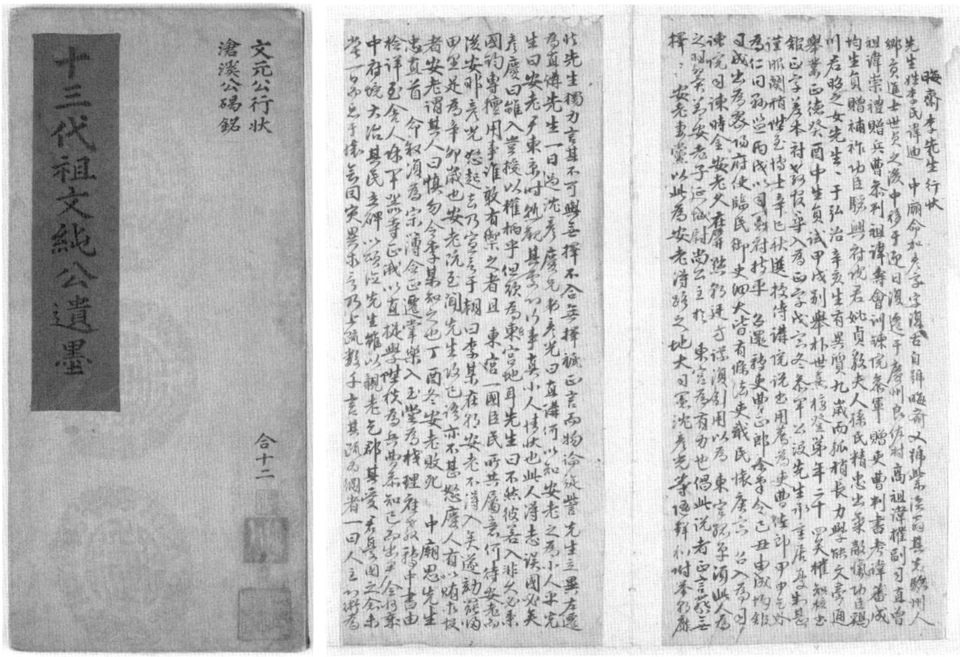

▌퇴계 친필 회재이선생행장 ⓒ한국국학진흥원 『구인득인求仁得仁』

6. 충재 권벌 공 일대기

1) 공이 조정에 계실 때의 대절大節을 대략 마음에 기억하고 있으니 -충순당 직언-

‘권벌 행장’은 1569년 지었다. 죽음이 1548년이니, 21년 만에 지어졌다. ‘의리상 사양할 수 없다’ 했다. 소회의 기록은 이러하다.

> “황은 공의 ‘내외종 후손(中表後生)’으로 오랫동안 이끌어 주고 깨우쳐 주신 은덕을 입었고, 공이 조정에 계실 때의 대절大節을 대략 마음에 기억하고 있으니, 그 행적을 순차대로 적어서 후세에 고하는 것을 의리상 사양할 수 없었다. 이제 직장(權東輔)의 부탁으로 대강 시말始末을 위와 같이 갖추어서 당세의 입언군자가 이를 근거로 삼아 신뢰하여 주기를 기다릴까 한다.”
>
> 원문: 滉以中表後生 久蒙提掖之厚 於公立朝大節 蓋心識之 敍次行事 諗諸方來 義無可辭 今因直長之屬 粗具始末如右 以竢當世立言之君子有所考信云

아들 권동보의 부탁을 받았는데, 세 가지 명분으로 썼다고 했다. ‘먼 인척의 관계’와 ‘오랫동안 이끌어 주심’과 ‘조정에 계실 때의 대절’이다. 그 가운데 결정적 명분은 ‘큰 절개, 즉 대절大節’이었다.

권벌은 을사사화의 서슬 퍼런 형장 아래 윤원형, 이기, 문정왕후에 정면으로 맞선 단 한 사람이었다. ‘아니 되옵니다’하는 선비정신을 그대로 보여주었다. ‘대절’은 이를 평가하는 가장 적절한 한 단어가 아닌가 한다.

권벌 행장은 어떻게 쓰였는가. 행장에는 을사사화에 대응하는 권벌의 모습이 고스란히 실려 있다. 생생한 육성 그대로다. 죽음을 무릅쓴 충언 한 마디는 천 마디 논리보다 귀하다. 그 글을 3단락으로 요약해본다.

첫째 단락은,

1545년 7월 1일, 인종이 승하하자 명종이 어려 삼공과 공을 원상院相으로 삼았다. 8월, 이기, 정순붕, 허자, 임백령이 유관, 윤임, 유인숙 등의 죄를 아뢰고 얼마 후 문정왕후가 충순당에 6경 이상을 불러 죄를 의논하게 하니, 공이 아뢰기를, "신은 요즘 여론을 듣지 못하여 대윤, 소윤이란 말이 어디에서 나왔는지 알지 못합니다. 지금은 왕자군王子君 중에 도당을 결성한 사람도 없고, 대신으로서 집권한 자도 없으니, 누가 감히 음험하고 사특한 마음을 가지겠습니까. 윤임이 만약 사특한 마음이 있었으면 죽어도 애석할 것이 없을 것입니다.

가만히 생각하니 신은 바야흐로 즉위 후 초기의 정사에서는 인심을 얻는데 힘써서 매사를 마땅히 공명정대하게 처리해야 될 것으로 생각됩니다. 중종의 반역을 고발하는 자가 많았으므로, 뒤에 연고를 알고 연좌된 사람을 다 석방하여 보내어 온 나라가 모두 감복하고 인심이 안정되었으니 이것이 오늘날 마땅히 경계할 일입니다"라고 하였다.

이날 윤임은 유배되고, 유관은 재상직에서 체차되었으며 유인숙은 파면되었다. 이튿날 공을 병조판서로 삼았다. 임금이 밀지로 백인걸을 의금부의 옥에 내려 국문하여 치죄하게 하고, 윤임은 외딴섬으로 귀양 가는 것을 더했으며 유관, 유인숙은 중도부처 시켰다.

둘째 단락은,

공이 다시 홀로 대궐에 나아가서 글을 올려 아뢰기를, "어린 임금이 왕위에 오른 지 얼마 안 되어 대신을 멀리 귀양 보내니 사람들이 모두 그 단서를 헤아리지 못하고 또 간관을 가두었으니 누가 감히 죽음을 무릅쓰고 진언하겠습니까. 신이 밤에 잠을 잘 수 없어서 죽음을 무릅쓰고 감히 아뢥니다.

윤임은 비록 중한 죄를 지었으니 애석하지 않으나, 왕대비는 사왕嗣王에게 어머니로 섬겨야 하는 도가 있으니, 만약에 이로 인하여 근심하셔서 병이라도 나시면 어찌 큰 누가 되지 않겠습니까. 떠도는 말은 예로부터 있었으나, 옛날의 밝은 임금은 이것으로 사람을 죄주지 않았습니다.

유관은 본래 복통이 있어서 조당朝堂에서도 늘 벽에 기대어 앉았으며, 자식도 없습니다. 그런데도 벼슬을 그만두고 물러가지 않는 것은 나라를 위해서 그런 것이었습니다. 유인숙은 상기증上氣症을 앓은 지 이미 여러 해나 되었습니다. 이처럼 늙고 병든 유생들은 그 지위가 신하로서는 최상에 이르렀으니, 어찌 다른 마음이 있겠습니까. 이제 만약 멀리 귀양 가서 병을 얻어 죽게 되면 사람들은 모두 나라에서 죽였다고 할 것입니다.

원컨대 전하께서는 마음을 가라앉히고 널리 살피시고 뭇 신하들에게 물어 실정과 죄가 서로 맞게 하시면 인심을 진정시킬 수 있고, 천변을 그치게 할 수 있을 것입니다" 하였다.

셋째 단락은,

1546(명종1) 고신을 삭탈하고, 1547년 양재역 벽서사건으로 귀양길에 올랐다. 공이 태연히 말하기를, '천은天恩이 망극하다' 하였다. 진사 금원정琴元貞이 손을 잡고 흐느끼자 웃으면서 말하기를 "나는 자네를 대장부라 하였는데, 어찌 이러는가. 사생화복은 하늘의 뜻이다. 하늘의 뜻을 어찌하겠는가" 하였다.

아들 동보에게 보낸 편지에, "옛날 범충선은 나이 70에 만 리 귀양길을 갔으니 네 아비의 죄로 보아 매우 너그러운 은전이다. 또 내가 나라의 은혜를 저버려서 이 지경에 이르렀으니, 죽거든 곧 간소하게 장사 지내도록 하여라." 하였다.

삭주로 적소를 옮겼다. 벽재 역에 이르니 강계로 유배되던 회재 역시 도착하였으므로 공이 희롱하기를, "이이상李貳相과 권이상權貳相의 행차가 어찌 이리도 휘황찬란한가" 하였다. 지척이지만 만나지는 못했다. 1548년 봄에 몰하니 향년 71세였다.

사신의 논평은 이렇다.

"'당시 사람들은 그들의 억울함을 알면서도 감히 구제하지 못했는데, 권벌만은 이에 맞서 그들에게 다른 마음이 없었음이 명백하다는 것을 힘껏 논계하였다. 충성스러운 걱정이 말에 나타나고 의기가 얼굴색에 드러나 비록 간신들이 죽 늘어서서 으르렁거리며 눈을 흘기는데도 전혀 돌아보지 않고 늠름한 기상이 추상같았으니, 절의를 굳게 지키는 대장부라 일컬을 만했다."

후인들의 논평은 이렇다. 이이는 "권벌은 사직을 지킨 신하이며, 그가 계를 올리며 쓴 말은 밝기가 해나 별과 같았다." 했다. 정광필은 "죽음의 어려움이 있더라도 가히 빼앗을 수 없는 절의이다." 했다. 허목은 "권 충정공은 후덕과 대절로 유림, 학사들이 존경하지 않는 이가 없다." 했다.

신흠은 말했다. "대신의 풍도를 지닌 자 단 한 사람이니 곧 권 찬성이시다. 아 위대하시다!(得大臣風度者一人 曰權贊成 嗚呼 偉哉)" 했다.

2) 조광조의 시호를 '문정'으로, 이언적의 시호를 '문원'으로, 권벌의 시호를 '충정'으로 내렸다

–복권과 명예회복–

퇴계의 '이선기악理善氣惡'은 대립하는 두 집단의 투쟁적 국면의 성격을 반영한다. '이와 기는 공존(理氣相須)'하면서도 '투쟁하는 관계(理氣相害)'이다. 사림 집단은 선의 집단이고 훈구 집단은 악의 집단이다.

퇴계 상소문에는 '악인과 선인이 뒤섞여 있다(邪正相雜)'고 했다. 이기 개념은 당시의 처절한 대결 구도와 연계된다. 이런 인식의 연장에서, 퇴계는 당시 정국을 이렇게 개진했다. '무진육조소'의 한 대문이다.

> "무오. 갑자사화는 말할 것도 없고, 기묘사화는 한 시대 현인. 군자에게 크나큰 피해를 입혔사옵니다. 그로부터 '악인과 선인이 뒤섞여(邪正相雜)' 간사한 인간들이 원한을 갚을 때는 반드시 '기묘의 여습(己卯餘習)'으로 몰았습니다…… 그래서 권간權奸들이 계속해서 정권을 농락했기 때문에 '사림의 화(士林之禍)'는 차마 말로 다 할 수 없었사옵니다."

퇴계는 "사림의 화는 개인의 위해危害뿐만 아니라, 국가의 명맥마저 끊길 수도 있다." 하였다. 사림의 안위가 곧 나라의 명맥이라 보고 있다.

퇴계의 이기이론도 존재의 원리에서 '이기분속理氣分屬'을 주장하고, 가치의 원리에서 '이선기악理善氣惡'을 주장했다. 퇴계의 이기이론은 결국 사화士禍의 대응 논리와 극복 논리의 다름 아니다.

권벌의 '대절'은 악의 집단에 대한 정면 대응이다. 선의 집단에서 그 누구도 하지 못한 일을 했다. 대절大節은 곧 대의大義이다. 대의에 굽히지 않음이 곧 선비이다.

권벌은 을사사화 최고의 선비이다. 이는 곧 이선기악을 구현하는 일이며, 국가 명맥을 잇는 일로, 오직 권벌만이 그 역사적 사명을 다했다. 퇴계가 행장에서 을사사화 부문을 소상하게 기술한 이유가 여기에 있었다. 필자가 그 기록을 다시 옮긴 이유도 여기에 있었다.

권벌은 20년 뒤 복권되었다. 1567년 복작復爵되었고, 1568년(선조 1년) 증직하였고, 1569년 행장이 지어졌으며, 1570년 '충정忠定'이라는 시호가 내려졌다. 1591년에는 '영의정'에 추증되었다. 정식 명칭은 "大匡輔國崇祿大夫 議政府領議政 兼 領經筵弘文館藝文館春秋館觀象監事"이다. 인신人臣이 받을 수 있는 최고 관작이다. 아울러 '광국원종공신光國原從功臣 1등'에 녹훈되었다.

권벌은 이언적과 같이 귀양길에 올랐으며, 증직도 1568년 같이 되었다. 조광조도 이 해 같이 되었다. 모두 '증 영의정'이다. 세 사람은 시호도 같이 내려졌다. 『선조실록』 4권, 선조 3년 5월 6일 기사에, 세 사람 이름이 나란히 국가 기록으로 남았다. 글은 이렇다.

> "조광조의 시호를 문정文正으로, 이언적의 시호를 문원文元으로, 권벌의 시호를 충정忠定으로 내렸다."

퇴계 죽음이 1570년 12월 8일이니, 존경하는 세 사람이 명예를 회복하는 모습을 보고 타계했다. 1569년, 선조 독대의 마지막 말이 '사림士林을 보호하소서'였는데, 그 소망이 그즈음 이루어진 셈이었다.

1568년 숭정대부판중추부사 신분으로 올린 '무진육조소'는 '훈구를 멀리하고 사림을 보호해달라'는 최후의 간청이었다. 이 글이 정말 퇴계의 글인가 의심할 정도로 그 논조가 매우 강경하다.

▌닭실마을 ⓒ봉화군청

이는 임금께서 다시는 이런 일이 재발해서는 안 된다는 경고와 간절함을 함께 담았다. 황준량의 '단양진폐소'를 생각하고 썼을지도 모를 일이다. 어린 선조 임금께서 꼭 명심하시라는 뜻이다. 퇴계의 권벌 행장 저술은 저간의 연유가 있었다.

3) 아니 되옵니다
-국사國士의 나라-

우리 민족은 천년세월 문명국이었다. 더하여 '문화 1등 국가'였다. 모두가 국민의 힘이고, 국민의 공로였다.

몽고 침략, 일제 강점기 동안 2등 국가, 혹은 등외 국가로 전락한 기간이 있었지만, 유구한 역사로 볼 때 순간에 불과했다. 끝내 중국에 합병, 동화되지 않았음이 그 증거이다. 조그마한 나라가 그 오랜 세월 정체성을 지켜 온 것은 예사로운 일이 아니다. 지금 우리 문화가 다방면에 걸쳐 꽃이 피고 있음은 결코 우연이 아니다.

나는 우리 역사에서 가장 놀라운 일로 500년 전 기록한 『고려사』와 『조선

왕조실록』과 『경국대전』을 생각한다. 『왕조실록』은 최고통치자와 신하들의 대화를 한 마디도 빠지지 않고 기록한 역사 기록이다. 더욱 놀라운 일은 왕이 생전에 자신의 역사를 볼 수 없도록 한 점이다. 1485년 『경국대전』 반포는 우리나라를 확고한 문화1등 국가로의 초석을 놓은 일이었다.

6품 사간원 정언, 5품 사헌부 지평이 임금과 독대하여 '아니 되옵니다' 했다. 지금의 과장, 국장이 언제든지 임금과 독대하여 직언했다. '봉박封駁', '간쟁諫諍'은 이 직책이 '말할 수 있음'과 '말해야 함'을 법으로 보장하는 헌법적 용어였다.

대간들의 입에 '지당하옵니다'의 말이 나오기는 원천적으로 어려웠다. 이런 기록과 제도를 남긴 나라는 동서고금에 없다. 그때 언로는 지금보다도 더 활짝 열려 있었다.

연산군 시대, 언관인 '대간臺諫'들의 직언이 '임금을 능멸했다'는 이른바 '능상지죄陵上之罪'로 어처구니없이 죽어갔지만, 민주적, 합리적, 상식적 법치국가 수호 정신은 변함없었다. 그런 나라가 우리나라였다. 그런 문화를 간직한 나라가 우리나라였다. '사화士禍'는 이를 수호하기 위한 '사림士林의 피의 투쟁 결과'이다.

궁극적으로 사림은 '국國 + 가家'에 의한 권력 구조를 이성이 지배하는 '국國 + 사士'의 나라로 바꾸고자 했다. 중국의 명멸한 왕조들이 그러했고, 고려시대가 전형적 국 + 가의 나라였다. 조선 전기도 그러했다.

권귀權貴, 권간權奸이라 불린 훈구, 외척은 새로운 家의 등장이었다. 이를 타파하기 위해 사림은 목숨 걸고 투쟁했다. 그것이 나라를 문명국으로 바꾸는 첩경이라 확신했다.

▌청암정

훈구는 악의 집단이며 사림은 선의 집단이다. 훈구는 또한 야만 집단이다. 야만 집단과 악의 집단은 퇴출되어야 하는 한시적 집단이다. 퇴계의 이선기악理善氣惡, 이존기비理尊氣卑, 이귀기천理貴氣賤은 그 단적인 표현이다.

4번의 피로 쟁취한 사림 정권도 잠깐, 조선 후기는 또 다른 가家가 등장하여 역사를 저 멀리 다시 후퇴시켜버렸다. 이들 가家는 국國을 넘어 버렸다. 이로써 나라는 암울한 나락으로 끝도 없이 전락했다.

조선 중기 사림은 신진이고 진보였다. 대간은 그 전초였고, 연산군 당시 영남에서 올라간 김일손을 비롯한 김종직 제자들은 그 선구였다. 을사사화에 권벌은 온몸으로 저항하며 '아니 되옵니다' 한 단 한 사람 충신이었다.

퇴계는 후일 봉화의 청암정을 방문했고, 추모 시를 남겼다. 시는 이러하다.

닭실 선공께서 터를 잡으셨으니	酉谷先公卞宅寬
구름, 산 감아 있고 물굽이 둘러 있네.	雲山回復水灣環
외딴 섬 정자, 다리로 건너도록 했고	亭開絶嶼橫橋入
연꽃 맑은 연못, 살아있는 그림 같네.	荷映清池活畵看

나물 밭 가꾸며 즐기는 생애	稼圃自能非假學
벼슬길 연모하지 않았다네.	軒裳無慕不相關
바위틈에서 솟아난 조그만 소나무	更憐巖穴矮松在
풍상 세월, 바위와 함께 늙어가네.	激勵風霜老勢盤

4) 왕후는 깊은 궁중의 한 과부에 지나지 않으시며
-조식의 단성현감사직소-

퇴계가 행장을 쓴 다섯 사람 가운데 이현보와 황준량은 권벌, 조광조, 이언적과 조금 구분된다. 전자는 퇴계와 전 생애를 함께한 인물이고, 후자는 동시대이지만 교류가 없었던 인물이다.

조광조는 기회조차 없었지만, 권벌, 이언적은 정말 이상하다. 같은 조정애 있었고, 남인의 선배이며, 인척 관련도 있다. 저절로 만나고 안부하고 했을 것 같은데 그렇지 않다. 왜 그랬을까?

퇴계는 당대 인물들과 대부분 교류했다. 김인후, 이준경, 권철, 조사수, 홍섬, 민기, 임호신, 심통원, 송기수 등 매우 다양하다. 이들과는 대량의 시문을 남겼다. 다음 세대인 박순, 노수신과도 교류했다. 심지어 얼굴도 모르는 조식과도 편지를 주고받았다.

그런데 권벌, 이언적과는 그렇지 않았다. 교류 흔적이 거의 없다. 추모 글도 없다. 두 사람 죽음이 1548년, 1553년이니 당연히 있을 것 같으나 없다. 1553년 조식에게 편지를 썼고, 1554년, 1555년 주세붕, 이현보의 추모사를 썼음을 보더라도 그렇다.

퇴계가 이언적 죽음을 듣고 "심히 애통하다 하늘 일이여, 이렇게 어긋날 수 있나(深可哀痛 天之施報 眞可謂舛矣)"라고 했다지만 『퇴계연보』의 기록이니 없는 것이나 다름없다. 권벌의 죽음에는 이런 언급조차 없다.

퇴계가 '이언적을 몰랐다'는 고백은 사실인 것 같다. 권벌은 만난 기록이 있기는 하지만 교류 시문은 없다. 연유를 알 길 없다. 쉽게 떠올리면 사화 관련인데, 그렇더라도 모두가 그 때문이란 말인가?

이언적, 권벌이 각각 10세, 20여 세 선배라서 그랬다면, 34세 선배인 이현보와의 교류는 정말 특별한 것 같다.

기묘사화에 조광조가 있다면, 을사사화에는 권벌이 있었다. 전자는 '개혁해야 합니다' 했고, 후자는 '아니 되옵니다' 했다. 결과는 죽음과 귀양이었다. 그 결과는 퇴계의 일대기 저술이었다. 퇴계의 '행장 저술'은 이런 인물들에게 올리는 면류관인 셈이었다.

그렇다면 당시 재야에는 누가 있었을까? 조식이 있었다. 조식이 1555년 올린 '단성현감사직소'는 정국을 요동치게 했다. 이이가 지목한 '다섯 간흉'의 전횡을 정면에서 비판했다.

그 한마디, "문정왕후는 한 과부에 지나지 않고, 임금은 한 고아에 불과합니다" 이다. 민족사에 남을 명언이다. 조식은 그 한마디 말로 지식인의 시대적 소명을 다했다. 그 글은 이러하다.

"자전께서는 생각이 깊으시나 깊은 궁중의 한 과부에 지나지 않으시며, 전하께서는 어리시어 선왕의 '고아'일 뿐입니다. 천 가지 백 가지 천재지변과 억만 갈래의 민심을 무엇으로 감당하며 무엇으로 수습하시겠습니까?"

원문: 慈殿塞淵 不過深宮之一寡婦 殿下幼沖 只是先王之一孤嗣 天災之百千 人心之億萬,何以當之 何以收之耶

퇴계와 조식의 차이라면, 퇴계의 경敬에 조식이 의義를 함께한 점이다. 그래서 자신이 차고 다니던 칼에 "내명자경內明者敬 외단자의外斷者義"라는 명銘을 새겼으니, 해석하면 "안에서 밝히는 것은 경이요, 밖에서 결단하는 것은 의다"라는 뜻이다. '경'으로 근본을 삼고, '의'로써 대처한다는 의미이다.

이익이 『성호사설』에서 "경상좌도는 인仁을 주로 하고, 경상우도는 의義를 주로 한다"라고 함은 일견 온당한 평가처럼 보인다. 임진왜란에 퇴계 제자들이 전시내각을, 조식 제자들이 의병으로 나선점은 그 지향점과 무관하지 않다.

모순이 폭발한 시대 온건 재야와 강경 재야의 모습이라 할 수 있다. 조식이 자신을 '처사處士'로 자칭함은 굽힐 수 없는 깨끗한 재야의 지성적 자존심의 표현이라 할 수 있다.

참고로, 권벌 행장에 퇴계가 '나와 권벌과는 중표후생中表後生의 관계'라 하여 살펴보니, 두 사람 사이는 먼 인척 사이였다.

'중표'는 내외종을 뜻하는 이종姨從, 고종姑從, 외종外從을 아우르는 호칭이다. '윗대 한 때 4촌 인가' 보니, 이건 조금 복잡하다. 권벌 증조부 권계경의 사위가 이시민이고, 이시민의 아들은 이종준인데, 그 첫째 사위가 박치이고, 둘째 사위가 퇴계 숙부 이우이다.

박치의 사위가 이식인데, 이식은 퇴계 아버지이다. 즉 권벌 증조부 권계경은 퇴계 외조부의 처 외조부였다. 그런 관련으로 '중표'라 한 것 같다. 지금 촌수로는 따지지도 않는 관계이나 당시에는 그렇지 않았다.

그렇지만 권벌의 아들 권동보, 권동미는 퇴계 제자가 되었고, 퇴계 손자 이영도는 권동미의 사위가 되었다. 후손인 권두경은 오늘의 '퇴계종택'과 '추월한수정'이 존재하게 되는 결정적인 역할을 했다.

권동미의 맏아들 권채는 이현보의 손자 이광승의 사위가 되고, 권채의 사위는 류성룡의 아들 류진이다. 둘째 아들 권래는 김륵의 사위가 되었고, 권동보에 양자를 가서 권벌 가통을 이었다. 그렇게 연실처럼 얽혀 있다.

7. 혈연, 지연, 학연

1) 능문能文, 능리能吏의 인물들이 춘산의 진달래처럼 피어났다 -도산의 혼맥-

인척 관계를 좀 더 살펴보니, 권벌 가문만 아니라 거론된 여러 사람이 모두 인척 관계였다. 그래서 좀 더 쓰겠다. 누락도 없지 않겠지만 양해 바란다.

15세기 안동 도산(옛 예안禮安)의 혼맥을 알려면 예안김씨 이조판서 김담(1416~1464) 가문을 떠올려 볼 수 있다. 김담의 아버지 김소량이 영주 '푸실(草谷)'의 '평해황씨 공조판서 황유정(1343~1421)의 사위가 되어 이주했지만, 그때까지 도산 성씨들과 통혼 관계에 있었다. 오늘날의 대표적인 가문의 인물들이 8촌 이내의 당내堂內 촌수였다.

예안김씨는 그 무렵 도산으로 전입해 온 봉화금씨, 영천이씨, 영양김씨, 진성이씨, 광산김씨, 안동권씨, 횡성조씨로 이어지는 성씨들의 가족같이 얽혀진 계보의 선두에 있었다. 예안김씨는 예안이씨가 이미 서울로 이주한 이후였으므로 유일한 토성으로 남아 있었다.

지금 도산서원에서 2㎞ 하류 부내에 영천이씨, 거기서 3㎞ 하류 부포와 다래에 안동권씨, 봉화금씨, 횡성조씨, 거기서 3㎞ 하류 외내에 예안김씨, 광산김씨가 있었다. 내륙 서편으로 영양김씨가 있었고, 도산서원 상류 온혜, 토계로 진성이씨가 있었다.

김담 가문을 중심으로 한 도산 향내의 혼인 관계를 대략 표시해보면 다음과 같다.

① 김담 가문의 혼인 관계

金小良 – 金澮(문과, 교리)

金淡(문과, 판서) – 金萬石(무과) – 無後

金萬鈞(현감) – 無後 – 金綏(시양자, 광산김씨) – 金富仁(무과, 병사)…탁청정종택

金富倫 – 金坽(문과, 정랑)…설월당종택

金萬秤(생원) – 金佐…문절공종택

金佑–金士文(문과, 정랑) – 金玏(문과, 참판) – 金幾善…백암종택

金止善…천운정

女 權來–權尙忠…충재종택

女 李榮基–李時謙…추만종택

李時善…송월재종택

女 琴致湛(생원)– 琴梓– 琴應夾(진사, 현감)

琴應壎(생원, 현감)

女 李寯(李滉 맏아들)…퇴계종택

女 李寅(李瀣 넷째아들)

金洪– 金萬鎰–璞

女 朴珩(진사)–朴承任(문과, 대사간)…소고종택

女 朴承阜–女 李彦迪(문과, 좌찬성)…회재종택

女 權受益(문과, 참판)

女 權謙–權受益(문과, 참판)–權雲(문과, 정언)

女 趙大椿–趙穆(생원, 참판)–趙錫朋(문과, 주부)…월천종택

女 琴蘭秀(생원, 현감)–琴憬(문과, 승지)…성재종택

琴愷(문과, 목사)

琴恪

權受福(무과, 북병사)–權則–權洙(문과, 학유)

女 李欽(현감)–李賢輔(문과, 지중추부사)–李文樑–李元承(진사)–李士純…농암종택

女 柳仲淹…파산종택

女 黃俊良(문과, 현감)…금계종택

女 金箕報(현감)…소산 양소당종택

李仲樑(문과, 감사)…영덕 인량 삼벽당

李叔樑(진사, 왕자사부)

女 金富仁(무과, 병마절도사)…탁청정종택

李賢佑–李忠樑–李德弘(유일, 현감)– 李蒔–李榮久(문과, 학유)…간재종택

李笠(문과, 설서)

李芷(문과, 교리)

李葳(문과, 한림)

李慕(문과, 수찬)

女 李誠孫…이현보 종조부

② 도산 향내 성씨들과 김담 가문과의 혼인 관련

【광산김씨】

*金崇之 – 金淮 – 金孝盧 – 金緣(문과, 감사) – 金富弼(진사) – 金垓(문과, 의병대장)…후조당종택
金綏(생원) – 金富仁(무과, 병마절도사)…탁청정종택
金富倫 – 金玲(문과, 정랑)…설월당종택
女 琴梓 – 琴應夾(진사, 현감)
琴應壎(생원, 현감)
女 李寯(李滉 맏아들)…퇴계종택
女 李寅(李瀣 넷째아들)
金澗–女 金萬鈞(김담 아들)
(金孝盧 –광산김씨 도산입향조)

【영천이씨, 진성이씨】

*李軒–李坡(현감)–李孝孫–李欽(현감)–李賢輔(문과, 지중추부사)–李文樑–李元承(진사)…농암종택
(李軒–영천이씨 도산입향조)
女 黃俊良(문과, 목사)…금계종택
女 金箕報(현감)…양소당종택
李仲樑(문과, 감사)–李佘承.…영덕 삼벽당
李季樑(현감)–李光承–女 權寀–女 柳袗…수암종택
李叔樑(진사, 왕자사부)
李賢佑–李忠樑–李德弘(유일, 현감)–李蒔–李榮久(문과, 학유)…간재종택
李賢俊–李國樑(진사)–李永承–蕃
女 金中清(문과, 승지)…구전종택
女 徐千一(문과, 감사)
女 權模–權錫忠–權春蘭(문과, 사간)–權泰一(문과, 참판)
女 金有庸(현감)–女 李繼陽(진사)–李埴(진사)–李潛–無後
(李繼陽–진성이씨 도산입향조) 女 權稑–權好文…송암종택
李河–李完–李宗道…노송정종택
李瀣(문과, 감사)…온계종택
李滉(문과, 판중추부사)…퇴계종택
李堣(문과, 감사)–李壽苓–李憑–李逸道…송재종택
女 鄭經世(문과, 판서)…우복종택
女 任屹(진사, 의병장)…용담종택
女 吳彦毅–吳守貞–吳澐(문과, 참의)…죽유종택
吳守盈(진사, 선성삼필)
女 金洪–金萬鎰–璞
李塢(예문관직제학)–李熙良–李銀同–李仁輔–李之英–李景鯉
女 朴毅長(무과, 경상수사)…무의공종택
李仁弼–李之華
女 金彦璣…유일재종택

【영양김씨】

*金遂生(영양김씨 도산입향조)–金智老(문과, 신주지사)–金有庸(현감)–女 李繼陽(진사)…노송정종택
女 琴滌(현감)–琴稀(생원)–琴衍(생원)– 琴致湛 –琴梓

【봉화금씨】

*琴以和–琴滌(현감)–琴稀(생원)–琴衍(생원)– 琴致湛(생원)– 琴椅(문과, 부사)–女 權東美(權檖 子)
琴梓(봉화금씨 도산입향조)–女 李寯…퇴계종택
女 李寘
琴淑(봉화금씨 도산입향조, 문과, 관찰사)–琴崑(문과, 감찰)
琴嵩(문과, 대사간)
琴嶒(무과)–琴致韶–琴憲–琴蘭秀(생원, 현감)–琴憬(생원)…성재종택
琴愫(문과, 승지)
琴愷(문과, 목사)
琴恪
琴峻(무과, 만호)

예안김씨 김담 가문을 중심으로 보면, 김담의 사위 봉화금씨 금치담의 손서가 봉화 닭실의 안동권씨 우찬성 권벌의 아들 권동미이고, 김담의 고손자 이조참판 김륵의 사위가 권벌 손자 권래이며, 그 사위가 봉화 시드물 전주이씨 이영기이고, 그 4째 아들이 이시선이다.

김담 외손자 훈도 금재는 광산김씨 관찰사 김연, 김유 아버지인 김효로의 사위인데, 금재는 진성이씨 관찰사 이해, 판중추부사 이황 형제와 사돈이다. 이황의 형 이잠의 외손자가 권호문이다.

김담의 아들 현감 김만균은 김유의 종고모부인데 김유에게 전 재산을 물려주었다. 예안김씨 도산 재산이 광산김씨에게 무상 상속되었고, 그 부유가 불가사의한 음식 요리서, 『수운잡방』의 저술 토대가 되었다.

김유는 영천이씨 지중추부사 이현보와 관찰사 이우와 사돈이기도 하다. 이우가 이황의 숙부이니 이황과도 사돈이 되는 셈이다. 김담의 사위 우계이

씨 이수형은 단종 절신으로 순흥 도계서원에 금성대군과 영천이씨 충장공 이보흠과 함께 제향되었다.

김담의 생질 호조참판 권수익인데, 그 외손자가 횡성조씨 공조참판 조목이고, 외손서가 현감 금난수이다. 김담의 매제 권겸은 이현보의 외조부이다. 김담 외조부가 평해황씨 공조판서 황유정인데, 그 5대손이 현감 황준량이고, 황준량은 이현보의 손서이다.

김담 동생은 김홍이다. 외손서가 양동마을 여강이씨 좌찬성 이언적이고, 아들 김만일의 외손자가 영주의 반남박씨 대사간 박승임이다. 김홍은 이황의 조부 이계양과 동서인데, 장인 영양김씨 김유용은 이현보 증조부 현감 이파의 사위이다.

흥미로운 것은 김홍이 생질 권수익을 사위로 삼은 일이다. 김담 아버지 김소량의 입장에서는 외손자가 친손녀와 결혼을 한 셈이다. 김담 생질녀들이 이현보의 종조모와 어머니가 되었으니, 이는 친정 자매가 시댁 숙질이 된 경우이다. 이는 도산 향내의 예안김씨, 안동권씨, 영천이씨의 중첩적인 혼인의 한 단면이다. 아니 전 도산의 성씨들이 중첩적인 혼인 관계에 있었다고 봐야 할 것 같다.

토성인 예안김씨를 선두로 이 무렵 입향한 안동권씨, 봉화금씨, 영천이씨, 영양김씨, 광산김씨, 진성이씨, 횡성조씨 등이 집단적 통혼 관계에 있었던 셈이었다.

놀랄 일은 아니다. 이 무렵은 아직 성리학적 가치관이 확립되기 이전이라 중첩적인 혼인은 물론이고 동성동본혼인, 자녀균등상속, 윤회제사, 외손봉사 같은 것이 보편화된 시대였다. 양자 제도도 없었다. 이런 시대상은 조금 뒤 『주자전서』가 읽혀지고, '서원'이라는 건물이 지어지면서 급격히 변모했다.

종법제도가 확립되기 전의 일이었다.

『선성(예안)김씨족보』를 보니 김담의 둘째 아들 김만균이 죽자 "부인의 종질 김유(광산김씨)를 시양자로 하고 제사를 지내게 했다(夫人從姪金綏以侍養子奉祀)"는 기록이 보인다. 양자를 하지 않아 대가 끊어졌음은 물론이다. 그래서 김담 가계는 셋째 아들 김만칭으로 이어졌다. 양자 제도는 이 기간이 매우 과도기적인 양상을 보여주고 있다.

1476년 발간된 한국 최초 족보, 『안동권씨성화보』를 보면 많은 참고가 된다. 이 책을 보면 '안동권씨와 안동권씨의 혼인'이 얼마나 많았는지를 우선해서 볼 수 있다. 선악을 떠나 동성동본혼인은 우리 조상들에게 생소한 방식은 아니었다. 적어도 이때까지는 그러했다.

1565년 발간된 『문화유씨가정보』에는 친손, 외손, 사위, 외예손이 모두 등재되어 있고, 그 후 등장하는 대부분 족보가 그렇게 썼다. 외가와 처가는 당연한 가족이었다. 처향으로 이주 역시 상속이 그 원인이었다.

이런 인척 관계가 아니더라도 이현보, 이언적, 이황은 이미 남이 아니었다. 이현보 증조부 이파의 외손녀가 곧 이황의 조모였다. 이현보와 이황은 7촌 인척이 되고, 이현보 조모와 이언적 증조모가 청주양씨 자매여서 또한 7촌이 된다. 지금 통념은 가족 범주에 벗어나지만 당시는 그렇지 않았다.

이황이 권벌과 '중표후생의 관계'라 함도 비록 당내 촌수는 아니라도 가족의 범주로 염두에 두고 있었다는 증거이다. 예안김씨 김담의 재산이 광산김씨 김유에게 상속되고 제사를 지내게 한 사실은 당시 가족 개념을 보는 하나의 단서가 된다.

그런데 정말 흥미로운 것은 김담 계보에서 후손 김륵과 더불어 권벌, 이영기, 이시선, 박승임, 이언적, 조목, 금난수, 권수익, 김연, 김유, 김령, 이현보,

김언기, 박의장, 황준량, 김기보, 류중엄, 이덕홍, 이계양, 이우, 오운, 정경세, 권호문, 이해, 이황 등이 당내 촌수였다고 했는데, 이 무렵 기적처럼 문과급제가 속출했고, 몇 사람은 국가적 인물로 발신했다는 점이다.

문과, 무과, 생원, 진사, 음직으로 학자, 관료들이 우후죽순처럼 솟아났다. 능문能文, 능리能吏의 인물들이 춘산의 진달래처럼 한꺼번에 피어난 셈이었다. 영남 남인의 역사에서 처음이고 마지막이었다. 이들이 오늘날의 영남 종택, 종가를 남기는 원인이 되었고, 지금까지 전통을 지켜오는 초석이 되었다.

영주의 문절공종택, 백암종택, 금계종택, 소고종택, 봉화의 충재종택, 추만종택, 송월재종택, 경주의 회재종택, 상주의 우복종택, 영덕의 무의공종택, 안동의 월천종택, 성재종택, 후조당종택, 탁청정종택, 설월당종택, 농암종택, 간재종택, 노송정종택, 송재종택, 송암종택, 온계종택, 퇴계종택, 파산종택, 유일재종택, 양소당종택이 그런 집들이다. 그런 가운데도 김담 계보의 이언적과 이우 계보의 정경세는 특별히 눈길을 끈다.

▮ 충재종택

이로 보면, 퇴계가 행장을 쓴 이현보, 권벌, 이언적, 황준량은 더불어 인척 관계를 맺고 있어 그 저술에 내재적 영향이 없었다고 할 수 없다.

2) 공조판서 황유정이 장인 형조판서 정운경에게 물려받아 외손자 이조판서 김담에게 물려주었다
–영주의 삼판서고택–

향리에 불과했던 김담 아버지 김소량이 황유정의 사위가 된 사실은 상상이 잘 안 되는 혼인이었다. 말하자면 '장관 사위'가 되었다. 어떤 연유로 맺어졌는지 추적되지 않는다. 왜냐하면 황유정의 집이 어마어마한 국반이었기 때문이다. 인척들도 그러했다.

황유정이 판서인데, 장인이 형조판서 정운경이고, 처남이 정도전이다. 5대조부 황유중과 아들 황서는 양대 문하시중이다. 외조부는 안향의 삼종인 정1품 삼중대광 안축으로 정도전과 사돈이다. 황유정은 양대 문하시중 우팽의 외증손이 되기도 한다. 우팽은 우탁과는 4촌이며, 우현보와도 당내 촌수였다. 당시 영주에는 순흥안씨, 평해황씨, 봉화정씨, 단양우씨 등이 세거하여 고려 조정에 득세했다. 조선시대가 안동이라면 고려시대는 영주였다.

황유정이 정운경의 집을 물려받고, 김소량이 황유정에게 다시 물려받았는데, 그 집에서 김담이 태어났다. 판서가 판서 사위에게 물려주니, 그 외손자가 또 판서가 되었다. 그래서 그 집을 '삼판서댁'이라 했고, 지금은 저절로 '삼판서고택'이 되었다. 김담의 누대 종택이었다.

예안김씨는 200년 고향, 안동 도산을 떠나 영주 '푸실(草谷)'로 이주했고, 지금 영주 최고의 명문이 되었다. 모두가 당시 재산 균등 상속 때문이었다.

안동에서 영주로 이주한 또 한 집 있다. 박승임 가문이 그렇다. 아버지 박형이 김담 동생 김홍의 사위가 되어 영주로 이주하여 영주사람이 되었다. 이현보가 박형을 재야 인물로 나라에 천거할 당시에는 안동사람이었다, 이황은 박형 만사를 했고, 부인 예안김씨 묘갈명도 지었다.

박승임은 황준량과 더불어 '영유소고榮有嘯皐 풍유금계豊有錦溪'라 할 만큼 영주 최고 인물이다. 박승임이 이황을 만나 제자가 되기 전까지 자신이 영주의 퇴계로 존재했다. 문인록에 오른 제자가 52명인데 일대 인사들이 총망라되어 있었다. 공교롭게도 황준량과는 나이도 같고, 문과급제도 함께 했다. 박승임은 "황준량 과는 말하지 않아도 뜻이 통했다"고 했다. 그래서 2017년 탄신 500주년 행사도 문중을 달리할 뿐 같이했다.

아들 7형제 모두 빼어났다. 박승문은 훈도, 박승건은 생원, 박승간, 박승임은 문과급제했고, 박승준은 진사였다. 이로써 박승임 가문이 형성되어 김담 가문과 함께 영주 최고의 가문으로 번창했다. 명촌 무섬을 공유하여 더욱 그런 상징이 더해졌다.

그런 가문 또 있다. 이현보 조카 이충량이 박승임 종형 박승장의 사위가 되어 이주하였다. 그 아들 이덕홍은 영주에서 태어났고, 위패를 모신 오계서원도 안동과 개울을 사이에 두고 영주에 소재하고 있다.

이덕홍은 설명이 필요 없는 계문溪門의 고제高弟이다. 특별 사랑을 받았다. '간재艮齋'라는 호도 지어주었다. 그만큼 빼어났기 때문이다. 이덕홍은 귀갑선도를 그렸으며, 이황의 명으로 혼천의, 선기옥형을 제작했다. '천문을 통달했다'는 말은 그냥 하는 말이 아니었다.

아들들도 그러했다. 맏아들 이시는 뛰어난 학자로 많은 제자를 두었다. 동생 이입, 이강, 이점, 이모 등 이른바 '초두 4형제'와 맏손자 이영구와 함께

▌삼판서고택

'5숙질 문과급제'했고, 3형제가 같은 날 급제하여 오래 인구에 회자되었다. 이로써 이덕홍 가문이 형성되었다.

영주에 황유정 가문이 있었다. 황유중, 황서와 더불어 그 주변에 정도전, 안향, 안축, 우탁, 우팽 등의 인물이 있었다. 이들 존재를 두고 안동에서 제일 먼저 김담 가문이 갔고, 박승임 가문이 김담 가문에 갔고, 이덕홍 가문이 박승임 가문에 갔다. 멀리 김해에서 올라온 허찬도 갔다. 이황은 허찬 집에 장가갔지만 이주하지는 않았다. 황준량은 이현보 가문에 장가왔지만 이주하지는 않았다.

이로써 안동 가문 일원이 영주 가문이 되었다. 영주 가문의 잦은 안동 혼인은 이런 연유 때문이다. 이황은 이 가문들을 다시 묶어 버렸다. 황준량, 박승임, 김륵, 이덕홍 등이 모두가 제자가 되었다. 그것도 두드러진 제자들이었다.

3) 금각의 시는 이태백을 능가한다

-천재들의 탄생-

김담은 20세, 형 김증은 23세 문과급제했다. 역사상 손에 꼽을 정도이다. 김담은 집현전에서 성삼문과 수위를 다투었다. '기동'이라 한 황준량은 25세 합격했다. 이 무렵 천재들이 한꺼번에 태어났다. 활짝 핀 꽃들도 있었지만 그렇지 못한 꽃들도 있다.

김담, 이현보, 권벌, 김연, 이언적, 이황, 황준량, 박승임, 김륵, 정경세 등이 전자라면, 이황 숙부 이우, 권수익 아들 권운, 금난수 아들 금각, 이덕홍 아들 이강, 김연 손자 김해 등은 후자라 할 수 있다.

이우는 그 후손들이 "우리 선조가 10년만 더 사셨더라면" 하고 아쉬워하는 인물이다. 49세에 죽었는데 그때 이미 승지, 관찰사 등을 역임했다. 49세 퇴계가 풍기군수에 있었음과 비교하면 여간 빠른 발신이 아닐 수 없다.

권운은 22세 급제했는데, 원로들이 경연에서 임금과 문답을 '전적으로 권운에게 맡겼다' 했다. 그래서 장차 "문형文衡을 맡길 만하고 정승도 맡을 만하고, 한 시대를 교화시킬 수 있으며, 태평성대를 만들 수 있는 인물"이라 했지만 25세에 죽었다.

금각은 허균의 형, 허봉이 "금각의 시는 이태백을 능가한다" 했다. 사람들은 "등왕각서'를 쓴 '왕발과도 비견 된다" 했고, "이 세상 사람이 아닌 듯하다" 했다. 18세에 죽었는데 외삼촌 조목은 "천재가 쓰이지 못하고 사라졌다" 했다.

이강은 "당시에 보기 드문 명경현사明經賢士의 재주가 있었다"는 평가를 들었다. 도산서원에 조목을 종향하는데 김중청과 더불어 결정적인 역할을 했으며, 허균과도 가까웠으니 서로를 알아보는 안목 때문이라 생각된다. 그렇지만 그 활기찬 기상과 포부도 인조반정과 더불어 결정적 타격을 받았다.

김해는 안동지역의병대장에 추대되었고 39세에 진영에서 죽었다. 그래서 제문들도 애절하다. 조목은 제문에 '슬프다'는 뜻, '噫'자를 여섯 번이나 썼다. 제문은 이러하다.

> "먼 길 뜻이 높았으나 갑자기 이렇게 되었으니 슬프고, 변란의 때를 맞아 의병을 모집할 수밖에 없으니 슬프고, 한원翰苑(한림원과 예문관)에서 포부를 펼쳤으나 죽어 돌아오니 슬프고, 어린아이들이 앞에 있고 부모가 계시니 슬프고, 부부가 같은 시기에 죽었으니 슬프고, 대를 이어 사귀면서 늙은 내가 비통하니 슬프다"
>
> 원문: 長途遠志遽至於斯 噫, 遭時之變糾旅興師 噫, 翺翔翰苑草裏尸歸 噫, 幼稺盈前鶴髮在堂 噫, 夫兮婦兮一時具亡 噫, 兩世交契老我悲傷 噫

절명 시는 이러하다.

백년 사직 위한 계획으로	百年存社計
6월 달에 갑옷을 입었건만.	六月着戎衣
나라 위한 한 몸, 먼저 죽으니	爲國身先死
부모 생각에 혼령만 돌아가네.	思親魂獨歸

천재들은 황유정, 김담 가문의 뛰어난 DNA와 연관되고, 사색적인 도산의 빼어난 산천이 인물들을 배출한 토양이 되었다.

그런데 시야를 넓혀보면 이들을 낳은 어머니들의 존재도 다시 생각하게 한다. 총명하며 인자한 것 같았으며, 상상이 안 되는 장수했음도 주목된다.

김담 어머니 평해황씨는 1449년 남편이 60세에 죽었는데, 그 3년 뒤에도 살아있었다. 김담의 상소문으로 확인되니, 60세는 넘겼을 것 같다. 평해황씨는 시댁의 아들 이조판서 김담, 김증 형제, 친정아버지 공조판서 황유정, 동생 지평 황전, 대사성 황현, 외가의 외할아버지 공조판서 정운경, 외사촌 정도전 등 7명이 문과급제하여 발신하는 것을 보았다.

이황 조모 영양김씨는 93세를 살아 시댁의 아들 이우, 손자 이해, 이황, 외가의 외종질 이현보, 외종손 이중량 등 5명이 문과급제하고 발신하는 것을 지켜보았다. 이우는 49세 1517년 죽었는데, 그 해 80대의 나이였다. 친구 최숙생이 지은 묘갈명에 "아 명중明仲이 죽었단 말인가! 80세 노모가 집에 계시는데 어디로 돌아갔단 말인가"하는 애도 글이 보인다.

김연, 김유 어머니 양성이씨는 91세를 살아 친정아버지 군수 이지, 할아버지 판중추원사 이순지, 시댁의 아들 관찰사 김연, 무과급제로 병마절도사가 된 손자 김부인을 비롯한 이른바 '오천7군자'의 성장과 증손자인 김해, 김령, 김탄 등 7명이 급제로 발신함을 지켜보았다.

이현보 어머니 안동권씨는 85세를 살아 외가의 외삼촌 김증, 김담 형제, 친정의 동생 권수익, 권수복(무과급제) 형제와 조카 권운, 종손자 권수, 시댁의 아들 이현보, 손자 이중량 등 8명이 급제하는 것을 지켜보았다.

당대 이런 영광을 누린 여인들은 천지에 없었다. 그 일이 감격적임은 대부분 각 가문의 최초 문과 급제자로 씨족의 문호를 열었기 때문이다.

4) 금치소는 나이가 85세였고, 함께 춤을 추는 금숙은 90세이니 –놀라운 장수 고장, 도산–

음식은 장수와 연관된다. 장수를 담보하지 않는 음식이 무슨 음식이랴. 장수는 무병과 연관된다. 무병하지 않는 장수가 무슨 의미가 있으랴. 무병장수의 음식이어야 진정한 문화적 가치를 지닌 음식이라 할 수 있다.

'도산 혼맥'에서 김효로, 금난수, 권수익, 조목, 이현보, 이황 등이 당내 촌수라 했다. 당내堂內란 '집안'으로 '8촌 이내'를 말하며, 서구적 개념의 '패밀리'이다. 본가와 외가의 고조부까지 가족의 범주에 있어 '동고조8촌同高祖八寸'이라 했다. 궁금하여 '8고조도八高祖圖'를 살펴보니 과연 그러했다. 이들은 '도산9곡'의 한 곡씩을 차지하여 세거하며 오랜 세월 이웃으로 살아왔다. 그렇다면 이들은 모두 무병장수했는가?

도산1곡 '외내(烏川)' 김효로 가문은 어떤가? 족보를 보니 과연 무병장수했다. 김유가 65세이며, 아버지 김효로 81세, 어머니 양성이씨 91세였다. 아들 김부인 73세, 김부륜 68세, 김부생 76세, 조카 김부필 62세이다. 다음 세대 김호 83세, 김령 65세, 김지 69세, 김삼 80세이며, 다음 세대인 김광계 67세, 김광악 88세였다. 형 김연 58세, 조카 김부 58세였으니 당시로는 적은 나이가 아니었다.

도산2곡 '다래(月川)' 권수익 가문은 어떤가? 권수익 93세인데, 아버지 권겸 93세, 동생 권수복 73세였다. 조카 권구 85세, 권속 72세, 종손자 권시중 73세였다.

조목 가문도 그러하여 조목 83세인데, 아버지 조대춘 87세, 아들 조석붕 73세, 동생 조정 83세였다.

도산3곡 '부포浮浦'는 '예로부터 수향壽鄕이라 했다' 할 만큼 장수마을이었다. 금난수 가문을 보면, 금난수 75세, 아들 금업 82세, 금개 68세이며, 족친 금보 66세, 금응협 64세, 금응훈 77세였다. 이웃 마을 분천의 이현보 가문에서 주관한 경로잔치 '애일당구로회愛日堂九老會'에 참석한 해의 나이를 보면 금치소 74세, 금희연 84세, 금헌 77세, 금희 72세였다.

주세붕의 청량산 기행문인 '유청량산록'에 보면, "돌아오는 길에 용수사에 모였는데, 이때 금치소는 나이가 85세였고, 함께 춤을 추는 금숙은 90세이니 세상에 드문 일이었다" 했다.

부포에 들어와서 만년을 보낸 우탁도 81세였다. 후손 우경현 69세, 우희신 71세, 우치무 70세, 우의현, 우성적이 장수했다. 이들 역시 '애일당구로회' 회원으로, 참석 해의 나이이니 이보다 더 장수했으리라 생각된다.

도산4곡 '부내(汾川)' 이현보 가문은 도산 장수의 상징이다. 89세 이현보를 중심으로 보면, 부인 안동권씨 65세, 부인 순흥이씨 73세이며, 아버지 이흠 98세, 어머니 안동권씨 85세, 숙부 이균 99세, 숙모 봉화금씨 76세, 조부 이효손 84세, 조모 청주양씨 77세, 증조부 이파 76세, 고조부 이헌 84세였다.

동생 이현우 91세이고, 아들 이문량 84세, 이희량 65세, 이중량 79세, 이계량 83세, 이윤량 74세, 이숙량 74세였다. 조카 이충량 71세, 이수량 89세이며, 이문량의 증손자 이영운 94세, 고손자 이양직 82세였다. 이현보 가문의 장수는 상상이 잘 안 될 정도였다.

도산5곡 토계土溪, 온혜溫惠 이황 가문은 어떤가? 이황은 70세를 살았는데, 조부 이계양 65세, 조모 영양김씨 93세였다. 형 이징 85세, 아들 이준 61세, 조카 이완 85세, 이빙 66세였다. 이황의 70세도 당시로는 대단한 장수였다. '인생칠십고래희人生七十古來稀'의 '稀'는 '거의 없다'는 뜻이다.

정리해보면 김효로 부부가 81, 91세이며, 권수익 부자가 모두 93세이고, 금난수 부자가 85, 82세이며, 조목 부자가 87, 83세이고, 이현보 부자가 98, 89세이며, 이황이 70세, 조부모가 65세, 93세였다. 그러니까 광산김씨의 외내, 안동권씨, 횡성조씨의 다래, 봉화금씨, 단양우씨의 부포, 영천이씨의 부내, 진성이씨의 온혜, 토계 모두가 장수마을이었다. 도산 전체가 놀라운 장수 고장인 셈이었다.

이현보의 '애일당구로회' 개최 서문에 "예로부터 우리 고향은 노인이 많았다"고 했고, 퇴계의 '이현보 행장'에 "예안禮安 고을에는 늙고 장수하는 사람이 많아, 상공께서 일찍이 구로회九老會를 만들었다"는 기록은 사실이었다.

도산1곡의 김유(1491~1555)와 손자 김령이 지은 요리서, 『수운잡방需雲雜方』은 도산 장수가 저술의 토양이 되었음은 말할 것도 없다.

8. '공'과 '선생'은 무슨 차이인가

1) 어떤 사람은 이공李公이 권공權公보다 우월하다 하지만, 나는 그렇게 생각하지 않는다

-이이의 권벌, 이언적 평가-

퇴계에게 '公'과 '先生'의 구분함은 무슨 이유인가? 기준이 무엇이었을까? 이 물음을 염두에 두고 글을 써내려 왔지만, 솔직히 잘 모르겠다. 혹시 이를 언급한 선현들이 있지 않을까 찾아봐도 없다. 전연 없다.

퇴계의 행장 관련 논문도 보기 힘들다. 황준량의 관상 명정의 '선생' 표기도 '그저 회자일 뿐' 글은 없다. '시비문화是非文化'가 있을 만큼 인문학적 현안에 명쾌했던 우리 조상들의 태도를 생각하면 정말 아이러니하다. 퇴계의 권위 때문인가?

인물 평가에 거침없는 이이의 언급이 있을까 찾아보아도 없다. 이이의 인물 평가는 날카롭고 직선적이다. 퇴계도 우호적이지 않다. 반대거나 양비론적이다. 조광조, 이언적, 서경덕, 기대승 등의 평가가 그렇다.

권벌, 이언적을 비교했는데 그 글도 미묘하다. 두 사람 모두 '공公'이라 했고, '어떤 사람의 입'을 인용했는데, '어떤 사람'은 과연 누구일까? 왜 '혹자或者'라고 하는가? 권벌, 이언적의 우열을 논한 유일한 글이 아닌가 한다. 그 글은 이러하다.

> "삼가 생각하니 사람을 볼 때 먼저 그 대절大節을 취한 뒤에 세세한 행동을 논하는 것이 옳다. 권공, 이공의 일반 행검에는 권공이 이공에 미치지 못하나, 어려움에 맞서 항절함에는 이공이 권공에게 양보해야 하리라. 어떤 사람은 '이공이 권공보다 우월하다' 하지만 나는 그렇게 생각하지 않는다."
>
> 원문: 謹按 視人 先取其大節 然後可議其細行也 權李二公 平日行檢 權固不及於李 而臨難抗節 則李讓於權 或者以爲李優於權 吾不信也

그렇다면 금기사항인가? 이 당연한 궁금함에 당연한 답변이 역사상 한 번도 없었다. 필자 또한 이 부분은 남겨 둘까 했지만 무책임한 것 같아 몇 자 소견대로 써 본다. 오해 없기를 바란다.

퇴계께서 구분했다 하더라도 인물 개인의 우열 평가는 아닐 것 같다. 왜냐하면 행장 저술의 인물 선정은 이미 표현의 문제를 넘어서고 있으며, 존경하는 사람에게는 '공'과 '선생'을 동시에 사용했기 때문이다.

『농암집』을 보면 퇴계가 이현보에게 '선생'과 '공'을 동시에 썼고, 『금계집』을 보면 황준량이 퇴계에게 '공'과 '선생'을 함께 쓰고 있다. 퇴계가 이현보에게, 퇴계 제자가 퇴계에게만 그렇게 썼고, 그 외는 모두 '공'인데, '공'이 극존칭이기 때문이다.

황준량은 50세 연상의 이현보를 '공', 혹은 '상공相公'이라 했다. 26세 연상의 이언적에게도 '복고공復古公'이라 했다. '복고'는 이언적의 자字이다. 이이도 35세 연상의 퇴계에게 쓴 제문에 "공이 조복을 벗으시고", "공이 역책易簀하실 때" 등으로 썼다. '선생'은 쓰지 않았다. 몇 가지 사례만 보더라도 전거典據로는 부족함이 없다.

조금 후대 인물인 정경세가 지은 권벌의 '충재신도비'에도 '공'이라 했다. 그 한 부분은 "公號沖齋 晩號松亭 鄕人就公所居 建書院立廟以祀之"이다. 번역하면 "공의 호는 충재이며, 만년 호는 송정이다. 향촌 사람들이 공이 살던 곳에 서원을 세우고 사당을 건립하고 모시고자 했다"이다. '공'이 연속해서 쓰였다. 따라서 권벌에게 사용한 '공'이란 표현은 이 경우 극존칭으로 볼 수밖에 없다.

성균관에 모셔져 있는 동국東國 18현賢 가운데 16명이 공이고, 공문孔門 10철哲 가운데 9명이 공이며, 송조宋朝 6현賢 가운데 4명이 공이다. 공자는 성聖이며, 제자 4명은 성공聖公이다. 그러니까 모두가 공인 셈이다.

중유仲由는 위공중유衛公仲由이고, 퇴계는 문순공文純公이고, 주희는 휘국공徽國公이다. 시호 그대로 '공'을 붙였다. 이순신을 '충무공忠武公'으로 호칭하듯이.

주희朱熹를 보면, 당시에는 '주부자朱夫子', '주문공朱文公', '송태사휘국문공宋太師徽國文公' 등으로 호칭했다. '선생'은 아니었다. '선생'은 그 제자들이 호칭했고, 퇴계가 호칭했다.

'주자서절요' 서문에 주희를 '주부자朱夫子'라 하고, '아성亞聖의 자질이 뛰어나다' 했다. 이로 보면, 퇴계의 '선생'은 매우 의도적이며, 그 개념 정립을 작심하고 한 것이 아닌가 한다.

2) '출처出處의 의義'와 '성정性情의 뜻'을 아는 자를 도학자로 지목했다 -퇴계의 이우, 이해 행장의 짓지 않음-

연장선에서 조금 더 추측해 보면, 권벌은 '선생'의 학자적 이미지보다는 '대절大節'이란 '대정치가'의 의미가 더 강렬했던 것은 아니었을까. 권벌 행장에 "규암 송인수宋麟壽는 '권공은 재상 중에서도 진정한 재상입니다' 하였고", 다른 행간에는 "공公을 원상院相으로 삼으니, 놀라 말하기를, '저에게 이런 중책을 맡기심은 모기에게 산을 지우는 것과 같습니다, 과연 국사를 어찌해야 합니까' 하였다"고 쓰여 있다.

'재상 중의 재상'과 '산을 지우는 국사國事'는 결국 정치가 권벌일 수밖에 없다. 모순이 폭발한 시대의 국정 책임자, '원상院相'에게는 그런 표현이 더 적합한 것이 아니었을까.

행장 전문을 누비는 글도 그렇다. 대정치가 권벌로 일관되어 있다. 일독 바란다. 감동의 생애가 생생하게 그려져 있다. 권벌은 대인 풍도의 강직한 정치가이지, 단정한 선생 모습은 아니다. 나만의 느낌일까? '선생'을 쓸 수 없었음이 내재되어 있었던 것은 아니었을까. 시호는 어떤 측면에서 이런 구분을 하고 있다고 보인다.

조광조, 이언적, 퇴계가 '문정文正', '문원文元', '문순文純'인데, 권벌은 '충정忠定'이다. 충정은 "임금을 섬기는 데 절개를 다 했으니 충忠이고, 순수한 행실을 지켜 변하지 않았으니 정定"이라 했다.

권벌에 대한 나라 차원의 평가는 학자는 아니었다. 한 마디로 '충신'이었다. 그렇지만 네 사람 모두 '증 영의정'으로, 국가적 평가는 격이 같다. 더 오를 수 없는 명예의 정점에 올랐다. 품계 역시 정1품 '대광보국숭록대부大匡輔國崇祿大夫'로 같다. 최고의 품계이며 증직 글자 또한 똑같다.

이렇게 쓴다고 해서, 그 구분과 기준을 밝혔다고 할 수 없다. 무엇인가 명쾌한 기준이 있었을 것 같다. 퇴계에게 '왜 그렇게 쓰셨습니까?' 하고 물어볼 수 있다면, 바로 답변을 주셨겠지만 지금 그럴 수 없다.

아주 쉽게 생각하면, 정3품 당상관 이상 종2품까지가 '영감'이고, 정2품 이상은 '대감'이다. 그 위에 '상감'이 있다. 영감은 '영공令公', 대감은 '상공相公', 삼정승은 별칭 '삼공三公'이라 했으니, 공公은 그 용어를 그대로 쓴 것일 수도 있다.

좀 더 생각해본다면, 역시 도학적 기준이 엄격하게 적용된 것이 아니었을까. 퇴계가 숙부 이우와 형 이해의 행장을 쓰지 않았음을 상기해볼 수도 있다. 아버지나 다름없고, 아깝게 단명한 관찰사 이우와 사화에 억울하게 피화된 대사헌 이해의 행장은 왜 쓰지 않았을까?

이우는 가문의 길을 낸 사람이며, 이해는 후일 '정민貞愍'이란 시호가 내린 사람이기도 하다. 어쩌면 더 먼저, 더 정성껏 써야 하지 않았을까. 생애 이력도 가장 잘 안다. 추억도 많다. 시간도 얼마든지 있다.

퇴계는 이우의 연보와 묘갈지墓碣識를 지었고, 이해는 묘지명墓誌銘과 묘갈명墓碣銘을 지었다. 추모 글로는 더 쓸 수 없을 만큼 썼다. 그렇지만 행장은 쓰지 않았다. 퇴계가 아버지 행장을 '행장초기行狀草記'라 하여 쓰고, 지친至親 두 사람 행장을 쓰지 않았음은 도학자적 기준 말고는 다른 설명이 떠오

▮ 송재 이우 영정 ⓒ한국국학진흥원

르지 않는다. 즉, 이이가 정의한 "'출처出處의 의義'와 '성정性情의 뜻'을 아는 자를 도학자로 지목했다"는 그 기준이다.

참고로, 퇴계 이후 '선생'은 일반화되었다. 어느 순간, 현안이 되기도 했다. '선생'은 예민한 자존심 문제가 되었다. 전에 없던 일이었으니, 역시 '사문초유의 일'이었다. 이른바 '한려시비寒旅是非'가 그러하고, 다음 세대에도 여러 '선생 시비'가 일어났다.

송준길이 정경세의 연보를 지었는데, 정경세는 '우복정선생愚伏鄭先生'이라 하고 류성룡은 '서애류문충공西厓柳文忠公'이라 하여, 양가 오랜 현안이 된 바 있다. 역시 '선생 시비'였다. 오직 '선생'이 문제였다.

그런 가운데도 양가 혼인은 계속되었으니, 시비와 혼인은 분리된 인사였던 모양이다. 결국 연보 목판을 서애종택으로 옮기는 것으로 결론 났고, 그 목판은 근년 한국국학진흥원에 기탁되었다.

9. 신재 주세붕의 '유청량산록'은 어떤 글인가

1) 청량산은 바로 선생의 문장을 기다려 세상에 드러났다

–명문 중의 명문, 유청량산록–

퇴계의 '선생' 표현은 세 사람만은 아니다. 황준량에게도 썼다고 했으며, 『퇴계집』 첫머리 시 제목을 '과길선생려過吉先生閭'라 했고, '답정자중 별지答鄭子中別紙'에 '最後乃以金先生宏弼同祠'라 썼다.

이우, 주세붕(1495~1554)에게도 썼다. 이우는 '서어부가후書漁父歌後'에 '숙부송재선생'(叔父松齋先生時召此妓)'이라 했고, '숙부송재선생연보叔父松齋先生年譜'라 했다.

그러나 모두 단선적 표현이다. 큰 의미를 갖는다고 생각되지 않는다. 오직 일관되며 의도된 선생은 이현보, 조광조, 이언적 그리고 중국의 주희뿐이다.

특이점이 있다면, 주희는 '노선생老先生'이라 했고, 이현보는 '노선백老仙伯'이라 함이 차이라면 차이이다. 퇴계가 이런 표현을 한 다른 사람은 없다.

'선생'은 한유韓愈 시절 '사師'를 설명하면서 구체화된 개념으로 "나보다 먼저 태어나 道(진리)를 먼저 들을 사람"이라 했다. '후생後生'의 반대이다. 후생은 공자가 '후생은 두려운 존재이다(後生可畏)'라 했으니, 그 먼저 나왔다.

그렇지만 오랜 세월 사문화되었고, 중국에서는 주희 제자들이, 한국에서는 퇴계가 문득 사용하여 풍성해지고 이후는 일반화되었다. 제자들이 퇴계를 그렇게 호칭했다. 지금 '후생'은 사문화되었다. 선생의 대체 글자는 '공公'이었다.

그런 '선생'을 퇴계가 주세붕에게 썼다. 한 글에 여러 번 썼다. 주세붕의 '유청량산록遊淸凉山錄' 발문에 썼다. 그 글이 어떤 글이길래 그렇게 썼나. 이를 어떻게 봐야 하나?

1544년, 주세붕은 청량산 산행을 했다. 계획된 순서였다. 1년 전 1543년, 한국 최초 서원, 백운동서원(후일 소수서원)의 창건에 이어지는 개혁 시간표에 의한 실행이었다.

청량산이 불가佛家 산임을 알고 있었고, 이를 청산하고자 했다. 영남의 상징인 청량산이 불가의 산이어서는 안 되는 일이었다. 백운동서원을 '숙수사'의 절터에 지음과 같은 의도였다. 1543년 『주자대전』이 처음으로 한국에서 간행되었으니, 주세붕의 행동은 매우 선구적이었다.

주세붕의 청량산 입산은 1544년 4월 11일이고, 하산은 17일이며, 글은 19일에 완성했다. 꼬박 일주일 동안 온 산을 밟아 가며 글을 썼다. 글은 장문이며 세밀하게 묘사했다. 산행 중에 썼으니 대단한 필력이다. 그때 주세붕은 열아홉의 절과 암자를 봤다고 했다.

처음에는 이 기록이 의심스러웠다. 도대체 이 작은 산 어디에 그런 많은 절, 암자가 있었단 말인가? 그런데 차츰 오르내리며 살펴보니 등산로 곳곳에 기와 파편이 있고, 조금 편편한 곳은 절터 흔적이 완연했다.

▌축용봉에서 본 청량산

최근 응진전 부근에서 습득한 기와에 '水山 淸凉寺'라는 글씨가 있었다. '수산'은 청량산 이전 이름이고, 응진전 일대가 '청량사' 자리였다. 지금 청량사는 연대사 일대였다. 청량산은 산 전체가 법당인 불가의 산이요, 사찰과 암자의 바다였다.

'불가의 산' 청량산은 주세붕을 만나면서 '유가儒家의 산'으로 변모했다. 한마디로 혁파해 버렸다. 청량산의 여러 봉우리를 육육봉六六峰(12봉우리)으로 작명하고, 나머지 불교적 잔재를 그야말로 쓸어버렸다. 천하의 명산 청량산에 올라와 보니 온통 불가의 산임이 불만스러웠다. 이는 16세기의 극심한 숭유억불과 맥을 같이했다.

이를 결산하는 글이 '유청량산록遊淸凉山錄'이다. 이 글은 청량산 기행문으로는 전무후무한 명문이다. 청량산의 면목을 거울처럼 드러냈다. 글은 문인들을 매료시켰다. 아니 열광했다. 여기에 이현보, 퇴계의 발문은 기름을 부었다.

퇴계는 "청량산은 바로 선생의 문장을 기다려 세상에 드러났다(直待先生之文而發之)" 했다. 나아가 '유가의 산이 되어야 한다' 했다. 이후 수많은 시인, 묵객이 청량산을 찾았고 글을 썼다. 그렇지만 그 어느 것도 주세붕의 글을 넘어서지 못했다. 불가사의한 작품이었다. 이로써 명산이 되어갔다.

백운동서원이 지어진 5년 후, 퇴계가 사액 요청을 했고, '유청량산록'이 지어진 8년 후 퇴계가 발문을 썼다. 지금 소수서원과 도산서원은 세계유산이 되었다. 길이 없는 곳에 길을 내는 사람이 인물인데, 주세붕이 그런 사람이었다.

2) 천년이 지나도 썩지 않도록 하리라
–이현보, 퇴계의 유청량산록 발문–

'유청량산록' 저술을 마친 주세붕은 바로 이현보에게 발문을 요청했다. 이현보가 지은 발문 제목이 '書周景遊清凉山錄後 兼示醉時歌'이다.

퇴계는 5년 뒤 1549년 풍기군수 시절, 백운동서원 유사有司 김중문에게 이 글을 얻어 보고 감격하여 3번이나 읽었고, 3년 뒤 1552년 서울에서 주세붕이 보여 준 증보 편을 보고 다시 감동하여 전문을 필사한 뒤, 그 끝에 스스로 발문을 지었다. 제목이 '周景遊遊清凉山錄跋'이다. 그래서 발문이 2편이다.

발문에 이현보는 청량산과 주세붕의 만남을 "주후(朱熹)의 천백 년 뒤의 다시 만남(再遇朱侯於千百載之下)"이라 했고, 퇴계는 "산의 일대 만남(山之一大遇)"이라 했다. 청량산이 임자를 만나 그 진가를 비로소 얻었다는 뜻이다.

글의 빼어난 문장력과 심미안을 극찬하며 이현보는 "어찌 위대하다 않으라(豈不偉哉)" 했고, 퇴계는 "위대하시다(偉哉)" 했다. 이현보의 발문 한 부분은 이러하다.

"선생을 수행한 6, 7인의 유생들이 모두 미친 듯 홍겨워하며 거문고와 비파를 연주했다. 몇은 노래하고 몇은 읊조리는데, 그 모습이 마치 공자께서 기수에서 목욕하고 무우에서 바람을 쐬고 노래하며 돌아오는 모습과 흡사했다."

원문: 先生隨行六七儒輩 皆狂簡斐然 回琴點瑟 或歌或吟 髣髴乎浴乎風乎詠歸之行也

퇴계의 발문 한 부분은 이러하다.

"내 장차 한 편을 필사하여 석실 속에 넣어 갈무리하고, 반드시 수호하도록 하여 천 년이 지나도 썩지 않도록 하리라. 그리하여 황滉이란 이름이 그 글 끝에 의탁될 수 있다면 그런 큰 행운이 어디에 있겠는가!"

원문: 吾將筆寫一通 藏之石室之中 其必有呵禁守護 垂千祀而不朽者矣 而滉之託名其末 顧不爲大幸也耶

이현보는 '공자의 기수 목욕과 흡사하다' 했고, 퇴계는 '천년이 지나도 썩지 않도록 하겠다' 했다. 이 얼마나 큰 격찬들인가! 이 땅에서 글에 대한 찬양으로 이보다 더한 평가는 없다.

그런데 가만히 보면 두 사람 평가가 비슷하다. '선생'은 더욱 그렇다는 느낌이다. 두 사람 모두 주세붕을 '선생'이라 했다. 이현보는 9번, 퇴계는 6번 했다. 퇴계는 따라한 것일까?

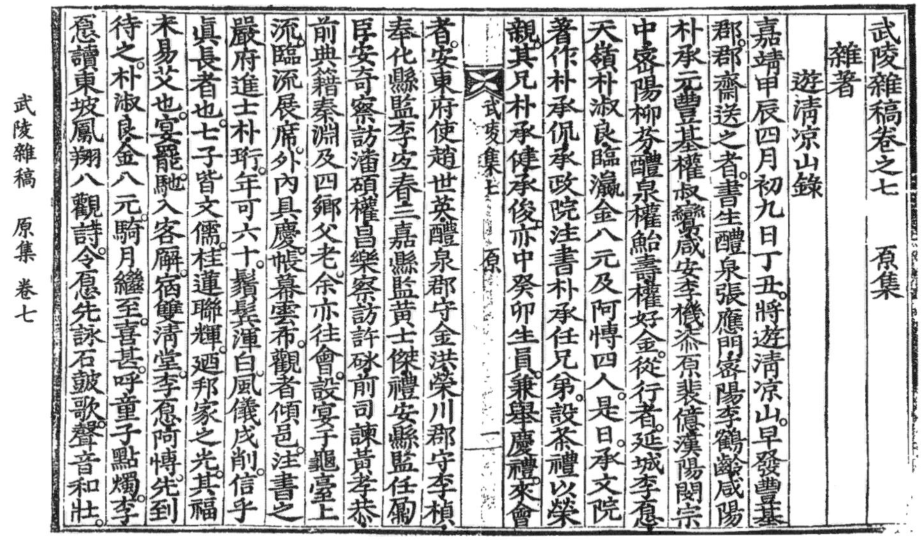

武陵雜稿卷之七　原集

雜著

遊淸凉山錄

嘉靖甲辰四月初九日丁丑。將遊淸凉山。早發豐基郡。郡齋送之者。書生醴泉張應門、寗陽李鶴齡、咸陽朴承元、豐基權叔蘊、咸安李機、漆原裴億、漢陽閔宗中、寗陽柳芬、醴泉權船壽、權好金。從行者。延城李惪天、嶺朴淑良、臨瀛金八元及阿慱四人。是日承文院著作朴承侃、承政院注書朴承任兄弟。設茶禮以榮覲其兄朴承健、承俊亦中癸卯生員、兼擧慶禮來會

武陵集七　原　一

者。安東府使趙世英、醴泉郡守金洪、榮川郡守李楨、奉化縣監李宓春、三嘉縣監黃士傑、禮安縣監任鼐臣、安奇察訪潘碩權、昌樂察訪許硃、前司諫黃孝恭前典籍秦瑞及四鄕父老。余亦往會。設宴于龜臺上流。臨流展席。外內具慶帳幕雲布。觀者傾邑。注書之嚴府進士朴珩。年可六十。鬚髮渾白。風儀茂削。信乎眞長者也。七子皆文儒。桂蓮聯輝。迺邦家之光。其福未易艾也。宴罷。馳入客廨。宿雙淸堂。李惪、阿慱先到待之。朴淑良、金八元騎月繼至。喜甚。呼童子點燭。李惪讀東坡鳳翔八觀詩。令惪先詠石鼓歌。聲音和壯。

武陵雜稿　原集　卷七

▮ 신재 주세붕의 '유청량산록'『무릉잡고 권7』 ⓒ한국고전번역원

이때까지 모든 글은 '주경유周景遊'라 했다. 충격적 표현이다. 아니 충격을 받은 것 같다. '기행문(遊山記)'이란 장르의 글을 본 적이 없던 두 사람에게 '유청량산록'은 경이적인 글이었다.

지금 읽어봐도 명문이다. 사람들은 외국 글은 읽고 찬양하면서 정작 500년 전 쓴 우리 조상들의 글은 모른다. 퇴계가 "천년 뒤에도 썩지 않도록 수호하고자 한 소망"이 무엇일까? 천하 명문이었기 때문이다. 지금 일독을 바란다. 왜 명문인지 알기 위해서라도 말이다.

우리는 '호동왕자와 낙랑공주의 사랑'이 한 나라의 운명을 건 러브스토리임은 모르고, 한 가문의 이야기인 '로미오와 줄리엣'은 읽고 또 읽는다. 황진이를 모르면서 '엘리어트'는 읽는다. 박지원은 너무 모른다.

이현보의 '선생' 9번 가운데 첫 번이 '豊郡太守周先生景遊雅好山水'이다. 번역하면, "풍기태수 주 선생 경유는 산수를 좋아했다"이다. 다음이 '先生芒

鞋野服率子弟過余曰將往淸凉'이니, "선생이 짚신에 평복으로 자제들과 함께 나에게 와서 말하기를, 곧 청량산으로 가려고 합니다"이다.

퇴계의 6번 가운데 두 번은 이렇다. "喟而言曰 偉哉 先生之有得於玆山也" 이니, "내가 감동해서 말하기를 '위대하시다, 선생이 이 산에서 얻음이여!"이다. 다음은 '天藏其勝 地秘其奇 直待先生之文而發之'이니, "하늘이 그 경치를 감추어두었고, 땅이 그 기이함을 비장했는데, 바로 선생의 글을 기다려 드러났다" 했다.

이현보의 발문은 파격을 넘어섰다. 짧은 글에 '선생' 일색이다. 상식 밖의 표현이다. 왜냐하면 그때까지 사용하지 않았던 개념이기 때문이다. 더구나 주세붕은 28세 연하이다. '유청량산록'에는 이현보를 '상공相公'이라 거듭 존칭했다. '공' 위에 '상공'이니 극존칭이다. 아무리 양보해도 그렇게 쓸 수 없었다. 써서는 안 되는 용어였다. '주자의 다시 만남'과 '공자의 기수 목욕'도 엄청나다.

퇴계의 발문은 더욱 놀랍다. 글, 책 앞에 쓰는 것이 서문이며, 마지막에 쓰는 것이 발문이다. 전체 개요를 쓰니 안목이 요구된다. 글을 알아야 하고, 사람을 알아야 한다. '자서自序'가 없지 않지만, 대부분 타인에게 청탁한다. 그러니 당대 문장가에게 받는다. 요청으로 쓰니 겸양하면서 쓰고, 요청 없이 쓰는 경우는 거의 없다.

그런데 퇴계는 스스로 지었다. 아주 이례적이다. 그것도 8년 뒤에. 원문 필사 기념으로 지었다. 그래서 저자에게는 보여주지도 않았다. '석실 속에 넣어두겠다' 한 고백이 근거이다. 이런 경우도 정말 흔하지 않다. 주희의 글을 필사하고 쓴 서문과 비슷하다. '농암 어부가'를 자필로 써놓음과 비슷하다. 청탁받지 않고 쓴 행장과도 비슷하다.

3) 누가 선생의 꿈의 끝을 알랴!
-퇴계의 주세붕 추모사-

그렇다면 이현보, 퇴계는 왜 이런 글을 쓴 것인가? '유청량산록'은 2가지 사실을 알게 해주었다. 첫째는 주세붕의 산행 모습이 공자, 주자 같은 모습으로 보인 점이다. 둘째는 청량산이 천하 명산임과 '유청량산록'이 천하 명문임을 알게 했다. 이현보, 퇴계에게 청량산은 신세계였으며, 글은 신세계 안내서였다.

퇴계 발문에 적시한 '선생지문先生之文'과 '오가산吾家山'은 충격의 반응이었다. '선생의 문장'으로 인정하고, '우리 집 산(吾家山)'으로 하고 싶었다. 후속 반응이 '청량산인淸凉山人'의 자칭이며, 다음 반응이 1549년에 쓴 소백산기행문, 즉 '유소백산록遊小白山錄'의 저술이었다. 한마디로 '무이산武夷山의 발견'이었다. 놀랍게 바로 주변에 무이산이 있었다.

이현보가 서문에 '주희의 다시 만남'이라 했으니, 두 사람에게 주세붕은 주희와 무이산을 가르쳐 준 그런 위대한 선생이었다. 그렇지 않아도 바로 한 해전, 한국 최초의 서원 '백운동서원' 창건자가 아닌가. '선생' 9번, 6번 쓰는 것이 무엇이 문제인가!

퇴계는 "산에 대한 소유는 어리석은 일이다"라고 하면서 그 욕심을 경계했다. 그런데 청량산의 '오가산' 표현과 더불어 '도산'에 대해서는 '도산잡영陶山雜詠'의 글 끝에 '산주기山主記'라 하여 도산서원 일대와 청량산의 소유권을 그 당시부터 결정짓게 했다. 산 소유권과 재산 개념이 희박하던 시대에 이런 표현은 매우 이례적이라 할 수 있다. 그 이유는 두말할 것도 없는, 주희와 무이산에 대한 의식이었다.

청량산이 무이산임을 알게 된 퇴계는 이후 밀착되어갔다. 그 논리는 '독서가 유산과 같다(讀書如遊山)'의 등식이다. 퇴계는 "사람들은 독서가 유산 같다 말하지만, 다시 보니 유산이 독서 같다(讀書人說遊山似 今見遊山似讀書)" 하기도 했다.

이때 나이는 주세붕이 퇴계보다 6살 많았고, 관직도 주세붕이 퇴계보다 1품계 높았다. 풍기 군수는 종4품이고, 홍문관 교리는 정5품이다. 호칭도 서로 '주경유周景遊', 이경호李景浩라 했다. 22세 연하인 황준량도 '주경유'라 했다. 이현보는 말할 것도 없지만, 퇴계도 '선생'은 써서는 안 되는 용어였다.

퇴계는 서문 글을 "원문 뒤에 의탁해 석실 속에 보관하여 영원히 보존하고 싶다" 했다. '유청량산록'에는 자신이 일찍이 쓴 '백운암기白雲庵記'를 보고 주세붕이 '유부지작幼婦之作'이라고 한 평가가 실려 있음에도 말이다. 믿어지지 않는다. 그렇지만 한편으로는 이런 자세가 퇴계의 인품을 다시 한번 생각하게 하는 단서가 된다. 모두가 '선생지문先生之文', 즉 '선생의 문장' 때문이었다.

퇴계가 주세붕의 아들 주박에게 보낸 편지에, 주세붕의 문집 『무릉잡고』에 대한 감상을 썼는데, 그 글 역시 격찬이었다. 글 일부는 이러하다.

> "선생의 시문은 기이하고 웅장하여 마치 용이나 뱀을 붙잡는 듯, 호랑이나 표범을 때려잡는 듯 그 깊이를 측량할 수 없으니, 진실로 나 같은 사람이 미치지 못할 바로, 그 원대한 이상과 꿈에 대해서는 감탄을 이길 수 없었다."
>
> 원문: 先生詩文 奇詭壯浪 如捕龍蛇搏虎豹 不可測度 誠非管窺所能到也 不勝望洋之嘆

▌신재 주세붕 영정 ⓒ소수박물관

주세붕은 1554년 죽었다. 퇴계는 '추모 글(周同知景遊挽詞)'을 썼다. 글은 찬양 일색이다. 이런 추모 글을 받은 사람은 이현보, 황준량 외는 없는 것 같다. 글 속에 '문장은 태산 같다' 했고, '누가 선생의 꿈의 끝을 알까'라고 했다.

1552년 '유청량산록' 발문을 지었으니 그로부터 2년, 짧은 기간이지만 퇴계에게 주세붕은 '선생'이었다. 추모 글은 이러하다.

동남 아름다움 기상 받고 태어났으니	自是東南美所鍾
문장은 태산 같고 기상은 호웅이네	文如泰山氣豪雄
일찍 대간에 올라 명성이 자자했고	早登臺閣名聲籍
중년 고을 원이 되어 칭송이 넘쳐났네	中典州城誦詠渢
성균관 세 번 맡아 임금 사랑 드리웠고	三入成均垂睿想
먼 고을 한번 가서 풍속을 바로잡았네.	一分陜右動民風
은대 교서는 임금 뜻을 펼치었고	銀臺草敎能宣旨
옥당 도를 펼쳐 최고 충성 드러냈네.	玉署陳圖最見忠
불교 배격 올린 글은 선비들이 다투어 읽고	闢佛封章士爭誦
서원 지어 현인 높임은 최초의 일이었네	尊賢祠宇世初崇
거룩한 문장은 은하수를 쏟은 듯	谿言間出如傾漢
걸출한 시구는 용틀임하는 듯	傑句時傳似搏龍
간곡한 충정은 임금에게 있고	進進誠心在君父
우연히 얻은 병이 문득 깊어졌네.	沈沈身疾感蛇弓
인간 세상 선도하며 오직 나를 이끌어주시고	人間斷斷唯應我
지하에서 글을 쓰고 계신 분은 바로 공뿐일세	地下修文定是公
슬픈 영전 천리에 내렸으니	千里哀榮恩典下
일생 사업 역사에 남으리라	一生事業汗青中
죽계 여울 집을 둘러 천년을 흐르건만	竹溪遶舍流千載
누가 선생의 꿈의 끝을 알랴!	誰識先生意不窮

인물 망각이 두려워 행장을 썼다면, 글 망각이 두려워 발문을 썼다. 아름답고 진실한 것의 망각을 두려워한 사람이 퇴계였다. 아울러 '아름답고 진실한 것'의 수호를 소망한 사람이 퇴계였다. 자신이 그런 인물이 되고자 하였음은 말할 것도 없다. 청량산을 닮은 '청량산인'으로.

4) 유산을 하는 자는 유록을 남겨야 한다
-퇴계의 '유소백산록'-

퇴계에게 '유청량산록'은 충격의 글이었다. 충격 끝에 그해 소백산을 오르고 '유소백산록'을 썼다. 글 끝에 "후인들이 이 글을 보고 내가 주경유의 글을 볼 때처럼 감동을 받을지 모르겠다" 했다. 주세붕의 글을 의식했고, 그 글에 미치지 못한다는 솔직한 고백이었다. 그래서 주세붕의 글 빼어남을 다시 역설했다. 그 부문은 이러하다.

> "내가 그 시문(유청량산록)의 뛰어남을 감상하니, 마치 홍안의 백발노인과 더불어 말하고 서로 수창酬唱하는 듯했다. 이에 힘입어 감흥을 일으키고 정취를 얻은 것이 진실로 많았다. 유산遊山하는 사람 유록遊錄을 남겨야 한다. 왜냐하면 유록은 유산에 유익함을 주기 때문이다."

유산은 등산이며 유록은 기행문이다. "유산하는 사람 유록을 남겨야 한다"는 퇴계의 언급은 산행 지침이 되었고, '유청량산록'은 이후 지어진 기행문 저술의 전형이 되었다.

허목의 '청량산기', 이익의 '유청량산기', 이상룡의 '유청량산록' 등 100편 이상 쓰였다. 시는 아마 5천 수는 넘을 것 같다. 이로써 청량산 산행과 청량산 기행문을 쓰는 것이 유행처럼 전파되었다. 명문이 명산을 만들었다.

불가의 산 청량산은 유가의 산으로 급격히 변모했으며, 이후 퇴계의 명성과 함께 영남 유교의 메카 같은 성지로 인식되었다. 선비들의 청량산 유산과 유록 작성은 일종의 성지순례와 순례 보고서 제출의 의미마저 지니게 되었다.

그렇다면 '산행 = 공부'의 구체적 내용은 무엇인가? 퇴계는 청량산 유산에서 열두 가지 일을 시로 표현했다. 먼저 입산에 해당하는 등산, 바람을 만나는 치풍値風, 달을 구경하는 완월翫月, 나그네에 감사하는 사객謝客, 농부를 위로하는 노농勞農, 도를 논하는 강론講論, 사람을 생각하는 회인懷人, 금강산 유산을 거절한 권유倦游, 책을 읽는 수서修書, 앉아 사색에 잠기는 연좌宴坐, 그리고 산을 내려오는 하산下山, 집에 돌아오는 환가還家가 그것이다.

'만행卍行 = 득도得道'가 불가의 등식이라면, 유산은 유가의 거경居敬과 연관된다. 불가가 득도하여 부처가 되고자 했다면, 유가는 성인이 되고자 했다. 敬이란 유가 최고의 개념이고 목표였다.

경은 선禪과 흡사한 측면이 있는데, 유산 열두 가지 가운데 앉아 '사색에 잠기는 연좌'는 특히 그러하다. '마음(心)'이 명제다. 경이 예로 드러나는 몸가짐을 중요시한다면, 선은 마음가짐에 깊이 들어가 있는 듯이 보일 뿐이다.

전자는 '바른 자세'에서, 후자는 '바른 마음'에서 득도의 우선을 두고 있다. 그렇지만 득도의 피안은 다 같이 저 멀리에 존재한다. 그 득도의 길은 어디에 있는가?

'이기理氣' 이론 역시 온통 마음의 문제에 쏠려 있다. 사단칠정이란 곧 마음의 작용인 이성과 감정의 문제였다. 그 관계는 '하나이면서 둘이고(一而二)', '둘이면서 하나(二而一)'라고 인식한다. 서로 섞일 수도 없으나 떨어질 수도 없다.

그래서 '불상잡不相雜', '불상리不相離'라 했다. 섞일 수도 없고, 떨어질 수도 없는 오묘한 마음의 구조! 이를 어떻게 갈고 닦아 하나인 천인합일의 경지에 이르게 하는가! 결국 과제는 하나의 화두, 간단의 문제로 귀착된다.

'간단間斷'이 무엇인가? 경 사상의 구현은 유자들 일생의 목표였고, 그 구현은 '간단없음'이 요체였다. 퇴계는 끊임없이 경을 말하며 "경 공부에 간단이 있어서는 안 된다" 했다.

'간단없음'은 해석하면 '사이 끊어짐 없음'인데, 나는 이를 "잔잔한 의식의 긴장을 계속해서 유지하는 것"이라 했다. 퇴계는 쉬운 말로 "옷깃을 여미는 일"이라 했으니, "옷깃을 단정히 하고 잔잔한 긴장을 계속해서 유지하는 것"이 '간단없음'이고, 곧 경이다.

사실 1555년, 퇴계는 청량산에서 "옷깃을 여미고 묵묵히 앉아서 수련했는데, 그럴 때마다 중들이 휘장 저쪽에서 비웃고 떠들었다" 했다. 이덕홍의 『계산기선록』 기록이다. 이때 자세는 유가의 경이었지 불가의 선이 아니었다. '중들의 비웃음'은 당연했다. '저게 무슨 마음공부야' 했을 것 같다.

요컨대 '집중력을 잃지 않음'이 '간단없음의 자세'인데, 유산은 그 마음공부에 효용성을 배가해 주었다. 그래서 퇴계는 청량산 유산을 "농부의 가을 추수 같은 소득이 있다" 하며 그 의의를 인정했다. "독서가 유산 같다"는 말도 같은 맥락에서 나온 것이라 할 수 있다. '환가還家'의 시는 이러하다.

유산에서 무엇을 얻었는가.	遊山何所得
농부와 같이 추수가 있다네.	如農自有秋
돌아와 서실에 앉아	歸來舊書室

고요히 향 연기를 바라보니　　　　　靜對香烟浮
오히려 나도 산 사람인 듯　　　　　猶堪作山人
세상 근심이 없어지네.　　　　　　幸無塵世憂

그러나 청량산에 대한 퇴계의 관점은 학문과 인격 수양의 보조적 장소를 넘어서지 않았다. 퇴계는 청량산에 대해 그 인식 한계를 뚜렷이 설정해 놓았다. 그것은 어디까지나 유상지처遊賞之處로서의 청량산이지 경 실천을 일상화할 수 있는 가거지지可居之地는 아니었다. 퇴계는 이를 분명하게 할 수 있도록 『도산잡영』에 문답 형식의 글까지 지었다.

"그대는 청량산에 은거하지 왜 도산에 사는가? 내가 답하기를 요산요수에 하나라도 빠지면 안 되는데, 비록 낙천洛川이 청량산을 지나가나 산속에서는 물이 있는지 알 수 없다네. 내 본래 청량산에 갈까 했었지. 그렇지만 저것을 뒤로하고 이것을 먼저 한 것은 산수山水를 겸하고 있어, 늙고 병든 몸을 편하게 하기 위함이네."

'뒤로한 저것'은 청량산이고, '먼저 한 이곳'은 도산이다. 퇴계에게 '살 만한 터전', 즉 '가거지지'는 산과 더불어 물이 있는 곳이어야 했다. 그런 곳은 계상서당이 있는 상계와 도산서당이 있는 도산일 뿐, 청량산은 아니었다.

도산에 대해서는 "산수가 맑고 기이하여 구하던 바에 꼭 맞아 꿈속에서도 (마음이) 여기에 있다"라고 한 바 있다. 지금 종택과 도산서당 터전은 퇴계의 안목으로는 경을 구현할 수 있는 최적의 가거지지였고, 청량산은 이들 가거의 터전에서 다하지 못한 인생의 향기를 느낄 수 있는 조밀하고도 아름다운 자연 정원으로 존재했다.

아울러 그 자연 정원은 학문과 경 사상 구현의 궁극인 천인합일의 경지에 이르는 데 유익한 작용을 했다.

5) 이곳은 곧 하늘이 땅을 만들어 간직했다가 내어준 곳이리라 -예던길-

퇴계가 '그림 속과 같다'는 '낙동강 청량산 강변길'은 도산9곡 가운데 7곡, 8곡, 9곡이 몰려있는 곳으로, 지금은 '예던길'로 명명되었다. '도산12곡'의 "예던길 앞에 두고 아니 가고 어쩔꼬"에서 나왔다. 섬진강 길, 북한강 길과 더불어 '한국의 3대 강변길'로 지목되며, 인색하기로 유명한 미슐랭이 별 하나를 준 한국 유일의 길이기도 하다.

천사를 깃 점으로 하는 그 길은, 천사—단사—가송—너분들로 이어지는 청량산 자락 강변길이다. 단사협, 가송협, 청량산이 이어져 있다. 칸트가 걸어 전 세계인이 걷는다는 유명한 '철인의 길' 열 배 이상의 유서 깊고 멋진 길이 아닐 수 없다.

낙동강 1,300여 리를 흐르는 동안 강이 보여줄 수 있는 아름다움을 이곳에서 모두 보여준다. 곡曲, 소沼, 담潭, 지池, 암巖, 협峽 등이 청량산과 더불어 연출하고 있다. 100편 이상의 기행문과 5,000편 이상의 시가 남아 있어 더욱 그러하다.

천사의 갈선대에서 2㎞에 이르는 단사남벽 굽이를 보며 오르면 문득 나타나는 고요한 호수, 백운지, 여기서부터는 도산8곡, 고산곡의 비경이 이어진다.

고대 동물 발자국이 무수히 찍혀있는 너럭바위와 미천 장담, 까마득한 수직 절벽의 학소대, 그 아래 자리한 경암, 강 모퉁이를 돌면 나타나는 엄청난

▌예던길 초입에서 본 청량산. 퇴계가 "그림 속으로 들어간다" 한 지점이 아닐까?

바위 병풍인 벽력암과 그 아래 소, 한속담, 그 강변 옆으로 절묘하게 조성된 모래사장, 이어서 펼쳐진 비단 같은 청석靑石의 여울, 거울 같은 호수 월명담과 그 모퉁이를 돌면 저 멀리 보이는 그림 같은 고산과 고산정, 그 아래 도영담 등은 예던길의 중심으로 낙동강 절정의 모습을 보여주고 있다.

낙동강은 빛나는 청년의 강이 되었고 그 아름다움은 이곳에서 시작되어 이곳에서 끝나버렸다. 걸작의 『안동향토지』를 쓴 송지향은, "안동 땅의 산수 아름다움을 꼽으라면 선뜻 가송협을 들 만큼 여기는 영가 산수의 압권으로, 구차하게 그 자세한 이름을 열거하는 것은 작고 부질없는 짓"이라 했다.

지난날 많은 시인, 학자들의 걸었던 길, 그렇지만 지금 이 길은 사랑받고 있지 않다. 강 이편은 출입이 막혀 산돼지가 출몰하고, 강 저편은 난 개발되고 있다. 안타깝다.

퇴계는 정치가, 교육자, 시인, 철학자 등 여러 모습이 보이는데, 이 예던길을 걸어가는 모습이 가장 철학자적 구도의 모습을 보여주고 있다. 최고의 현장 교육장이 아닌가 한다. 이 길목에는 이현보의 정자, 애일당, 강각이 있어 그렇고, 최근 드라마 '미스터 선샤인' 촬영지인 금난수의 정자, 고산정이 있어 그렇다.

퇴계는 예던길 명소마다 시를 남겼는데, 그 가운데 '경암'을 읊은 시는 이러하다. '반타석' 시와 비슷하다. 자신의 인생을 물속 바위처럼 굳게 지키고자 다짐한다.

천년 세월 물과 부딪혔으나 그 모습 변함없고,	激水千年詎有窮
물속에 우뚝하여 아직도 늠름하다.	中流屹屹勢爭雄
인생이란 뜬 허수아비 같은 존재,	人生蹤迹如浮梗
어느 누가 굳게 다리 세워 이같이 굳건하랴.	立脚誰能似此中

나는 예던길 전체 여정을 좋아하지만, 백운지에서 고산정까지를 더욱 좋아한다. 30여 년 전, 처음 이 강변길을 걸을 때 너무나 행복감을 느껴 미친 사람처럼 소리를 지르기도 했다. 태어나서 그런 일은 처음이었고 이후에도 그런 감정은 계속되었다. 그래서 이 길을 '행복의 길'이라 불렀다. 물론 나만의 생각이다.

고산정은 선조 때 명신 심희수는 이 정자의 아름다움을 가리켜 "그 진경은 그림이나 글로써는 묘사하기 어렵다(眞景難摹畵筆端)"라고 했는데, 나 또한 쓸 능력이 없다. 할 수 있는 일이 있다면 옛 문헌을 뒤적여 관련 기록을 소개하는 것밖에 없다.

▌도산8곡 고산정 부근

정자 주인 금란수는 퇴계 제자다. 도산3곡, 부포가 고향인 금란수는 '예던 길'을 따라 올라왔다가 이곳에 눈길이 머물렀다. 그래서 만년의 장구지소杖屨之所로 삼았는데, 어느 해는 경치에 매료되어 한 해 여섯 번을 찾아오기까지 했다. 그 시는 이렇다.

한 해 여섯 번을 왔건만	一歲中間六度歸
사철 풍광 어김없네.	四時佳興得無違
붉은 꽃잎 떨어지니 녹음 짙어지고	紅花落盡青林暗
노란 낙엽 땅에 지니 흰 눈 날리네.	黃葉飄餘白雲飛
단사벽 바람 옷깃 헤치고	砂峽乘風披杰服
미천 장담, 비가 도롱이를 적시네.	長潭逢雨荷蓑衣
이 중에 풍류 있으니	箇中別有風流在
취하여 강물 속, 달빛 희롱하네.	醉向寒波弄月輝

금란수는 자신의 취향 속에 '풍류風流가 있다'고 했다. '풍류'는 "바람처럼 흐르고 예술적으로 노는 것"을 말함이니, 진정 그런 감정에 젖어 들었음이 분명하다. 그런데 이런 제자를 청량산 길에 찾은 퇴계의 시는 더욱 희화적戲畵的이다.

일동 주인 금씨를	日洞主人琴氏子
지금 계시는지 강 건너로 물어보니	隔水呼問今在否
농부는 손 저으며 내 말 못 들은 듯	耕夫揮手語不聞
구름 낀 산 바라보며 한참을 앉았네.	誦望雲山獨坐久

금란수는 아들 넷을 두었는데 모두 뛰어났다. 막내 금각은 하늘이 내린 사람이었다. 그의 천재성을 두고 『선성지』에는 "萬理皆備 朝廷得失 世上人事 皆已理會"라 쓰여 있다. '만리萬理'는 학문이며 '조정朝廷'은 정치고 '인사人事'는 사회문제인데, 금각이 "7, 8세에 이미 이를 터득했다" 했다.

금란수는 그런 아들을 서울로 보내 허균의 형이자 허난설헌의 오빠인 허봉에게 맡겼는데, 시문에 능통한 허봉이 금각에게 준 시에 "금각의 시는 이태백을 능가한다" 했다. 사람들은 저 유명한 "등왕각서滕王閣序를 쓴 왕발과도 비견 된다" 했고, "이 세상 사람이 아닌 듯하다" 했다.

천재 박명하다고 했던가. 금각은 18세에 죽었다. 지인들은 진정 슬퍼했다. 외삼촌 조목은 "천재가 쓰이지 못하고 사라졌다" 했다. 그 금각이 가송리의 풍광을 묘사한 글이 있어 소개한다. '일동록日洞錄'이라 하는데, 그때 나이 16세였다.

> "예안 북쪽 산은 청량산이요, 그 남쪽 봉은 축융봉이다. 축융봉 밑 마을 이름이 일동이다. 마을은 그윽하고 조용하다. 산은 높지만 좁지 아니하여 '인자요산仁者樂山, 지자요수知者樂水'의 조건을 다 갖추었으니, 참으로 고반考槃의 낙지樂地이다. 그런 땅이지만 아직 이곳을 좋아하는 사람이 없어 별천지 세계가 숲속에 버려져 있고, 또 얼마나 세월이 흘렀는지도 모른다. 그 후 아버지가 이곳을 드러나게 했으니, 이곳은 곧 하늘이 땅을 만들어 간직했다가 내어 준 곳이리라."

고산정 맞은편 산은 '고산孤山'이라 한다. 소종래所從來가 강제로 끊어진 외로운 산이다. 억겁의 세월, 물은 산을 잘라 기어코 어머니의 산을 만나지 못하게 했다. 그 그리움의 손짓이 고산정이란 말인가! 고산과 고산정의 애틋

한 만남의 손짓을 못 본 체하며 강물은 그 사이를 유유히 흐르고 있다.

가송佳松은 도산 9곡에서 제8곡 '고산곡'으로, 아름다운 소나무가 있는 마을이다. 금각의 표현대로 "별천지 세계이며, 하늘이 땅을 만들어 간직한 고반考槃의 낙지樂地"이다. 그런 즐겁고 행복한 땅, '낙지'였기에 먹황새들도 이곳 곳곳에 날아들어 그 옛날의 낙지임을 증명했다.

사실 나는 글로서 이 예던길 일대의 풍광을 묘사할 수 없어 권기윤 교수에게 그려 보기를 권유하고 어느 날 동행했는데, 그는 가는 곳마다 떠날 줄 몰랐다. 그 호기심과 정열로 보아 불후의 권기윤 대표작이 나올지도 모를 일이다.

제2부

선생의 직을 다하다

교육자 퇴계

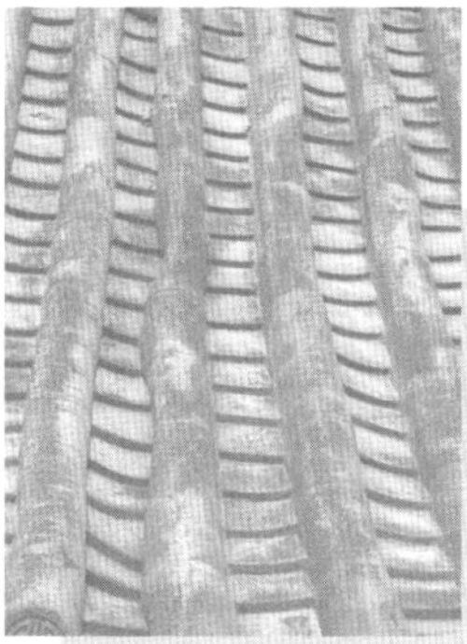

제3장

하늘 닿은 터 퇴계에게 학교는 무엇인가

1. 풍기군수 사직

1) 천 마디 말로도 설명하기 어렵다 -세 번의 사직서 제출-

퇴계는 교육자다. 학자, 시인, 정치, 도학이 겸비된 완벽한 교육자다. 더하여 탁월한 교육행정가다. 제자, 선생, 학교, 교육 전반이 머릿속에 촘촘히 설계되어 있다. 그 그림에 따라 지은 학교가 계상서당, 도산서당, 그리고 기숙사 농운정사다. 모두 두 칸, 3평 안팎이다. 비 가림 정도. 그것도 심산무림深山茂林 속에 정성스럽게 지었다. 왜 이런 일을 하는가?

1549년 49세, 풍기 군수 사퇴는 퇴계 인생에서 가장 임팩트한 사건이었다. 직속상관 경상감사에게 세 번의 사직서 제출, 수리 불가, 무단 이탈, 직책 강등 처분되었다. 겸손하고 조심스러운 성품으로 보면 이해가 잘 안 된다. 여간 결연하지 않다. '고을 원' 정도하고 그만두겠다? 그렇다면 다음 행보는? 신세계가 있는가?

다음 해 50세, 시골로 내려와 두 칸 집을 짓는 일이 고작이었다. 집 이름을

'한서암寒棲庵'이라 했다. '암庵'이라 했으니, 작은 집에 한사寒士로 한서寒棲하게 살겠다는 뜻이다. 그때 지은 시는 이러하다.

내 나이 50세	我生五十年
이제 집을 짓기 시작했네.	今有半成宅
궁벽한 터, 찾는 이 드물고	地僻人罕至
산은 깊어 일찍 해가 지네	山深日易夕
살림살이 어려움 알지만	亦知生事疎
관직 생활보다는 좋네.	猶勝勞形役
힘껏 묵은 자제 구하고	省力撤舊材
편하도록 헤진 자리 까네.	隨宜展敝席
개결하다고 말하지 말게나.	無論固窮節
시골은 일찍부터 익숙하다네.	野性諧夙昔
진실로 도가 같지 않다면	苟爲道不同
천 마디 말로도 내 마음속 진심을 보여주기 어렵다네.	千言難剖析

이 순간을 다시 복기해 볼 필요가 있다. 정치적 배경도 없고, 기반을 굳힌 것도 아니고, 그냥 수리해버리면 그만이다. 그런데도 그만두겠다고 했다. 그런데도 수리하지 않는다. 그래서 무단이탈했다.

그 이유가 "시골 생활이 관직 생활보다 좋다" 하고, 이런 생활은 "천 마디 말로도 설명하기 어렵다" 한다. 설명이 되는가? 이이가 인생을 마감하는 49세에 퇴계의 인생은 시작되었다. 퇴계는 대기만성의 인물이라, 이때까지는 거의 무명에 가까웠다. 그런데 떠나겠다고 하고 끝내 떠나 버렸다.

▌한서암

그렇다면 다음 행보는? 1551년 서당을 지었다. 역시 비 가림 정도의 집, 계상서당溪上書堂 건립이었다. 『퇴계연보』에 "사람으로서 견디기 어려웠지만 넉넉한 듯 생활했고(人所不堪 而處之裕如)", 그 생활을 본 어느 관리가 놀라, "좁기가 이와 같은데 어찌 견디십니까(隘陋如此 何以堪之)" 하니, 답변이 "습관된 지 오래여서 잘 못 느낀다(習之已久 不覺也)" 했다.

이웃 생원 김유가 1541년 지은 탁청정, 진사 김부필이 지은 후조당과 비교하면 너무 소박하다. 아니 초라하다고 해야 할 것 같다. 진사도 이른바 '진사댁'을 짓는데, '원님 댁'으로는 말이 안 된다. 지금 고증해서 복원한 계상서당을 보면 더욱 그러하다. 그런 서당을 지었다.

'서당', '글 읽는 집', 글 읽겠다고 군수 직책을 버린 셈이다. '입신양명이 효지종야孝之終也'인데, 어떻게 그런 일이 있을 수 있을까. 충忠도 아니고 효孝도 아니다. 그렇다면 '독선기신獨善其身'인가?

그럴 만한 사정이 없지는 않다. 1519년 기묘사화, 1542년 존경한 선배 이현보의 정계 은퇴와 퇴진 종용, '물러가겠습니다' 한 다짐과 다음 해 1543년 첫 사퇴 결행, 1545년의 을사사화 발발, 1550년 사랑하는 형 이해의 피화被禍 죽음, 존경하는 선배 권벌, 이언적의 1547년 삭탈관직과 원지 귀양, 그리고 죽음.

이언적은 1553년, 권벌은 1554년 귀양지에서 죽었다. 이런 일련의 과정이 퇴계에게 정치의 환멸을 가져다주었고, 여기에 자신의 학자 지향적 성품이 진進에서 퇴退를 결심한 외적, 내적 동기가 되었다.

2) 학생들이 선생을 길 가는 사람 보듯 했다

-대사성이 본 성균관의 모습-

고을 원 사직은 진심이다. 이는 보다 큰 충忠과 더 큰 효孝를 이루고자 하는 원대한 꿈의 시작이다. 퇴계 인생은 여기서부터 시작되었다. '퇴계는 누구인가', '왜 한국의 퇴계인가'에 대한 물음도 여기서부터 출발한다. "천 마디 말로도 내 마음속 진심을 보여주기 어려운 이유"가 여기에 있었다. 적어도 표면상은 그렇다.

그렇게 그만두었지만, 그렇게 되지 않았다. 다음 해 다시 임명장이 내려졌다. 직책은 성균관대사성. 말하자면 서울대학교총장이었다. "해가 일찍 지는 구석진 산속(山深日易夕)"에서 그저 '서당 훈장' 정도 하고자 한 사람에게는 안 맞는 옷이었다. 그렇지만 국립대학 수장, 포부를 펼 만하지 않은가?

종4품에서 정3품, 3단계 품계가 올랐다. 처음으로 통정대부 당상관도 되었다. 이를 축하하여 조사수가 당상관 금포錦袍를 보내왔지만 받지 않았다. 바로 사직을 요청했고, 명종은 허락하지 않았다.

▌서울 성균관 문묘 명륜당 ⓒ문화재청

그런데 부임해보니 그때 성균관은 가관이었다. 이때 목격한 성균관 교정은 “학생들이 선생을 길 가는 사람 보듯 했고, 학교를 여관 보듯(視師長如路人 視學宮如傳舍)” 했다. “학교를 시찰하는 임금의 어가와 왔는데도 절하고 꿇어앉는 예도 모르고, 어가가 환궁하시는데도 공손히 전송하지도 않고 흩어져버렸다(大駕所臨 諸生或不知拜跪之禮 及大駕還宮 又不待祗送而散去)” 했다.

학교 행정은 엉망으로, “학규를 숙지하지도 않고, 학령도 크게 무너졌다(非但學規不講 竝與學令而大壞)” 했다. 그래서 “혼자 괴이하게 탄식하기를, ‘어찌 이 지경에 이르렀는가’(私竊怪歎 以爲何至是歟)” 했다. 퇴계는 절망했다.

퇴계는 1552년 7월 성균관대사성에 부임하여 11월 사직했고, 1553년 4월 성균관대사성에 다시 임명되어 7월 사직했다. 거듭된 임명, 사직이 있었다. 1558년 10월 성균관대사성에 임명되어 11월 사직한 바도 있다.

전국 영재가 모인 성균관의 '인생삼락人生三樂'도 퇴계에게는 크게 대수로운 일이 아니었다. 고을 원, 대사성의 거듭되는 사직을 보면 명예욕이 없다는 평가는 온당하다 하겠다. 전연 없었다고 보는 것이 옳다. 퇴계의 꿈은 무엇인가? 신선神仙인가?

이때 쓴 글이 1553년 5월에 쓴 '유사학사생문諭四學師生文'으로, '서울의 교육 기관, 곧 성균관의 선생과 학생을 깨우치는 글'이다. 말이 깨우치는 글이지 그대로 경고장이다. 분명한 퇴계의 육성이다. 글을 보면, 관학인 향교, 성균관에 절망한 퇴계가 사학인 서당건립에 주력한 연유를 이해할 것 같다.

이 글에 이어 학생들에게 던진 질문지, 즉 책문策問에 "우리나라는 예의지국임에도 불구하고 도학이 일어나지 않은 이유가 무엇이냐" 묻고, "또 입으로는 절의를 숭상한다고 하면서도 일에 당해서는 모두가 '추리피해趨利避害'만 일삼는가"를 물었지만 "어느 학생도 답안을 제출하지 못했다"고 했다.

3) 꽃이 나를 향해 미소 짓고, 새가 나를 벗해 지저귀네
-나의 패옥佩玉-

다시 복기해보면, 조광조의 성균관 입학이 1510년이니, 40여 년 전과 다를 바 없었다. 그때도 학생들이 "옷을 벗고 마음대로 나가고 눕고 했으며(赤脫出臥)", "누가 의관을 갖추고 단정한 행동을 하면 비웃고 멸시했다"고 한 모습이 그때까지 이어지고 있었다. "의관을 단정히 하고 꼿꼿하게 앉는" 즉, '관대이좌冠帶而坐'하는 올바른 수업 자세를 견지하는 학생은 천지에 없었다.

성균관의 그런 모습은 기묘사화 이후, 퇴계가 학생으로 입학한 30년 전, 1523년 무렵도 똑같았다. '언행록'의 이덕홍 기록은 이러하다.

> "이때는 기묘사화를 지난 뒤이므로 학생들이 공부를 꺼리고, 매일같이 장난이나 하는 것이 풍습이 되었다. 선생이 홀로 몸가짐을 바로 하며 법도 있는 행동을 하니, 모두 손가락질하며 비웃었다. 사귀는 자는 오직 하서 김인후 한 사람뿐이었다."

성균관의 이런 모습은 그 이후에도 개선되지 않았다. 1566년 김성일이 성균관에 입학하며 묻기를, "거기 가서 대부를 찾아 섬기고, 어진 선비를 찾아 사귀며, 서울에는 인현仁賢들이 많을 것이니, 이들에게 공부의 도움을 얻고자 합니다" 하니, 퇴계 답변이, "너는 다만 지금 조용히 공부하라"였다. 그들에게 배울 것이 없다는 뜻이었다. '언행록'의 기록이다.

선생과 학생 사이의 신뢰, 임금과 신하 사이의 예의, 학교 행정과 교칙 모두가 무너져 있었다. 조광조와 퇴계는 비웃음의 대상이었다. 성균관은 학문의 전당이 아니라 과거의 학원으로 전락되어 있었다.

그래서 학생들이 '선생을 길 가는 사람 보듯' 했고, 임금의 어가가 오고 가도 아무 관심이 없었다. 출세 제일주의였다. 부형의 만류도 그런 의미가 있었다. 진리의 전당이 아니라 재승덕박한 무리의 집합소였다. 지금 시급한 일이 참다운 인재를 양성하는 일인데, 인격 도야의 학풍은 그 그림자도 보이지 않았다. 그래서 학교를 '여관 보듯' 했다. 말하자면 고시촌이 되어 있었다.

이런 참담함은 정치, 사회 전반에 만연되어 있었고, 그 야만성에 퇴계는 큰 충격을 받았다. 선배, 동료, 친지들이 죽거나 귀양 갔다. 국가가 무너지고 있었다. 문명국 우리나라가 야만국, 오랑캐가 되고 있었다.

이 모든 현안을 해결할 마법 같은 것이 '도학'인데, 도대체 도학과 도학자는 어디에도 없었고, 그 모든 것을 퇴계 혼자 감당해야 했다. 아니 퇴계는 정면으로 맞서고 있다. 맞서고 있는 방법이 크고 원대하다.

1553년, 절망한 퇴계가 아들 이준에게 준 편지에 이런 구절이 있다. 관직은 환멸만 남았을 뿐 그 무엇도 할 수 없었다. 오죽하면 "일없는 강원도나 갈 생각을 하고 있다" 한다. 글은 이러하다.

> "만약 이것(집에 가는 휴가)을 얻지 못한다면, 강원도 일 없는 고을로 가는 것도 생각하고 있다. 올해 겨울은 이곳에서 지내야 하는데 당연히 궁핍하리라."
>
> 원문: 若又不得此 則欲於江原道內 求得無事郡府而去 亦今冬 當過於此 勢當窮乏之

인간은 자기 앞에 닥쳐온 현안을 마주하며 해결하고 돌파하면서 평생을 살아가기 마련이다. 퇴계도 마찬가지이다. 사림이 화를 당하는 참혹한 사화 기간과 함께한 퇴계가 언제 한가하게 중국 문헌을 뒤적일 마음의 여유가 있었겠는가? "사림의 화는 개인의 위해危害뿐만 아니라, 국가의 명맥마저 끊길 수도 있다"는 퇴계의 상소문은 그냥 하는 말이 아니다. 눈앞의 현실이다.

1568년 올린, '퇴계의 글'이라 의심이 될 만한 강경한 언어가 담긴 '무진육조소'와 다음 해 선조 임금과 독대한 마지막 말이, '사림을 보호하소서'였는데, 이 말 역시 그냥 한 말이 아니다. 충심으로 올린 진언이었다.

그 대응이 참신한 학교 건축이었다. 그 논리가 '이선기악理善氣惡'과 '이기분속理氣分屬'이며, 그 목표가 '교선인敎善人'이고, '소원선인다所願善人多(詩, 和陶集飮酒二十首)'이다. "착한 사람 가르치고, 착한 사람 많은 세상이 소원"이라 한다. 그 이유는 "이것이 곧 하늘과 땅의 이치이기 때문(是乃天地紀)"이라 한다. 그것이 퇴계가 자명에 쓴 '아패我佩', 즉 '나의 패옥佩玉'이다.

지금 오직 할 수 있는 일은, 해야만 하는 일은 그 초석을 반석처럼 굳게 놓는 일이었다. 그래서 학교, 도산서당을 지었다. 계상서당의 입지가 어딘가 부족하여 다시 지은 최후의 학교가 도산서당이었다.

1557년 도산서당 터를 발견하고 쓴 시에는 그때 감동이 그대로 나타나 있다. 시어詩語들이 참 아름답다. "꽃이 나를 향해 미소 짓고, 새가 나를 벗해 지저귀네" 했다. 시는 이러하다.

계상서당 비바람 침상 가릴 수 없어	風雨溪堂不庇牀
적지 찾아 숲속 언덕 두루 찾았다네.	卜遷求勝徧林岡
어찌 알았으랴 백 년의 장구지소가	那知百歲藏修地
평일 나물 캐고 낚시하던 바로 그 곁에 있을 줄을!	只在平生採釣傍
꽃은 나를 향해 정답게 미소 짓고	花笑向人情不淺
새는 나를 벗해 정겹게 지저귀네.	鳥鳴求友意偏長
새 터전에 옮겨 살 일을 다짐하니	誓移三徑來棲息
즐거운 이곳 장차 누구와 함께할까.	樂處何人共襲芳

집은 풀잎처럼 작게, 꿈은 하늘처럼 크게 했다. 작은 집이 큰 행복을 준다. 퇴계의 선택은 작고 소박하다. 거기에 존경받는 선생, 신뢰하는 교육, 바른 심성의 제자 배출은 그런 환경이 완벽하게 갖추어져야만 했다.

퇴계는 서당 건축 이후, 앞 강 역시 맑은 인생의 상징, '탁영담濯纓潭'이라 하고, 물 속 바위를 '반타석盤陀石'이라 했다. 성균관에서 "어찌 이 지경에 이르렀는가" 했던 탄식은 이렇게 결실을 맺었다. 반타석 시는 이러하다.

도도한 흙탕물에 그 형체 숨었다가	黃濁滔滔便隱形
새파란 맑은 물에 비로소 나타난다.	安流帖帖始分明
가련하다 저 부대낌 속에서도	可憐如許奔衝裏
천고의 반타석은 움직이지 않는다.	千古盤陀不轉傾

4) 기대승이 그런대로 공부하는 사람입니다
-퇴계가 본 도학자-

참고로, 앞서 "도학과 도학자는 어디에도 없었다" 했지만, 꼭 그렇지만은 않았다. 『소학』을 읽으며, '관대이좌' 한 정여창과 김굉필은 선배로 그런 사람이었다. 성균관에서 먼발치로 본 조광조가 그런 사람이었고, 학생으로 만난 김인후가 그런 사람이었다.

그즈음 만난 황준량, 기대승은 지하실에서 찾은 한 줄기 빛과 같은 존재였다. 황준량은 현장에서 실천하는 한 사람이었고, 기대승은 열심히 공부하는 한 사람이었다. 『퇴계집』에 기대승 62회, 황준량 56회 그 이름이 등장하는데, 이 숫자는 91회 조목, 77회 이현보 다음으로 많은 횟수이다.

조목은 고향에서 매진하는 한 사람이고, 이현보는 가장 이상적인 인생을 살아간 선배였다. 이들과 이별의 순간까지 이어진 교감은 퇴계 생애를 이끌어간 기쁨과 희망의 동력이었다. 조광조, 황준량, 이현보 행장의 자청, 자임은 이들 인생의 마무리까지 완벽하게 예우하고자 한 최후의 추모사였다.

기대승, 조목이 만약 먼저 죽었다면 행장을 썼을 수도 있다. 기대승은 퇴계가 죽은 2년 뒤, 1572년에 죽었다. 그렇지만 황준량 같은 강렬한 모습은 아닌 것 같다. '피눈물 나고', '실성할 정도'의 슬픔을 줄 정도의 인물이었을까? 황준량은 시쳇말로 급이 다른 제자였고, 거의 학문적 동지 같은 존재였다. 그 외 문헌을 통해 안 사람이 이언적과 주세붕이었다.

서경덕과 조식은 결이 다른 사람들이었다. 서경덕은 "기氣를 이理라 하는 병통이 있었고", '정신적 사귐(神交)'까지 기대한 조식은 "중도에 어긋나는 사람(難要以中道)"이었다. 큰 기대를 하고 지켜본 이이는 어딘가 항상 저만치에 있는 인물이었다.

퇴계는 선조 임금과의 최후 독대에서 선조가, "지금 학문하는 사람은 누구인가" 물으니, "기대승이 그런대로 공부하는 사람입니다" 했다. 퇴계는 이때 이이를 학자는 물론 정치가로서도 추천하지 않았다. 왜 그랬을까? 학자, 정치가 어디에도 지목받지 못한 이이가 퇴계에게서 멀어져간 연유도 이 발언이 적지 않은 영향을 준 것일 수도 있다.

2. 계상서당

1) 마치 심산 무림 속의 한 포기 난초처럼

-50세의 나이-

퇴계에게 학교는 무엇인가? 이 물음에 대한 답을 좀 더 써 보겠다. 51세, 토계의 개울가, '계상溪上'에 지은 집이 '계상서당'이다. 시도 한 수 지었다. 제2의 인생 선언이며 다짐이었다. 악과 무도가 난무하는 정치 세계에서 '물러나(退)' 선과 진리가 온존한 '강호 자연(溪)'으로 돌아오는 일대 전환이었다.
'퇴거계상退居溪上'이란 시에는 이때의 심정이 잘 나타나 있다.

분수를 알고 물러나서 身退安愚分
진리를 알고자 하나 이미 늙는구나. 學退憂暮境
개울가에 비로소 거처를 정했으니 溪上始定居
흐르는 물을 보며 날마다 성찰하리. 臨流日有省

토계의 개울가는 바로 자기 성찰의 적지였다. 그래서 호號도 '개울가로 물러남'이라는 뜻의 '퇴계'로 지었다. 퇴계, 졸 졸 졸. 퇴계는 바로 고요와 적막의 공간이었다. 퇴계는 그런 공간을 사랑했다.

이이가 인생을 마감한 49세에 퇴계의 인생은 시작되었다. 늦었다고 한탄했지만 사실 적기였다. 퇴계는 이때 어느 지인에게 보낸 편지에 "기뻐서 끼니조차 잊었다" 했다. 『퇴계연보』 '광뢰본' 기록이다.

"세상 길 잘못 들어 세속에 골몰하기를 수십 년, 세월만 홀연히 보낸 듯합니다. 돌아보며 망연히 탄식할 뿐입니다. 다행히 이제 본래 자리로 돌아와 몸을 수습하고 옛 책을 찾아 읽으니 마음과 뜻이 합쳐진 듯합니다. 이른바 옛사람들이 '기뻐서 끼니조차 잊었다' 한 말은 빈말이 아니었습니다.

개울가에 몇 칸 집을 짓고 이대로 죽을 때까지 지낼 것을 다짐하며, 고요히 사색하고 하늘의 신령한 힘을 입어 진리의 큰 빛을 틈새로나마 볼 수 있다면 못난 선비에게는 더없는 행복이 아닐 수 없겠습니다. 다시 무엇을 바라겠습니까?"

50이라는 나이, 50은 인생 황금기다. 나는 적어도 그 나이는 되어야 인생을 안다고 생각한다. 그 나이는 되어야 길이 보인다고 믿는다. 부정적으로만 보이던 과거가 비로소 따뜻한 연민으로 보이기 시작한다. 젊은 날의 온갖 정열과 이상과 분노와 좌절이 저만치로 밀려나서 마치 남의 일처럼 대수롭지 않게 보인다. 삶의 자락 한끝이 봄의 새싹처럼 그 모습이 드러나기 시작한다.

퇴계도 그러했다. 50세에 이르러 참다운 인생의 길을 깨닫고 그 길로 갔다. 누구의 눈치도 보지 않았다. "신령한 힘과 진리의 큰 빛을 보기를 바란다" 했지만 이때 이미 보았다. '진리의 큰 빛'은 자득自得이었다. 그 길을 쉬운 말로 '예던길'이라 했다. 퇴계는 그 길을 가르쳐 준 한 분으로 전연 손색이 없다.

그럼에도 계상서당이 이런 깊은 산 무인지경에 외롭게 자리하고 있음은 항상 의문으로 남아 있었다. 아니 수수께끼였다. 퇴계는 왜 이런 곳에 자리를 잡았을까? 나의 오랜 이런 의문은 『퇴계집』을 통해 어렴풋이 풀렸다. 그 글은 다음과 같다.

> "군자의 학문은 '위기爲己'일 뿐이다. 위기란 무엇인가? 하는 것 없이도 저절로 이루어지는 경지다. 마치 심산 무림 속의 한 포기 난초처럼 종일 향기를 뿜으면서도 자신은 그 향기를 알지 못하는 이치와 같다. 이런 것이 바로 군자의 위기지의爲己之義에 부합하니 깊이 체득할 일이다."
>
> 원문: 君子之學, 爲己而已, 所謂爲己者, 無所爲而然也. 如深山茂林之中, 有一蘭草, 終日薰香, 而不自知其爲香, 正合於君子爲己之義, 宜深體之.

“심산 무림 속의 한 포기 난초”와 같은 존재의 구도! 이것이 계상서당의 입지 비말이다. 지금의 퇴계종택의 입지 비밀이기도 하다. ‘심산 무림’이란 바로 상계를 말함이요, ‘한 포기 난초’란 곧 퇴계 자신을 가리키는 것이리라. 퇴계는 정녕 쉽게 찾아올 수 없고 발견하기 어려운 깊은 산중의 한 포기 난초와도 같은 삶을 살아가고자 했다.

도산서당은 더욱 그러했다. 도산서당이 위치한 도산은 그야말로 무인지경의 깊은 산중에 자리하고 있다. 지금은 도산서원과 부속 건물들이 들어서서 마치 종합 캠퍼스처럼 변했고, 퇴계는 훌륭한 시설을 갖춘 종합대학의 총장처럼 여겨지지만, 도산서당이 건립될 당시의 초기 도산은 그야말로 ‘심산 무림의 한 가운데’였다. 그런 고요 속에서 수도승처럼 진리 탐구와 자기 수련에 매진한 사람이 퇴계였다.

돌이켜보면, 도산서당 터는 정말 신선이나 살 곳이지 사람 사는 곳이라 할 수 있을까? 이웃 “온혜에 주민 한 집이 있었다” 할 정도였으니, 이 지역이 얼마나 외진 산속인가 상상해보라. 산에 맹수들이 서식하던 시대였으니 설명이 잘 안 된다. 퇴계는 이미 신선이 되었는가!

한서암을 지은 다음 쓴 시는 이런 분위기를 그대로 보여준다.

아무도 내 집 찾는 사람 없어	人日無人叩我廬
문을 닫고 옛 책 읽는다.	閉門且讀古人書
병든 모습 어찌 세상에 적합할까	羸形豈合嬰塵累
편협한 마음 고요를 사랑하네.	褊性從來愛靜居
노을 지는 숲속 참새 지저귀고	雀噪林間煙漠漠

해지는 울 밑 소가 졸고 있네. 牛眠籬下日舒舒
내 뜻 감히 말할 수도 없는 것 敢論志業非愚分
미혹을 물리치지 못할까 근심되네. 離索長憂惑未祛

2) 산수 조화는 살 만한 땅, '가거지지可居之地'의 절대 조건이었다 -학교의 입지 조건-

'심산 무림 한가운데'에 자리 잡은 이유가 '위기지학爲己之學'을 실현하기 위함이었다. 위기지학이란 무엇인가? '자신의 인격 함양을 위한 학문'이다. 그 설명으로 "도리를 알아야 하고 덕행을 실천해서. 마음으로 터득하고 몸으로 실천하는 학문이다" 했다. 바로 '경敬' 실천의 학문이다.

반대는 '위인지학爲人之學'이다. '남의 이목만을 생각하는 학문'이다. "거짓으로 꾸며서 남의 평판에만 관심을 두어 명성이나 칭찬을 구하는, 남의 이목만을 생각하는 학문이다"라고 했다. 김부륜金富倫에게 한 말이다.

경은 유가의 선禪이다. 경 실천을 '거경居敬' 혹은 '지경持敬'이라 하는데 참선과 흡사하다. 거경과 참선의 궁극은 무엇인가? 모두 인생의 길을 찾는 수양 방법이다. 그 첩경은 '고요'였다.

고요가 온존한 지역! 그렇지만 그 고요는 산중 절집 같은 곳에만 있는 것은 아니었다. 인가가 모인 마을은 더욱 아니었다. 동리도 산중도 아닌 그 완충의 심산무림 속이 위기지학을 할 수 있는 적지였다.

강이 멀리 있지 않고, 곁에 개울이 흐르며, 주위 산이 조화롭게 감싸고 있는 곳. 요컨대 산수 조화는 가거지지의 절대 조건이었다. 상계와 도산은 최적지였다. 계상서당과 도산서당이 심산무림 가운데 고독하게 자리 잡은 것은 그 때문이다.

▌계상서당

1715년 지은 '추월한수정秋月寒水亭'은 계상서당의 기념건물이며, 근년에 지은 '선비문화수련원'은 우리 시대의 계상서당이라 할 수 있다. 퇴계종택은 한서암의 확장 건물이며, 도산서원은 도산서당의 기념건물임은 말할 것도 없다.

퇴계종택 옆, 개울 건너 조그만 집이 근년 복원한 계상서당이다. 사람들은 도산서당은 알지만 계상서당은 잘 모른다. 그 의의는 더욱 모른다. 23세의 이이가 성주의 처가에서 외가 오죽헌을 가는 도중 퇴계를 예방한 곳이 계상서당이다. 퇴계는 이곳에서 '천명도'를 개작했으며, 『주자서절요』를 편찬했고, 『역학계몽』을 변석하여 『계몽전의』를 완성했으며, 주변에 보낸 편지를 묶은 『자성록』의 서문을 썼고, 기대승과 나눈 사단칠정 논쟁의 첫 편지도 이곳에서 썼다.

김취려에게 보낸 편지에, "내가 도산서당에 있는 것은 초봄부터 여름 중반까지이고, 6, 7, 8월 석 달은 있지 않으며, 또 9, 10월 두 달을 다시 그곳에서 지내나 동지, 섣달은 추위로 또 거처하지 못합니다" 한 것으로 보면, 퇴계는 봄, 가을에만 도산서당에 있었고, 나머지는 계상서당에 머물렀다.

50세에서 60세까지 10년 동안의 교육 기관이 계상서당이고, 이후 10년은 도산서당과 계상서당이 그 구실을 함께 했다. 퇴계가 최후를 맞이한 곳도 이곳이며, 지금 종택이 있게 된 원인을 제공한 곳도 이곳이다.

3. 천운대와 천연대

1) 서울 사람들이 이런 자연의 즐거움을 모르고 어떻게 울적한 심사를 달랠까

-퇴계식의 전원주택-

도산서당은 최고 전원주택이며, 퇴계 일상은 전원생활의 모범이다. 그 전제는 자연사랑이다. 퇴계는 자연을 사랑했다. 그것도 지극히 사랑했다. 그래서 "나는 본래 산야의 기질"이라 했고, "만약 숲과 강에서 노닐며 새와 물고기를 보는 즐거움이 없었더라면 세월을 보내기 어려웠다" 했다.

심지어 자연사랑이 고질이 되어 "천석고황泉石膏肓의 병이 들었다" 했다. 나아가서 "서울 사람들이 이런 자연의 즐거움을 모르고 어떻게 울적한 심사를 달랠까" 걱정하기도 했다.

그렇다면 퇴계는 왜 그렇게 자연을 사랑했을까? 천운대와 천연대. 이 두 대는 퇴계의 자연 사랑의 의미를 알게 하는 도산서원 관람의 핵심이다. 이를 알면 도산서원을 거의 이해한 셈이 된다. 그렇지만 지금 관광객들의 관심에는 멀어져 있다. 찾는 사람도 없다. 도산서당, 도산서원 등 눈에 보이는 것만 관람한다. 그럼에도 도산서원 관람의 진수를 맛보려면 퇴계가 명명한 이 두 대를 찾아 그 뜻을 읽어내야 한다.

차에서 내려 진입로를 조금 걸으면 '천광운영대天光雲影臺'라는 표석이 보인다. 줄여서 '천운대天雲臺'라 한다. 주희의 시 '관서유감觀書有感'의 '천광운영공배회天光雲影共徘徊'에서 따왔다. 해석하면 "하늘빛과 구름 그림자가 함께 배회한다"이다.

천운대를 지나 동편 산기슭으로 나아가면 아담한 바위층 벽이 나온다. '천연대天淵臺'다. 『중용』의 "연비여천鳶飛戾天 어약우연魚躍于淵"에서 인용했다. "솔개는 하늘에 날고 물고기는 연못에서 뛴다"이다.

『중용』은 재미있는 책이다. 여러 고전에서 글을 뽑아 묶은 책이 문득 '사서四書'의 한 책이 되었고, 이 책의 구절들을 두고 후학들이 저마다 의미 부여를 했다. 가령 『중용』 첫 구절은, "천명지위성天命之謂性 솔성지위도率性之謂道 수도지위교修道之爲敎"다. 해석하면 "천명을 성性이라 하고, 성에 따르는 것을 도道라 하며, 도를 닦는 것을 교敎라 한다"이다. 도대체 이게 무슨 말인가? 도무지 아리송하다.

'연비여천 어약우연'은 또 어떤가? 원래 이 말은 『시경』에 채록된 고대 민요 한 곡조에 불과한데, 주희가 이 구절을 "천리天理의 묘용妙用을 나타냈다"고 했다. 이에 『주자전서』를 경전처럼 신봉하는 조선의 학자들이 이 말뜻에 매달렸고, 어느덧 화두가 되었다. 어떻게 보면 웃기고, 어떻게 생각하면 의미심장하다. 의미심장하다고 봐야 이야기가 되는 까닭에 다시 전문을 소개한다.

산뜻한 구슬 잔엔 황금빛이 흐르고　　　　瑟彼玉瓚 黃流在中
멋있는 군자 복록이 내리네.　　　　　　　豈弟君子 福祿攸降
솔개는 하늘에 날고 물고기는 연못에서 뛴다.　鳶飛戾天 魚躍于淵

솔개와 물고기는 자연의 상징이다. 그런데 자연은 자연으로만 존재하지 않는다. 기질지성氣質之性이 있어 악惡에 흐르기 쉬운 인간 심성을 다스리는 도장이 된다.

자연은 선善이 온존한 본연지성本然之性으로 존재하고 있어, 천리를 궁리窮理하고 거경居敬하는 지혜를 가르쳐 준다. 퇴계는 주변 사소한 자연 현상으로부터도 도와 진리를 깨닫는다. 그래서 이런 시를 쓰기도 했다.

한가한 뜰의 풀들이　　　　閒庭細草
조화롭게 자라나네.　　　　造化生生
바라보면 도가 있어　　　　目擊道存
그 의미 이와 같네.　　　　意思如馨

마당에 자라나는 풀 한 포기도 그냥 풀이 아니다. 완벽한 도를 갖춘 전설적 도인 온백설자溫伯雪子 같은 모습을 하고 있다. 이처럼 '풀에도 도가 있다'고 사유하니, '솔개가 날고 물고기의 뜀'은 예사로운 자연 현상이 아니다. 우주 이치의 오묘한 조화, 즉 '천리의 묘용'이 바로 거기에 있다고 보았다. 이런 사유체계가 철학이 되었다.

그런데 철학은 자연의 논리가 아니고 인간의 논리이니, 이를 어떻게 인간의 논리에 적용해야 하는가? '언행록'에 이런 기록이 있다.

"'솔개는 날고 물고기는 뛴다'는 말과, '일을 하나 미리 기대하지도 말고 잊지도 말며 조장助長하지도 말라는 뜻이 같다'는 것은 무슨 까닭입니까 하고 물으니, (퇴계) 선생이 말씀하시기를 '솔개가 날고 물고기가 뛴다는 것은 자연의 유행流行이 위아래 밝게 드러난다는 것을 묘사한 것으로, 이理의 작용이 아닌 것이 없다.

하늘은 욕심이 없으므로 이理와 기氣가 유행하여 한순간도 중단되는 법이 없다. 사람도 기대하지 말고 잊지도 말며 조장하지 않은 약점만 없으면, 본체가 드러나고 묘용이 유행하여 한순간도 쉬지 않을 것이니, 그 형상이 이와 같다' 하셨다."

2) 봄바람에 꽃은 산에 가득하고 가을밤 달빛은 대에 가득하다
-사색과 전원생활-

하늘의 이치가 '천리天理'다. 천리에 사람도 예외는 아니다. 그래서 인도人道 역시 천도天道처럼 갈등 없는 상태를 소망한다. 이른바 천인합일天人合一의 경지. 그것은 유가의 궁극이다. 그 궁극에 이르는 방법으로 "기대하지도 말고 잊지도 말며 조장하지도 말라"고 했다. 그 언저리에 '경敬'이란 말이 놓인다.

퇴계에게 '경'은 궁극이었다. 이를 실현하기 위해 한결 같이 "새벽에 일어나 세수하고 의관을 단정히 하고 꿇어앉아 종일토록 책을 보다가 한밤이 되어서야 잠자리에 드는 생활"을 했다. 마치 구도자 같았다. 퇴계는 이런 자세로 끊임없이 글을 썼다. 일상이 온통 시와 편지였다. 2천 편이 넘는 시와 3천 편이 넘는 편지가 이를 증언한다.

글을 짓는 일은 곧 경의 자세이자 경의 실천이며 수행의 핵심이다. 나는 보통 사람이 일상에서 행할 수 있는 최선의 구도는 글을 쓰는 것이라고 생각한다. 어떤 종류의 글도 좋다. 기도만이 돈오頓悟에 이르게 하지는 않는다. 보통 사람에게는 글이 더 효과적이라 생각한다.

오대산 어느 골짜기에 칩거한 법정 스님이 『혼자 사는 즐거움』이란 책을 냈는데, 그 즐거움은 '혼자 글을 쓰는 즐거움'에 있었던 것이 아닌지 모르겠다. 아니면 '글을 쓰는 즐거움'이 '기도하는 즐거움'보다 더한 것인지도 모를 일이며, 그렇지 않다면 혹시 글을 쓰는 것이 일상의 기도가 되어 버린 것인지도 모를 일이다.

'노래'는 혼자 사는 즐거움에 우정 같은 벗이 된다. 퇴계도 노래를 만들었다. 이는 경 실천을 더욱 공고히 하는 수단이다. '도산12곡'이 그렇다. 그 가운데 6곡은 이러하다.

> 봄바람에 꽃은 산에 가득하고 가을밤 달빛은 대에 가득하다.
> 사철 아름다움 정취 사람과 마찬가지라.
> 하물며 어약연비 운영천광이야.

7곡은 이러하다.

> 천운대 돌아드니 완락재 소쇄한데,
> 만 권 생애 낙사가 무궁하여라.
> 이 중에 왕래 풍류를 새삼 말해 무엇하랴!

퇴계는 천운대와 천연대를 다시 노래로 만들었다. '도산12곡'은 문학이며 음악이다. 글로 쓰면 문학이고 읊으면 노래다. 그래서 '도산12곡'을 이현보의 '어부가'와 더불어 직접 써두었고, 후인들은 이를 '도산가陶山歌'라 하며,

"천연대에 나아가 함께 '도산가'를 불렀다"고 했다. 지금 관람객들도 천연대에 나아가 노래 한 곡조 읊어 보면 어떨까?

퇴계는 '도산12곡'을 짓고 "아이들에게 아침저녁으로 익혀 노래하게 하고, 책상에 기대어 듣게 하고, 또한 아이들도 스스로 노래하고 기뻐하며 뛰고 춤추게 하여, 세속의 더러움과 인색함을 씻어 버리게 하고자 했다" 하니 그러하고, 천연대 앞에 흐르는 강을 저 굴원의 '어부가'를 인용해 '탁영담'이라 했으니 더욱 그러하다.

천운대와 천연대는 퇴계에게 문학과 철학과 음악이 어우러진 자연 정원이다.

4. 도산서당

1) 그런 생활을 오늘도 하고 내일도 했다

-樂事無窮-

곡구암의 계곡을 지나면서 천운대와 천연대를 좌우에 두고 그 가운데 저만치에 지은 집이 도산서당이다. 도산서당을 중심으로 한 퇴계식의 일상을 정리하면 이렇다.

천천히 천운대와 천연대를 돌아 소쇄한 도산서당에 들어와, 만 권 책이 있는 서재에 앉아 끝없는 진리 탐구의 즐거움에 젖는다. 이런 생활이 퇴계의 산보, 퇴계의 휴식, 퇴계의 수양, 퇴계의 공부, 퇴계의 즐거움이다. 다시 그 방법을 적어보면, 두 대臺는 천천히 걸어야 하고, 도산서당에는 그 소쇄함에 젖을 줄 알아야 하고, 만 권 책에서는 끝없는 진리 탐구의 즐거움을 음미해야 한다. 그러니 도산서원을 제대로 관람하려면 이 두 대를 걸으며 천천히 도산서당으로 들어오는 퇴계식의 진리 체득을 음미해야 한다.

▌도산서당

체득은 심心의 문제다. 심은 경敬의 문제다. 경은 지경持敬 혹은 거경居敬을 통해서만 가능하다. "심은 한 몸의 주재이고, 경은 마음의 주재이기 때문이다" 한자로는 "심자일신지주재心者一身之主宰 이경우일심지주재야而敬又一心之主宰也"인데, 공부 삼아 한 번 써 보면 어떨까. 결국 모든 것은 경의 문제로 귀착된다.

퇴계는 경을 쉬운 말로 '옷깃을 여미는 것'이라 했다. 이에 대한 설명은 다른 장에서 하기로 하고, 여기서는 그런 어려운 용어보다 좀 더 쉽게 퇴계식의 전원생활이 어떤 것인지에 대한 퇴계의 고백이나 들어보자.

이런 고백에서 '전원생활의 즐거움이 끝이 없음', 즉 '낙사무궁樂事無窮의 경지'에 좀 더 가까이 다가가는 방법을 깨닫게 될는지도 모를 일이다. 퇴계의 '도산기陶山記'에 이런 기록이 있다.

"마당에 나가 연못을 구경하고 '절우사'를 찾기도 하며, 텃밭을 돌아 약초를 옮겨 심고 숲에서 꽃을 따기도 한다. 혹 바위에 앉아 물을 튀기고 대에 올라 구름을 바라보기도 하며, 낚시터에서 고기를 보고 배 안에서 물새와 벗하기도 한다.

이렇게 마음 내키는 대로 거닐다 보면 눈길 닿는 대로 흥이 일고, 흥이 다해 돌아오면 온 집이 고요하고 벽에는 책이 가득하다. 책상 앞에 묵묵히 앉아 공경하고 존양하고 연구하고 사색하여 왕왕 깨달음이 있으면 문득 기뻐서 밥 먹는 것도 잊었다.

이해되지 않는 것이 있으면 친구들에게 도움을 받고, 그래도 터득하지 못하면 억지로 하지 않고 잠시 한쪽에 두었다가 때로 끄집어내어 마음을 비우고 생각하고 풀어 보면서 스스로 이해되기를 기다린다. 그런 생활을 오늘도 하고 내일도 했다."

세계적 화두로 '느림의 미학'이 주목되는데, 퇴계의 도산서당에서의 일상에도 그런 측면이 있다. 단순 비교는 무리가 있다. 그렇지만 "오늘도 그렇게 하고 내일도 그렇게 하는 일상"에는 그런 요소가 있다.

다른 점이라면 일상의 진행을 느리게 하는 것이 아니라 "마음 내키는 대로 거닐다 보면 자연에 흥을 느끼고, 흥취에 젖으면 돌아와 연구하고 사색하는 일"이다. 그런 가운데 '깨달음이 있으면 기뻐하는' 그런 상태가 퇴계식의 일상이며 여유였다.

경 실천의 깨달음과 기쁨이 퇴계의 지경이고 거경이며, 곧 느림의 미학이다. 퇴계의 자연 사랑은 여기에서 연유한다. 낙사무궁의 경지도 여기에 있음은 말할 것도 없다. 즉 작은 것과 소박함과 자연사랑이다. 그것이 행복 메시지다. 그래서 낙사무궁은 어쩌면 이런 시 속에 있는지도 모를 일이다.

늦도록 낚싯대 한들거리고	弄晩竿仍裊
자주 오니 돌 또한 따스하여라.	來多石亦溫
버들가지에 고기 꿰니	魚穿青柳線
도롱이에 푸른 안개 자욱하다.	蓑帶綠烟痕

낙사무궁의 경지를 생각하며 천연대를 내려오니 마당에 기이한 느티나무가 자리하고 있다. 안동댐 당시 곡구암 계곡을 메움으로 몸통 아래를 땅에 묻어 그런 모습이 되었다. 그래서 느티나무는 지금 안동댐이 도산서원에 남겨준 상처의 상징물처럼 보인다.

댐 후유증은 크다. 강변길 낙락장송과 수목 터널의 곡구암 진입로는 도산서원 풍광의 압권으로 존재했다. 천운대와 천연대가 이를 포근히 감싸 안으므로 완벽한 모습이 되었지만, 지금은 강변 낙락장송도 없고 계곡도 없고 대臺도 없다. 천운대, 천연대는 대였지만 지금은 거의 평지가 되었다. 옆구리로 진입하기 때문에 그렇다.

퇴계가 식수로 사용한 우물, '열정洌井' 같은 것도 그렇다. 열정은 퇴계에 의하면 "바위틈에서 나오는 달고 시원한 물(石井甘洌)"로 "천년세월 이끼에 덮여 있으니 가리지 말라(千古烟沈 從今勿幕)"고 한 셈이었다. 말하자면 '깊은 산 속 옹달샘'이다. 가리지 말라고 했건만, 지금은 가당찮은 우물로 변모했다. '우물 정 자형(井)'의 돌로 만들어 쪽박이나 손바닥으로 한 움큼 떠 마시면 될 샘물을 지금은 어떻게 마시라는 것인지도 모르도록 만들었다.

퇴계가 "쪽박으로 이 물을 마시고 깨달은 샘(一瓢眞相得)"이라 했으니 더욱 그러하다. 지금이라도 제대로 복원해서 여름 목마른 관람객들에게 마셔보게 하면 얼마나 좋으랴. 잘 가꾸어 가령 '퇴계 샘물'이라고 하면 얼마나

▮ 정우당

좋으랴. 그렇지만 지금은 마시는 사람도 없고 마실 수도 없다.

계단을 올라 싸리문을 지나니 이윽고 도산서당이다. 싸리문과 토담과 견치석 담장과 '정우당淨友塘'의 장대석도 조화롭지 않기는 마찬가지다. 높은 담장은 강을 볼 수 없게 했다. 정우당 장대석은 도산서원 전체를 규격화, 제도화했다는 상징처럼 느껴진다.

2) 이런 장수지처藏修之處가 여기에 있을 줄이야 -도산서당의 건축-

도산서당은 참으로 음미할 만한 건물이다. 나는 어릴 때 도산서원으로 소풍 갈 때마다 퇴계가 도산서원 강당에 높이 계시면서 제자들을 가르친 것으로 생각했고, 도산서당은 거처하는 집으로만 생각했다.

방과 마루가 너무 작아 학생들을 거기서 가르쳤다고는 생각할 수 없었다.

그래서 이곳에서는 도산서원이 전부인 것으로 생각했고, 그런 인식은 오래도록 남아 있었다. 도산서당의 존재를 이해한 것은 참으로 오랜 뒤의 일이다.

도산은 살 만한 땅, 즉 '가거지지可居之地'의 적지다. 퇴계가 도산에 도산서당을 짓기로 결심하고 쓴 기록을 보면 "산이 높지 않으면서 주변이 확 트여 있고, 기세가 빼어나면서도 균형이 잡혀 있고, 봉우리와 계곡이 모두 이 산을 감싸고 숙여 있는 것 같다"고 했다. 또한 "산자락 앞으로 강과 들이 내려다보이고, 그윽하고 아늑하며 멀리 트여 있으며, 바위 계곡은 선명하고 돌 사이 샘물이 달고 차와 몸을 감추고 살기에 적당하다" 했다.

그래서 이곳에 살던 농부에게 돈을 주고 땅을 샀다고 했다. 퇴계는 계상의 집터를 발견하고, "기뻐서 끼니조차 잊었다"고 했으며, 도산에 대해서는 "이런 장수지처藏修之處가 여기에 있을 줄이야!"하며 감격했다. 집터 찾기에 고심한 퇴계에게는 최고의 가거지지였다.

도산서당은 자연과의 교감과 사랑과 조화가 어떤 모습을 해야 하는지를 보여 주는 하나의 모형이다. 도산서당은 천인합일의 형이상학적 개념을 형이하학적 모습으로 연출한 현장이다. 적어도 퇴계식의 자연과 인생은 그런 모습으로 나타났다. 퇴계는 이를 담보하기 위해 도산서당을 중심으로 주변 여러 곳에 이름을 부여했다.

천연대와 천운대를 비롯해 유정문, 정우당, 절우사, 시습재, 지숙료, 관란헌, 곡구암, 탁영담, 반타석 등이 그것이다. 특히 정우당淨友塘, 절우사節友社는 그 절정의 표현이다. '맑음이 벗'이고, '절개가 벗'이다. 매화를 '매형梅兄'이라고 표현함과 같은, 자연과 인간이 함께하는 특이한 이름을 붙여 주었다. 퇴계의 행복 메시지이다. 절우사를 조성하고 쓴 시는 이렇다.

도연명의 동산은 솔, 국화, 대나무 셋이라니	松菊陶園與竹三
매형은 어이하여 그 속에 끼지 못했던고!	梅兄胡奈不同參
나 이제 매화를 넣어 풍상계를 맺어서	我今併作風霜契
외로운 절개 맑은 향기 길이 간직하리.	苦節清芬儘飽諳

도산서당은 퇴계에게 하나의 작품이다. 고심하고 고심한 만년의 걸작이다. 퇴계가 도산서당 건축 조영에 얼마나 관심을 기울였는지는 이문량에게 감독을 부탁하면서 보낸 편지에 잘 드러나 있다. 그 글은 매우 장문인데, 그 일부를 보면,

> "당堂은 정남향으로 해야 예를 행하기 편리하며, 재齋는 서쪽 정원을 마주 보도록 하여 아늑한 정취가 있도록 하고, 나머지 방 부엌 곳집 대문 창 등도 모두 의미를 갖도록 했으니, 이 구도가 바뀌지 않을까 염려됩니다.
>
> 남쪽 변의 세 칸에 들보와 문미의 길이를 여덟 자로 하고, 북쪽 변 네 칸의 문미는 남쪽과 같게 하되 들보의 길이를 일곱 자로 하는 것은 그 뒤편의 처마를 여유롭게 하기 위함입니다. 중앙의 동쪽과 서쪽 두 칸의 들보는 여덟 자로 하고 문미는 일곱 자로 하십시오. 이같이 하면 뜰이 너무 낮아 말처럼 될 것입니다.
>
> 그러나 이 두 칸은 지붕이 매우 낮고 처마가 짧아 오히려 햇볕이 잘 들어올 수 있는데 뜰이 작은들 무슨 상관이 있겠습니까? 더욱이 당과 재의 쓰임은 모두 뜰 안쪽을 향하게 하지 말고, 부엌 등만 밝게 하면 될 듯싶은데 어떻게 생각하십니까?"
>
> 원문: 其所以堂必南向正方位 便行禮也 齋必西偏對園圃 尚幽致也 其餘房室·廚藏·門庭·窓戶 皆有意思 恐此制不可易也 南邊三間 梁

與楣長皆八尺 北邊四間 楣與南同 而梁長七尺 以其後有假簷故也 其中東西 二間 梁八尺楣七尺 如此則其庭甚小如斗 然此二間 須極低棟短簷 使猶可以納明 則庭小何妨 況堂齋之用 皆不向內庭 但令可取明於廚竈等足矣 如何如何

농운정사에 대한 글은 이렇다. 퇴계는 완벽한 작품을 희망했다. 두어 칸 집을 지으면서 이렇게 세심하게 관심을 나타내고 있다. 이런 사람 동서고금에 없다. 농운정사 관련 글은 이러하다.

"법련法蓮의 편지를 보니 그는 도투마리 집 제도를 좋게 여기고 있습니다만 그 제도는 굽는 곳이 많아 낙숫물이 많이 흐르며, 갈대 풀로 지붕을 덮기도 어렵고 방房, 실室, 청廳, 당堂도 모두 좁아 좋지 않습니다.

그러므로 지금 제가 제시한 이 제도를 바꾸면 안 될 것입니다. 남쪽 부분 세 칸은 들보와 도리의 길이가 여덟 척이고, 북쪽 네 칸 도리는 남쪽과 같으나 들보의 길이는 일곱 칸입니다. 이는 그 뒤에 가첨을 두었기 때문입니다. 그리고 가운데 동서 두 칸은 들보가 여덟 척, 도리가 일곱 척입니다. 이같이 한다면 그 뜰은 매우 좁아 '국자(斗)' 모양과 같아질 것입니다."

장원급제했지만 답안지를 탈취당하여 낙방하고 요절한 조수도趙守道. 1592년 죽기 전 도산 기행을 했다. 와룡면 가야를 찾아 스승인 김언기의 묘소에 참배하고, 이현보의 애일당을 방문하여 후손 이번의 영접을 받았다. 다음 도산서당 함께 찾았고 글을 남겼다. 글은 이러하다.

"이번李蕃이 따라와 함께 사당에 알묘하고 나와 선생이 평일 거처한 곳을 살펴보니 자리, 책상, 청려 지팡이, 투호, 연적, 벽 사이에 서책들이 생전 모습 그대로였다. 옷깃을 여미니 늠름하신 모습으로 훈계하시는 듯했다. 선생은 참으로 죽어도 죽지 않으셨다.

유정문, 정우당, 절우사, 시습재, 지숙료, 관란헌을 둘러보니 선현들의 옛 자취가 나의 흉금을 울리는 듯했다. 천연대로 나와 이번이 마련한 술을 마시며 각각 '도산가' 한 곡씩을 불렀다.

서쪽 천광운영대의 빼어난 경치는 하늘 연못과도 바꿀 수 없었다. 송림이 햇빛을 가리고 새들은 날고 고기는 뛰며 좌우 푸른 병풍산은 그 그림자가 물에 잠기어 강산 풍광이 한눈에 들어왔다. 대 아래 탁영담이 있고 그 가운데 반타석이 있어 여러 사람이 앉을 만했다."

도산서당은 정말 작은 집이다. 그래서 정겹다. 거기 더욱 눈길 가는 곳, '살평상'이라 부르는 붙여낸 마루, 그 정도의 공간과 여유가 퇴계 미학의 상징이 아닐까 한다.

도산서당은 퇴계가 설계한 전원주택이고, 그 주택은 자연 사랑이 절절한 한 철학자의 꿈의 설계에서 빚어낸 결정이었다. 도산의 경내는 도산서당으로 완벽한 터전이었다. 더는 건물이 들어서서는 안 되는 곳이었다.

그러나 지금은 여러 건물이 도산 경내를 비집고 들어앉아 소담하던 전원주택을 대규모 캠퍼스로 변모되었다. 더구나 압권의 곡구암 계곡을 흙으로 묻어 맛은 더욱 사라졌다. 그래서 도산서원을 찾는 관람객은 이런 점에 유념하고 관람해야 한다. 그렇지 않으면 혼돈에 빠져 무엇이 무엇인지 모를 수도 있다.

▌퇴계선생 영정(진성이씨대종회 종보『悅話』 제20호에 소개된 혜산 유숙 작)

3) 퇴계는 '넓은 이마', 즉 '광상'이 특징인데 이 그림이 그러했다 -퇴계의 모습-

나는 도산서당에 들어설 때마다 퇴계의 모습을 떠올려 본다. 과연 어떤 모습이었을까? 퇴계는 영정影幀이 없다. 최근 새로 제작한 천 원권의 퇴계 영정에 네티즌들은 "너무 늙어 보이고 졸고 있는 것 같다" 하고, 당국에서는

"표준 영정 사용으로 어쩔 수 없다" 한다.

그런데 근년 진성이씨대종회 종보(『悅話』 제20호)에 '퇴계 영정'이라고 하는 그림이 소개되었다. 혜산蕙山 유숙劉淑(1827~1873)의 작품이라 했다. 그림을 오래도록 보았는데, 어쩌면 퇴계 진영眞影이 아닐까 하는 생각이 들었다. 넓은 이마가 그랬다. 퇴계는 '넓은 이마', 즉 '광상廣顙'이 특징인데 이 그림이 그러했다.

천 원권 퇴계 영정은 1974년 이유태 화백의 그림으로 다소 근엄한 모습을 띠고 있다. 철학자의 엄격함보다 문학가의 온화하고 따뜻한 느낌을 주는 분이 퇴계의 모습에 좀 더 가깝지 않을까 한다. 천 원권 퇴계 영정은 재고되어야 한다.

4) 경敬은 옷깃을 여미는 것
-학생 기숙사, 농운정사-

도산서당 맞은편에 농운정사가 있다. 기숙사다. 도산서당은 1557년 시작해서 1559년 완성했고, 농운정사는 1561년 낙성했다. 교통이 자유롭지 못한 시절, 학생들이 찾아오면 이곳에서 묵었다. '工' 자 모양으로 지었다.

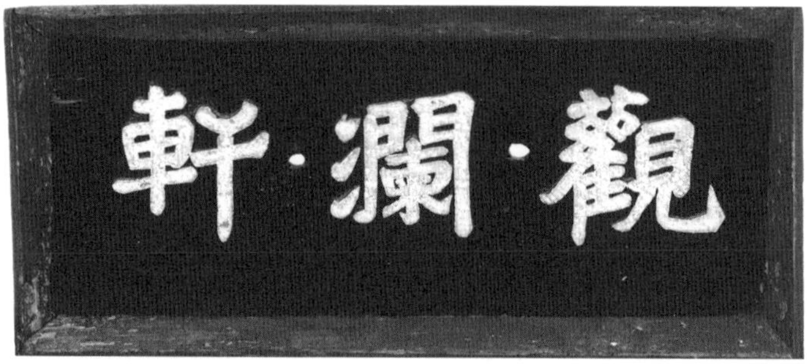

▌농운정사 관란헌

농운정사에는 세 개 현판이 있다. 시습재時習齋, 지숙료止宿寮, 관란헌觀瀾軒. 모두 공부와 관련 있다. 그 가운데 관란헌에 대한 퇴계의 시는 정녕 음미할 만하다.

넓고 양양한 저 물결의 이치	浩浩洋洋理若何
일찍이 공자께서도 탄식했네.	如斯曾發聖啓嗟
진리가 바로 여기 있으니	幸然道體因玆見
공부에 간단이 있어서는 안 된다네.	莫使工夫間斷多

"공부에 간단이 있어서는 안 된다"는 퇴계 공부법의 핵심이다. '공부에 간단없음'은 곧 '경敬 실천'이고, '간단없음'은 경 실천의 핵심이다. 공부의 긴장을 잠시라도 끊어서는 안 된다는 뜻이다.

퇴계는 경을 '옷깃을 여미는 것'이라 쉽게 설명했다. '간단없음'을 잔잔한 긴장을 계속해서 유지하는 것으로 본다. 더 쉽게 설명하면 퇴계가 언급한 "생각하고 풀어 보면서 스스로 이해되기를 기다리는데, 그런 생활을 오늘도 하고 내일도 한다"가 곧 간단없는 공부의 요체다.

'인다안동人多安東'의 비밀은 바로 이 간단없음의 자세에서 비롯되었다. "안동 사람들은 외딴 마을, 가난한 사람 할 것 없이 누구나 글을 읽었으며, 도덕과 품성을 소중하게 생각했다"는 저 『택리지』의 작가, 이중환의 목격담은 우연이 아닐지니, 바로 이 '간단없음' 때문이다.

퇴계 제자에 뛰어난 인물들이 많이 배출됨도 우연이 아니었다. 이런 측면에서 보면 천운대와 천연대의 명칭 부여도 퇴계가 학생들에게 던진 화두 같은 것인지도 모른다.

▮농운정사 옆 매화나무

이런 생각을 하며 농운정사를 나와 도산서원으로 오르니 길가에 매화나무가 있다. 근년에 심었는데 상당한 고목이 되었다. 도산서원에서 다른 것은 몰라도 이 매화는 꼭 봐야 한다. 퇴계는 죽기 전, 매화 시 91수를 골라 시집을 만들어 남기기도 했다. 그래서 도산서당에서 한참을 보냈듯이 이 매화에 잠시나마 서성거려 봄도 괜찮을 것 같다.

매화는 퇴계에게 최고의 벗이고 최후의 벗이었다. 임종 최후의 인사가 매화와의 별리였다. 설사를 했던 때가 있었는데, 퇴계는 그 불결한 냄새를 의식하여 '매화에게 미안하다' 했다. 그리고 장문의 이별 시를 지었다. '도매고종陶梅告終'이라는 시로, 구절마다 '매梅' 자가 들어 있어 퇴계가 얼마나 매화를 사랑했는지를 상징적으로 보여준다.

매화 시는 도산서당과 더불어 퇴계가 속세의 인물만이 아님을 보여주는 한 단면처럼 보인다. '퇴계 단 하나의 소망이 신선'이라는 견해는 사실일지 모르겠다. '도매고종'의 시를 감상해보면 사람의 글이 아닌 것 같기도 하다. 신선의 시가 있다면 이런 시가 아닐까.

조목의 퇴계 평가에 "옛것을 흠모하되 응체되지 아니하였고, 세상에 섞여 살았지만, 세속에 흐르지 않았다" 했음은 사실인 것 같다. 왜냐하면 그 누구도 이런 시를 짓지 않기 때문이다. 혹시 '천인합일天人合一'이란 이런 경지에 이름을 두고 한 말인가! 시 일부는 이렇다.

그대와 일찍 매화를 구경하기로 했으나　與君賞梅曾有諾
매화 향기 날 때 나는 언약 저버렸네.　及到梅香我負約
도산 매화 마음에 새긴 채　心期獨在山中梅
밤마다 꿈속에서 매화를 찾아보네.　溪夢夜夜深梅萼

어제 그대와 절우사를 찾았건만　昨日梅社共君來
매화나무 삭막하여 나는 못내 슬펐노라.　梅興索莫令人哀
여덟 그루는 죽은 가지만 남았고　八梅風烟但空枝
한 그루는 아직 피지 않았네.　一梅數萼猶未開

지팡이 짚고 둘러보니　杖藜吟梅繞百匝
겨울 귀신 매화를 상하게 했네.　冥頊胡爲我梅厄
그대 집 매화와 비교하지 말게　不比君家梅得暖
도산은 바람 많고 추위 심한 곳이네.　梅社風多寒更虐

내 하늘에 글 올려 매화 원혼 하소연하고　我欲牋天籲梅寃
글 지어 매화 영혼을 부르나니.　我欲作辭招梅魂
한 맺힌 매화 혼 하늘도 가련히 여겨　梅寃悄結天所憐

매화 혼 돌아오면 내 반갑게 맞이하리. 梅魂歸來我所溫

복사꽃 오얏꽃 매화 질투하여 向來桃李妬梅魄
다투어 피어 고결한 매화 시샘하지만 奢華競笑梅孤潔
우리 매화 뿌리만 남았다면 但使吾梅本根在
잠시 못 본다 해도 염려될 것 없으리. 一闋英華梅豈缺

자신이 하고자 하는 일을 찾아감이 인생이고, 그 인생에 간절함을 북돋우어 줌이 교육이다. 부모와 선생이 자식과 학생에게 가르쳐 줄 최고의 덕목이 있다면 그 무엇인가에 대한 '간절한 마음'을 갖도록, 아니 '간절한 무엇'을 찾도록 진심으로 격려하고 응원해주어야 한다. 이를 명심해야 한다. 왜냐하면 퇴계가 그러했고, 그 교육이 그러했기 때문이다.

5. 광명실의 추모 현판, 이운李芸은 누구인가

1) 책은 서원 밖으로는 절대 나갈 수 없다
-도산서원 문고, 광명실-

매화나무를 뒤로하고 도산서원을 오른다. 1574년 건립. 퇴계와 직접 관련은 없다. 이 글의 전개와도 관련될 수 없다. 그렇지만 죽음 직전, 1570년 이웃 마을 역동서원 건립을 주도한 사실을 보면, 사후 자신을 추모하는 서원 건립은 확신했을 것 같다. '서당書堂'이 '서원書院'이 되는 것을 이미 동의한 상태이니 더욱 그러하다. 그런 연유로 이 글도 이어서 쓴다.

서원은 그리 매력 있는 건물은 아니다. 공부하고 추모하는 공간이니 매력이 있을 것이 없다. 그렇지만 도산서원은 좀 다르다. 서원들이 대부분 추모기념건물로 지은 것인 데 반해 도산서원은 직접 학생들을 가르친 장소에, 그것도 제자들에 의해 지어졌으니 그러하다. 어쩌면 퇴계의 머릿속에는 이미 도산서원이 자리하고 있었을 것 같다. 이런 측면에서 보면 도산서원은 한국의 대표적 서원으로 손색없다. 그래서 볼 만하다.

도산서원을 오르면 정문 좌우에 누각 같은 대칭 건물이 보인다. 동광명실과 서광명실. 통칭 광명실光明室이라 한다. 동광명실은 1819년, 서광명실은 1930년 지었다. 동광명실에는 퇴계 관련 서적이, 서광명실에는 일반 문서가 있다. 도산서원 문고이다. 이 집들이 지어지면서 서원의 시원한 맛은 없어져 버렸다. 왜냐하면 강을 막아 버렸기 때문이다.

'광명'은 주자의 시 "만 권 서적이 은혜롭게 나를 밝혀 준다(萬卷書籍 惠我光明)"에서 인용했다. 도산서원의 온갖 귀중한 서책, 고문서가 여기에 보관되어 있었는데, 최근 한국국학진흥원으로 옮겼다. 전에 단 한 번 조사하여 『도산서원고문서』라는 이름으로 두 권의 책을 간행한 적이 있지만 일부에 지나지 않는다.

그동안 이들 고문서는 "한 번 나가면 잃기 쉽다(書出易失)"는 이유로, "서원 밖으로는 절대 나갈 수 없다(書不得出)"라는 원규에 의해 한 번도 밖으로 유출된 적이 없다. 그런 연유로 실체적 조사에 어려움이 있었고, 국가 문화재로도 지정할 수 없었다. 이런 측면이 안동다움의 한 면이라 생각된다. 남이 무어라 하던, 시대가 어떻게 흘러가든, 그런 것에 민감하지 않고 묵묵히 주관대로 사는 사람들.

2) 영원토록 존모토록 결의한다

-도산서원 완의-

그 옛날에도 그런 분이 있었다. 동광명실 현판에 쓰여 있는 이주부공李主簿公이라는 사람이다. 이 현판은 도산서원 경내의 현판 가운데 가장 특이한 것이라 할 수 있다. 한 개인의 공로를 기려 만든 것이기 때문이다.

그렇다면 이주부공은 누구이고, 무엇 때문에 그를 기린 현판이 광명실 위에 걸려 있을까?

이주부공은 주부主簿 벼슬을 역임한 이운李芸(1568~1638)으로 임진왜란 당시 퇴계 위패를 온몸으로 지켰다. 그를 기리는 현판이 있는 것도 그 때문이다. 지금 도산서원에 보관된 서책, 집기, 고문서의 보존 역시 이운의 공로가 여간 크지 않다.

이운은 물품들을 전교당 마루 밑에 묻고, 퇴계 위패를 지고 청량산, 소수서원으로 피해 숨어다녔다. 이때 나이 25세였고, 장가간 새신랑이었다.

그 기간이 무려 6년, 전쟁이 끝나 돌아왔다. 떠날 때 검은 머리였는데, 돌아올 때는 새하얀 머리가 되었다고 한다. 이어 정유재란이 일어나자 의병장 곽재우가 이끄는 화왕산 전투에 곧장 달려갔다.

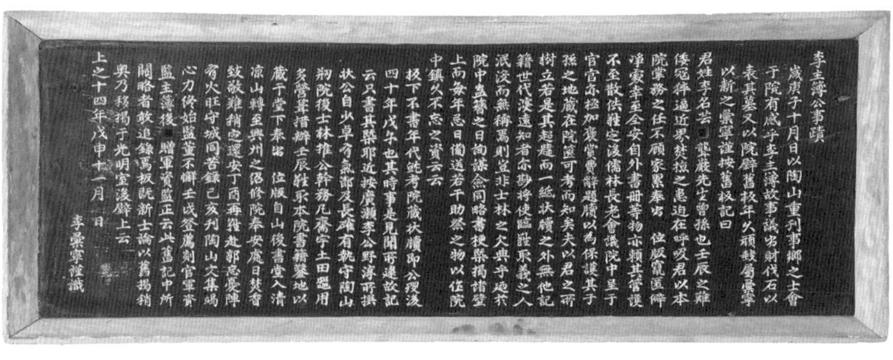

▌광명실의 이운 기념 현판

퇴계 10대 종손, 이휘영의 글에 "공은 자나 깨나 도산에서 생활했고, 도산에서 죽었으며 생사가 도산에 있었다"고 했다. 이에 그를 영원히 추모할 것을 결의했다. '서원완의書院完議'는 이러하다.

"농암 선생의 증손자인 주부공께서 임진왜란을 당해, 서원 위패를 받들고 나와 병화를 피하도록 했으니 그 공로는 잊을 수 없다. 이에 당회 논의에서 매년 3월 11일 기일, 도산서원에서 쌀 한 말, 고기 몇 마리, 꿩 한 마리를 보내 영원토록 존모토록 결의한다."

원문: 聾巖先生曾孫主簿公 當壬辰亂 奉出本院位版 以避兵禍 其功勞不可忘 玆以堂會齊議 每年三月十一日忌日 自院中米斗魚尾雉首備送 以爲永久遵行之事

'완의完議'란 '완전한 결정'이고 영원한 결정이다. 도산서원은 원규에 의해 운영되고, 그 원규는 완의를 거쳐야 하고, 완의는 서원 당회에서 결의한다. 이운 추모는 퇴계 후손 전 문중 차원에서 결정되었다.

이야순의 행장, 이휘영의 묘갈명과 현판 글, 이만도의 갈명후지, 이가순의 통문, 이만각의 입석일기발문, 이만윤의 유적후지 등, 퇴계 후손의 대표적 학자들이 추모 글을 썼다. 뿐만이 아니다. 이운 묘소를 이장하여 비석을 세워 단장하고, 그 기록을 상세히 남겼다. 『지산실기芝山實記』가 그 책이다. 최근 한국국학진흥원에서 번역했는데, 이근필 종손이 서문을 썼다. 이로써 신화가 완성되었다.

이운은 배순, 두향에 이어 또 다른 신화를 남긴 인물이다. 배순과 두향의 신화는 퇴계 생전에, 이운은 사후에 만들어졌다.

퇴계를 말할 때 흔히 제자 가운데 정승 몇 명, 시호 받은 분이 몇 명 식으로 말하지만 내 생각은 다르다. 퇴계를 진정 다시 보게 하는 것은 공경 대신이 아니라 바로 이런 사람들의 존재 때문이 아닐까? 이런 사람들의 이야기는 사실 여부와 관계없이, 퇴계가 왜 훌륭한 인물인지를 증명하는 가장 확실한 증거가 된다.

6. 도산서원

1) 아늑한 임만林巒 속에 완족完足한 자기 세계를 이루고 있다 -도산서당과 도산서원-

서원 문을 오르니 좌우에 동재, 서재가 있고, 강당 정면에는 석봉 한호가 어전에서 썼다는 '陶山書院' 글씨가 한눈에 들어온다. 도산서원 관람은 도산서당 영역과 도산서원 영역으로 구분해서 봐야 한다.

서당은 퇴계의 영역이고, 서원은 제자들의 영역이다. 퇴계를 이해하려면 서당을 볼 일이고, 그 영향을 알려 한다면 서원을 보면 된다. 관람의 진수는 물론 도산서당이다. 그러나 도산서원 역시 수다한 사연들이 쌓여 역사가 되었다.

지금 서원은 채색되어 있다. 서원은 선비들이 모여 공부하는 집이다. 채색은 그리 어울리지 않는다. 도산서당의 절제된 미의식을 생각하면 더욱 그렇다. 도산서원 전체의 부조화에 단청이 한몫하고 있다.

병산서원은 침이 마르도록 칭찬하나 도산서원은 그렇지 않다. 왜 그럴까? 역시 터의 문제와 연관된다. 도산서원은 도산서당으로 완벽한 공간이었다.

도산서당을 중심축으로 두고 보면 앞과 뒤는 이미 알맞은 공간 분할이 되어 있다.

앞뜰과 후원의 배치가 그렇고, 세심한 설계 구도가 그렇다. 이런 후원에 거대 구조물이 들어섰으니 조화는 깨질 수밖에 없다. 한정된 공간에 큰 집을 지으려니 어쩔 수 없는 그림이 되었다. 여기에 광명실, 장판각, 고직사, 옥진각 등의 건물이 후일 계속 비집고 들어서서 더욱 답답한 모습이 되었다. 도산서원 건축의 한계이자 숙명이다.

그러나 이런 논의는 어디까지나 도산서당의 존재에 많은 의미를 부여할 때 그렇다는 것이지, 전체를 보면 "아늑한 임만林巒 속에 완족完足한 자기 세계를 이루고 있다"는 이우성 박사의 평가는 매우 온당하다.

서원에는 연일 관광객이 온다. 강당, 동재, 서재를 우선해서 본다. 동재는 임원 숙소로 박약재博約齋라 하고, 서재는 학생들의 공부방인데 홍의재弘毅齋라 한다.

'박약'은 『논어』의 "널리 배우고 예로서 몸가짐을 한다(博學於文 約之以禮)"에서, '홍의'는 "선비는 마음가짐을 넓고 굳게 해야 한다. 책임은 무거우나 진리는 멀리 있기 때문이다(士不可以不弘毅 任重而道遠)"에서 인용했다. 강당은 '전교당典敎堂'이고, 강당 서편에 '한존재閑存齋'라는 원장 방이 있다.

방문 옆에 초헌, 아헌, 종헌으로 시작하여 마지막에 '原'이라고 쓴 현판이 있다. '原'은 '끝'이라는 의미다. 이 명단이 서원의 제사, 즉 향사享祀의 임원 명단이다. 초헌은 처음, 아헌은 다음, 종헌은 마지막에 술잔을 올리는 사람이다.

음식을 차려놓고 술 석 잔 올리는 의식이 곧 향사이고 제사다. 석 잔 정도가 적당하다고 생각했다. 이것도 좀 많다고 생각하여 종헌은 '제작除酌'이라

하여 조금 덜고 올린다. 과음을 고려한 예법이다. 대표 제관 세 사람의 석 잔 정도의 술잔 올림과 이에 대한 다른 제관의 도우미 행위가 제사 의식의 근간이다.

'향사'는 제사보다 절차가 볼 만하다. 도산서원 절차에 '간품례看品禮'라는 의식이 있는데, 거기 '돼지고기 품질검사'가 있다. 희생할 돼지를 강당 뜰에 묶어놓고 제관들이 좌우로 도열해 서면, 유건을 쓴 유사가 '충充'이라 말한다. 그러면 갓 쓴 헌관이 앞으로 나와 '돌腯'하고 대답한다. '충'은 "돼지가 쓸 만합니까"의 물음이고, '돌'은 "살찌고 괜찮다"는 의미의 답변이다. 유교의 제례 문화가 그런대로 경쟁력을 있다고 생각하는 사람인데 이 모습만은 왠지 낯설고 거북하다.

서원은 '존현양사尊賢養士', 즉 추모와 교육이 그 본래의 기능이다. 교육이 본이고, 추모는 말인데, 본말이 전도되어 있다. 세월 탓이다. 교육 기능을 회복해야 하는데, 모든 조건에서 밀리고 있다. 추모 기능도 점점 사라지고 있다.

▌2020년 추계향사

대부분 서원은 휑한 무용지물 건물이 되고 있다. 역사의 뒤안길로 급속히 밀려나고 있다. 활용도를 모색하고 개방해야 한다. 사용하면 300년, 사용하지 않으면 10년도 못 가는 집이 우리 한옥이다.

2) 너는 모름지기 각고 노력하여 아버지의 뜻을 저버리는 일이 없도록 하라

-역락서재-

도산서원은 변모하고 있다. 교육 기능을 급속히 회복했다. 2001년 발족한 도산서원선비문화수련원이 개원되어 매년 적지 않은 사람들을 교육시키고 있다. 나도 외람되게 초기부터 참여했는데 점점 프로그램이 알차지면서 신청자가 해마다 증가하고 있다 한다. 참으로 고무적인 현상이다. 참다운 선비교육은 어느 시대에나 필요한 법이다.

2001년은 〈퇴계 탄신 500주년 기념〉 행사들이 다양하고 성대하게 개최되었다. 다음 해에는 여성들에게 마지막 성역이던 사당-尙德祠-마저 개방했다. 언론은 '500년 만의 개방'이라 했다.

지난해 2019년에는 유네스코에서 다른 8개 서원과 함께, '한국의 서원(Seowon, Korean Neo-Confucian Academies)'이라는 이름으로, 한국 14번째 세계문화유산으로 등재되었다. 그 이유로 "한국에서 교육과 사회적 관습 형태로 지속되어온 성리학과 관련된 문화적 전통의 증거이며, 성리학 개념이 여건에 맞게 바뀌는 역사적 과정을 보여준다는 점에서, 그 탁월한 보편적 가치를 인정받았다" 했다.

▮ 역락서재

근년에는 여성 헌관獻官이 나왔다고 한다. 이로써 만인의 서원이 되었다. 상덕사는 도산서원이 남성들의 장소임을 최후까지 고수한 상징적인 건물이었다.

정문 옆에 '역락서재'라는 건물이 있다. 정사성의 아버지가 아들의 취학을 기념하여 지어 준 집으로, 우리에게 기부문화의 교훈을 준다. 기부하려는 자, 자신의 기부가 오래도록 잊히지 않을 기부를 해야 한다고. 역락서재는 도산서원이 없어지지 않는 한, 남아 있을 건물이고, 도산서원은 지구가 없어지지 않는 한 남아 있는 건물이 될 것이기 때문이다. 퇴계가 정사성에게 당부한 말도 예상 그대로다.

"너는 모름지기 각고 노력하여 아버지의 뜻을 저버리는 일이 없도록 하라."

7. 도산구곡과 도산서원

1) 청량산을 지나면서 낙동강은 빛나고 빛나는 청년의 강이 되었다 -도산 땅-

어린 시절, 나는 초등학교를 다니느라 도산서원 앞길을 6년간 오르내렸다. 사람들은 그 길을 신작로新作路라 했다. 일제 치하, 새로 크게 만든 길의 충격이 그대로 이름이 되었다.

나는 이 길목에 수많은 아련한 어린 시절의 추억을 깔아 놓았는데, 해마다 가던 도산서원 소풍도 그 한 가지다. 그때는 아직 안동댐이 건설되기 이전이라 주변의 경관이 지금과는 사뭇 달랐다. 주차장, 입장료는 물론 없었다. 강변 신작로와 낙락장송, 강 건너 마을로 고즈넉이 흘러가는 나룻배, 여울과 섶다리, 그리고 토담 속의 아늑한 도산서원. 그런 풍광이 지금도 눈에 선연하다.

그 후 성장하면서 고향을 떠나게 되었고, 그 사이 이 일대는 미증유의 변화가 일어났다. 거대한 물막이 공사가 있었다. 고향은 어느 날 문득 바다로 변해 있었다. 고사에나 있음직한 상전벽해가 바로 고향에서 일어났다.

내 고향 지명은 '부내'라고 했는데, 그 아름다움은 형언할 수 없었다. 배산임수의 터전은 바로 그런 곳이었다. 하긴 도산 일대의 수몰된 마을들, 즉 외내, 부포, 부내, 의인, 하계, 원촌 등 어디 하회마을 아닌 곳이 있었던가!

나는 도산을 전국 최고 주거 환경을 갖춘 곳으로 본다. 어느 곳도 도산보다 나은 곳을 보지 못했다. 물론 고향 유정은 실향민의 편협된 감정일 수도 있다. 그러나 도산서원 진입로 부근에 차를 세우고 일대에 펼쳐진 풍경을 한번 보라. 아니면 도산면 단천리 왕모산에 올라 조망해 보고, 내려와 청량산까지의 강변길을 걸어 보라. 강과 산과 들이 얼마나 조화롭고 아름답게 펼쳐져 있는지를!

16세기 『선성지』의 저자 권시중은 “조물주가 특별히 만들어 놓은 것 같으며, 고금의 선현, 대인들이 시를 읊조리며 ‘진경’이라고 찬탄하지 않은 사람이 없었다” 했다. 진경산수를 그린 정선이 도산 진경을 그렸고, 강세황, 김창석 같은 화가도 도산을 그렸다.

『택리지』를 쓴 이중환은 우리나라 최적의 주거지로 안동의 두 지역을 거론했다. 바로 도산과 하회다. 이중환의 설명은 이렇다.

> “그러므로 강촌으로는 예안의 도산과 안동 하회가 제일이다. 도산은 주변 산이 강과 조화되어 있다. 산은 너무 높지 않다. 황지에서 발원한 낙동강은 이곳 도산에 이르러 골짜기를 벗어나 비로소 강이 된다. 강변 산은 석벽을 이루고, 또한 그 산의 발치는 물에 잠기어 경치가 뛰어나다. 물은 나룻배가 건너기에 넉넉하고, 마을 안에는 오래된 나무가 많아 정취가 있다. 산 아래 강변은 모두 경작지다.”

강의 일생은 사람과 유사하다. 유년, 청년, 장년, 황혼이 있다. 낙동강도 그러하다. 멀리 황지에서 발원한 낙동강은 거친 강원도의 산과 투쟁하며 드디어 이곳 도산에 이른다.

청량산은 유년기를 마감하는 마지막 관문이다. 청량산을 지나면서 낙동강은 빛나고 빛나는 청년의 강이 되었다. 산은 더는 강을 방해하지 못한다. 강은 이제 산을 벗어나 마음껏 인생을 구가한다.

청춘에 무엇을 못하랴! 강은 천川과 담潭과 지池와 소沼와 곡曲과 협峽을 만들었다. 그래서 도산 일대의 강은 단천丹川, 낙천洛川, 분천汾川, 월천月川, 오천烏川을 빚어냈고, 도영담倒影潭, 월명담月明潭, 한속담寒栗潭, 미천장담彌川長潭, 백운지白雲池, 탁영담濯纓潭, 통소䲔沼, 오담鰲潭을 만들었으며 가송협佳松峽, 단사협丹砂峽을 만들고, 드디어 '도산9곡陶山九曲'을 빚어냈다.

곡曲은 굽이다. 강이 틀어지는 곳이 굽이다. 굽이에는 여울이 있고, 여울가에는 마을이 있다. 도산 9곡은 굽이이며 여울이며 마을이다.

1곡 운암곡雲巖曲은 김부필을 비롯한 '일곱 군자가 있다'하여 '君子里'라 했다. 2곡은 월천곡月川曲, 3곡은 오담곡鰲潭曲으로 우탁이 있어 안동 최초 역동서원이 지어진 곳이며, 조목, 금난수의 고향이다. 4곡은 분천곡汾川曲으로 '강호문학의 창도자'로 일컬어지는 이현보의 고향이다.

5곡은 탁영곡濯纓曲으로 퇴계가 강학한 도산서당이 있다. 6곡은 천사곡川沙曲으로 저항 시인 이육사의 고향이다. 7곡은 단사곡丹砂曲, 8곡은 고산곡孤山曲, 9곡은 청량곡淸凉曲으로 각각 단사협, 가송협, 청량산을 품고 있다.

강이 빚은 이런 풍광은 주변 산과도 그대로 어우러졌다. 이 산에 대해 이중환은 "너무 높지 않다"고 했다. 그것은 곧 가슴에 와닿는 살기 좋은 곳에 대한 또 다른 표현이다. 도산의 그러한 환경은 살기 좋은 땅, '가거지지可居之地'의 핵심 조건이다. 또한 발군의 인재 배출과도 연관된다. 아니 결정적 역할을 했다.

문화관광부가 과거 '올해의 문화 인물' 선정을 보니 안동 출신이 여섯 사람인데, 그 가운데 도산 출신이 네 사람이나 된다. 불곡 이천, 농암 이현보, 퇴계 이황, 육사 이원록이 그들이다. 그 후 영양군의 조지훈이 선정되었고, 다른 인근 시군에는 없었다. 면 단위의 행정 구역에 불과하다는 점을 감안하면 놀랍다고 할 수밖에 없다.

2) 도산에 이르러 낙동강은 비로소 강이 되었다

-안동다목적댐 건설과 도산 땅-

'높지 않은 산'은 사색의 환경을 제공한다. 사색은 사람을 만든다. 그런 까닭에 같은 강촌이라 하더라도 '살만한 땅(可居之地)'은 '볼만한 땅(可觀之地)', '놀만한 땅(可遊之地)'과 구별된다. 퇴계가 청량산을 '오가산吾家山'이라 할 만큼 사랑했지만, 가서 살기에는 적합하지 않다고 한 것도 이 때문이다. 퇴계종택과 도산서원은 살 만한 땅의 전형이다. 적어도 퇴계의 안목으로는 그렇다.

산의 발치가 물에 잠겨 조용하고 정취가 있는 곳이 도산이었다. 또한 산은 푸른 병풍처럼 둘러 있어서 '동취병산東翠屛山', '서취병산西翠屛山'이라 했다. 그래서 고인들은 도산의 풍광을 '하늘과 땅 사이에 있는 별천지'라 하고, 그 산색과 물색을 '금수 산빛(錦繡山光)'과 '유리 물색(琉璃水色)'이라 했다.

도산의 강산은 진정 아름답다. 아니 절묘하다. 낙동강 1,300리를 흐르는 동안 유일하게 이곳 30~40리에서만 그런 모습을 연출했다.

▍도산서원도(표암 강세황 작)

이중환은 "도산에 이르러 낙동강은 비로소 강이 되었다" 했다. 그러나 내가 보기에 강은 도산에서 시작되었고 도산에서 끝나 버렸다. 강은 도산에서만 여울과 굽이와 소沼와 들과 협곡 등을 한꺼번에 빚어냈고 그것으로 그만이었다. 도산을 벗어난 상, 하류 어디에도 이런 지형이 없다.

상류에는 협과 굽이는 있으나 소와 들이 없고, 하류에는 들은 있으나 소, 내, 곡, 협이 없다. 상류에서는 거친 물이 산을 비집고 조급하게 흐르며, 하류에서는 끝없는 모래 위를 그저 정처 없이 흐를 뿐이다. 안동 앞의 낙동강을 보라. 같은 안동이지만 어느덧 사행천이 되어 넓디넓은 백사장을 유장하게 흐를 뿐이다. 초로의 피로가 역력하다.

20세기 초, 정확히 1913년까지 도산은 '예안禮安'이라 했다. 이중환의 기록처럼 어디까지나 '안동의 하회'이며 '예안의 도산'이었다. 역사도 안동은 『영가지』에, 예안은 『선성지』에 기록했다. 예안사림과 안동사림은 구분되었고, 예안향교는 안동향교를 선도했다. 예안향교는 영남 여론의 진원지였다.

지난날 예안은 예안을 둘러싸고 있는 재산, 내성, 춘양 등이 모두 안동이었으므로 마치 섬처럼 존재했다. 정말 기이한 행정 구역이었다. 안동은 유교 직할시이고 예안은 그 속에 독립된 유교 특구였다. 그래서 안동문화는 "안예문화安禮文化라고 해야 옳다"는 말이 생겨나기도 했다.

안동댐은 이런 도산 문화에 결정적 타격을 주었다. 예안읍은 수몰되었고, '도산구곡'도 6곡까지 폐허가 되었다. 그 결과 대여섯 개의 하회마을이 간단히 수장되었고, 도산서원 하나만 달랑 남았다. 그래서 어느 학인은 "도산길은 슬프다"고 했다.

도산서원 역시 상처받기는 마찬가지다. 댐 건설이 풍광에 치명적인 상처를 주었다면, 보상 차원에서 추진된 성역화 사업은 더욱 치유되기 어려운 내과 수술이 되었다.

사람들은 도산서원이 보존되었음을 그나마 다행이라고 생각할지 모른다. 그러나 내 생각은 다르다. 도산은 퇴계에게 몽매에도 잊지 못할 터전이었는데, 그것은 바로 산수 조화 때문이었다. 그러나 호수로 변하고 산천이 망가진 오늘의 도산은 적어도 퇴계가 염원한 도산은 아니다.

▌1960년 무렵 도산서원

도산서원 성역화 사업은 어떤가? 그것은 원형은 물론 남아 있는 유적마저 변형했다. 지금 보면 댐 축조 당시의 우물, 못, 담, 계단, 길, 심지어 나무 한 포기까지 어느 하나 원형이 남아 있지 않다. 도둑을 막기 위해 그렇게 높은 견고한 담을 만든 것인가?

'못(淨友塘)'이 미어질까 두려워 그런 육중한 장대석으로 쌓은 것인가? '우물(冽井)'이 없어질까 그렇게 변형한 것인가? 위기지학爲己之學과 경敬 공부의 적지 도산은 사라졌다. 어쩌면 퇴계가 벌써 이곳을 떠나 버렸는지도 모를 일이다.

유적을 잘 보호함은 후손된 도리다. 정말 성역처럼 지켜야 한다. 그러나 유적을 성역처럼 만드는 일은 바람직하지 않다. 성역화는 인물의 우상을 전제한다. 성역과 우상은 인물을 무겁고 무서운 존재로 만든다. 그래서 아무도 가까이할 수 없는, 또는 가까이 가고 싶지 않은 박제된 인물로 만든다. 있는 그대로의 유적과 인물이어야 한다.

지금이라도 도산서원을 그 옛날 모습대로 돌려놓기를 희망한다. 가령 담장만이라도, 우물만이라도 내 어릴 때의 모습 그대로 복원되기를 바란다. 그래서 최소한 관광객들에게 퇴계가 종합 캠퍼스의 총장 같은 모습으로 인식되지 않기를 바란다.

도산서원은 퇴계의 숨결과 체취를 느낄 수 있는 그런 분위기로 조성해야 한다. 퇴계는 '무거운 퇴계학'과 '근엄한 퇴계'에서 벗어나 언제든지 대화를 할 수 있는 따뜻하고 다정다감한 우리의 선조여야 한다. 퇴계는 사실 그런 분이셨기에 더욱 그러하다.

도산서원은 궁극적으로 퇴계의 숨결과 호흡이 매화와 난의 향기같이 은은히 퍼지는 그런 곳이어야 한다. 이를 지킴이 우리 후손들의 책무이다.

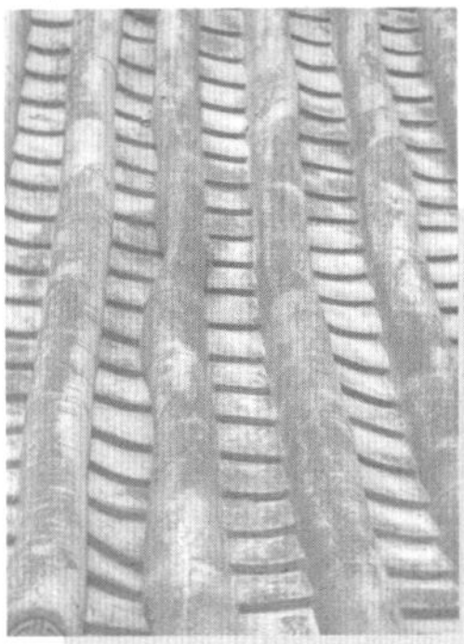

제4장

사랑의 시선
퇴계에게 교육은 무엇인가

1. 충고하지 않은 퇴계

1) 형제 사이에 잘못이 있으면 서로 말해 주어야 하지 않습니까 –충고하지 말라–

우리는 뜻밖에 가족들 사이의 상처로 가슴 아파한다. 까닭 없이, 이유 없이, 대책 없이 상처를 많이 준다. 상처받음에는 예민하고 상처 줌은 관대하다. 상처 줌을 '사랑'이라 여기기까지 한다. 이것이 가족 상처의 주범이다.

그뿐만이 아니다. '애인'과 '친구' 등, 우리가 가장 가깝게 만나는 사람들이 행복을 담보하는 원천이라 생각하지만, 사실은 인생을 가장 견디기 힘들게 하는 대상이다. 이들이 곧 상처의 진원지이고 고뇌의 근원이다.

'청포도', '광야' 시로 유명한 저항시인 이육사의 고향은 안동 '원촌遠村'이다. 생가터에 가면 청포도 조형물 옆에 또 다른 비석 하나가 있다. '육우당유허지비六友堂遺墟址碑'. 즉 "여섯 형제가 살았던 터를 기리는 비"라는 뜻이다. 이육사 이야기는 없고 웬 여섯 형제 이야기인가?

이육사는 6형제였고 우애가 남달랐다. 조부들의 우애는 더욱 남달랐다.

이육사 장조카 이동영 교수의 글에는 이 비가 세워진 연유가 이렇게 설명되어 있다.

"고조는 아들 3형제를 두었는데, 만휘, 만철, 만정이라 했다. 장자 만휘가 아들 없이 일찍 죽자 만철은 외아들 중직中稙을 형에게 양자 보내고 자기는 동생 만정의 아들을 양자 했다. 만철은 1살의 어린 아들을 큰집에 세우고 형수를 위로하기 위해 서슴없이 바쳤다. 중직은 육사의 조부이다. 이런 내림인지 이 집의 후손들은 한 집도 창씨개명하지 않았다. 육사의 여섯 형제는 콩이 한 개면 여섯 조각으로 나누어 먹었고, 성장해서도 내 것 네 것이 없이 지냈으며, 의복도 맞으면 서로 바꾸어 입고 나가 남들이 여유가 있는 줄 알았다고 했다. '육우당비'는 이런 연유로 세워졌다."

이육사 집안의 우애는 이 마을 입향조入鄕祖인 이구李榘(1681~1761)의 유훈 때문인지도 모른다. 이구가 후손들에게 남긴 유훈 한 가지는 "형제간에 혹 언짢은 일이 있더라도 참고 또 참아라"였다.

이구의 이런 유훈은 조상 퇴계의 유훈을 이은 것이 아닌지 모르겠다. 『퇴계언행록』에 이런 구절이 있다.

"형제 사이에 잘못이 있으면 서로 말해 주어야 하지 않습니까? 하고 어느 제자가 물으니, 퇴계가 말하기를, '우선 나의 성의를 다하여 상대방을 감동하도록 한 다음에라야 비로소 서로의 의리를 해치지 않을 것이다. 성의 없이 대뜸 나무라기만 한다면 반드시 서로 사이가 소원해질 것이다. 그래서 옛날 말에 형제간에는 항상 기쁘고 즐거운 모습을 보여야 한다고 했는데 진실로 이 때문이다' 하였다."

원문: 問 兄弟有過則 可相言之否 曰 但當致吾誠意 使之感悟然後 始得無害於義 若誠意不孚而 徒以言語正責之則 不至於相疎者幾希矣 故曰兄弟怡怡 良以此也

우애는 어렵다. 형제는 선의의 경쟁자이기 때문이다. '우애'가 하나의 덕목으로 존재함은 우애가 그만큼 어렵다는 반증이다. 그 어려움을 퇴계는 '대뜸 나무라기만 하기 때문'이라 했다. '성의를 다한 감동'을 전제했다. 성의 없고 감동 없는 충고는 상처만 준다는 논리이다.

충고는 인간관계를 훼손시키는 데 특효제이다. 애정과 우정을 잘 가꾸어 가고자 하는 자 가장 유념해야 할 한마디는 '충고하지 마라'이다. 충고는 애정과 우정에 금이 가게 하는 비수다. 금방은 모른다. 나를 위한 것이려니 생각한다. 그런데 그게 그렇지 않다. 어느 날부터 나를 위한 그 충고는 은근한 부담으로 남아 그와 내가 정서적으로 함께하기 어려운 사람이라는 것을 서서히 인식하게 만든다.

충고는 충고하는 사람의 처지에서는 꼭 해주고 싶은 말이지만, 충고받는 사람 입장에는 그리 도움이 되지 않는다. 힘든 일상에서 충고의 무거움을 즐겁게 안고 살아갈 사람은 천지에 없는 법이다. 칭찬이 아니라면 차라리 침묵이 낫다.

▌이육사(이원록)

▌육우당유허지비

2. 충고하는 퇴계

1) 한 통의 편지는 사람의 영혼을 흔들 수 있다 -퇴계의 편지 교육-

퇴계의 학생 교육이란 '편지 교육'이라 해도 과언 아니다. 편지를 써 줌과 편지 받음의 형식과 인사가 교육의 핵심이었다. 그 편지가 퇴계를 존경하게 되는 결정적 계기가 되었다.

퇴계의 편지는 감동의 물결이 넘치도록 하는 마력이 있었다. 고매한 인격을 지닌 노학자의 정성이 깃든 다정스러운 편지였으니 당연한 결과였다.

상계나 도산에서 퇴계의 일상은 독서, 저술, 교육으로 요약된다. 이 가운데 저술이 압도적 비중을 차지한다. 저술은 다시 시 쓰기와 편지 쓰기로 구분된다. 시는 2,270여 수, 편지는 3,118여 편 남아 있다.

시는 고요 속에서 내면을 가꾸는 위기지학의 요체였고, 편지는 외부 세계와의 단절을 극복하는 수단이었다. 특히 편지를 주목할 만한데, 퇴계의 교육에서 핵심적인 역할을 했기 때문이다.

퇴계의 편지 쓰기는 생애 후반기로 가면 더욱 왕성하다. 68세 311편, 69세 282편, 운명의 70세는 291편 썼다. 60세 이후에는 평균 3일에 두 편씩 쓴 셈이다. 거의 초인적이다.

분류해보면, 명사 70편, 벗과 지인 476편, 문인 1753편, 집안사람 819편을 썼다. 주요 인물과 편지 수를 살펴보면 다음과 같다.

이름	편지 수	이름	편지 수
• 이문량	143	• 조 목	159
• 기대승	85	• 황준량	87
• 김성일	28	• 정유일	176
• 김취려	86	• 우성전	40
• 구봉령	59	• 이덕홍	47
• 금난수	41	• 권호문	30
• 김부필	7	• 김부륜	58
• 이 정	38	• 류성룡	5
• 류운룡	38	• 배삼익	19
• 정 탁	16	• 정 구	6

한 통의 편지는 사람의 영혼을 흔들 수 있다. 심산무림 가운데에 은거한 당대의 학자 퇴계에게서 온 겸허하고 가식 없고 정성스러운 편지는 무한한 존경심을 불러일으켰다. 그러니까 퇴계의 편지는 충고해주기를 열망하는 친지, 제자들에 대한 충고 없는 충고이기도 했다.

퇴계는 끊임없이 충고하고 있다. 퇴계처럼 많은 충고를 한 분도 없다. 다만 그 충고가 너무 따뜻하고 다정다감하며, 또한 편지라는 매체를 통해 이루어졌으므로 당사자에게는 거의 충고처럼 느껴지지 않았다. 조목에게 보낸 몇 편의 편지는 아주 예외라 할 수 있다.

아래 '퇴계식의 충고'가 담긴 편지 한 편을 소개한다.

2) 들으니 공公께서는 부부가 화목하지 못하다고 하는데
–이함형에게 보낸 편지–

1569년 퇴계 나이 69세, 19세의 이함형은 멀리 순천에서 찾아온 마지막 제자였는데 부부 사이가 좋지 않았다. 모두 말했지만 퇴계는 모른 척했다. 이함형이 떠나는 날 편지 한 통을 주었는데, 봉투에 이렇게 적혀 있었다. '노차밀계간路次密開看.' '도중에 몰래 보고 버려라'는 것이었다. 그래서 몰래 뜯어보니 놀랍게도 자기 부부의 이야기가 적혀 있었다.

스승과 제자 사이, 직접 말하고 충고해도 아무런 문제가 없을 것 같은데 퇴계는 그렇게 하지 않고 있다. 상처받지 않도록 세심하게 배려하고 있다. 정성과 감동을 담은 간접적 지도 방법이다. 부인을 구박하던 이함형이 다시 좋은 부부가 되었음은 말할 것도 없다. 편지 일부분은 이러하다.

> "들으니 공公께서는 부부가 화목하지 못하다고 하는데, 무슨 이유로 그런 불행이 있는지 알 수 없습니다…… 대체로 (여자의) 성품이 좋지 못해 소박을 자초하는 외에는 대부분은 남편이 (자신을) 반성하고 잘 보살피면 부부의 도리를 잃고 가정이 파괴되어 더할 수 없는 각박한 인간으로 전락되는 지경에는 이르지 않은 법입니다.

저의 경우를 말해 주겠습니다. 저는 두 번 장가를 갔으나 한결같이 불행했습니다. 그러나 한 번도 박대하려는 마음을 가져 본 적이 없으며, 그저 애써 잘 지내려고 노력하며 살아온 것이 여러 해, 그 사이 마음이 흔들리고 번민과 고뇌로 견디기 어려웠던 때도 없지 않았습니다.

그렇다고 어찌 인정을 돌릴 수 있겠습니까? 어찌 내 마음대로 인간의 도리를 소홀히 하여 홀로 계시는 어머니가 근심하도록 하겠습니까? 공께서는 마땅히 반복해서 생각하고 반성해야 합니다. 끝내 고치지 못한다면 학문을 하면 무엇하며, 실천한다 한들 무슨 의미가 있겠습니까?"

원문: 似聞公有琴瑟不調之歎 不知因何而有此不幸……其中除性惡難化者 實自取見疎之罪外 其餘皆在夫反躬自厚 黽勉善處以不失夫婦之道 則大倫不至於斁毀 而身不陷於無所不薄之地 滉所嘗經者告之 滉曾再娶 而一值不幸之甚 然而於此處 心不敢自薄 黽勉善處者殆數十年 其間極有心煩慮亂 不堪擾悶者 然豈可循情 而慢大倫 以貽偏親之憂乎 公宜反覆深思 而有所懲改焉 於此終無改圖 何以爲學問 何可爲踐履也

퇴계는 정말 '성의를 다한 감동의 편지글'을 썼다. 위 편지가 그렇다. 그 누구에게도 말하고 싶지 않았을 자신의 부부생활에 대해 고백하고 있다.

퇴계는 상처喪妻하고 재혼했는데, 두 번째 부인은 말하자면 '좀 모자라는 여인'이어서 말할 수 없는 고통을 주었다. 16년 세월, 자녀도 두지 못한 이 여인은 온갖 실수를 하여 퇴계의 체통을 훼손시켰다.

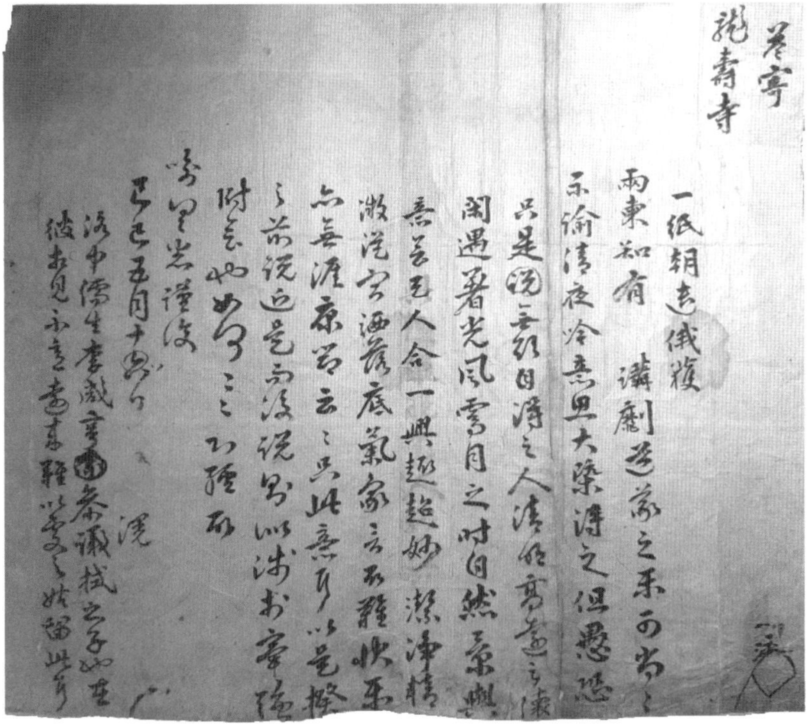

퇴계 편지. 편지 끝으로 이함형의 부자 이름이 보인다. ⓒ농암종택 소장

'체통을 훼손시킨 이야기'는 지금도 가끔 화제가 되곤 할 정도이다. 그러나 퇴계는 그 누구에게도 불평 한마디 않았다. 그런데 이제, 자신의 영원히 감추고 싶었을 비밀을, 그것도 50세 연하의 어린 제자에게 고백하고 있다.

당대 최고의 인품을 지낸 학자의 내밀한 고백이 담긴 이런 편지를 받고 감동받지 않을 제자가 어디 있겠는가! 퇴계의 편지는 감동 교육 그 자체였다.

그뿐만 아니다. 퇴계의 편지는 형식적인 측면에도 눈여겨볼 요소가 있다. '글 쓰는 기법'이다. 가령 위에 소개한 편지 행간에 "대체로 (여자의) 성품이 좋지 못해 소박을 자초하는 외에는 대부분은 남편이 (자신을) 반성하고 잘 보살피면 부부의 도리를 잃고 가정이 파괴되어 더할 수 없는 각박한 인간으로 전락되는 지경에는 이르지 않은 법입니다"의 표현 등이 그렇다.

대부분 남자의 잘못으로 돌리는데, 그 문맥이 이처럼 모두 완곡하다. 이는 충고의 충격을 흡수하는 효과가 있다. 충고의 예봉을 무디게 하여 읽는 자의 아픔을 덜어준다. 한없는 겸손의 말, 즉 '겸사謙辭'를 사용하는 기법이다.

물론 퇴계의 편지는 '한문'이어서 알기 어렵다. 그렇지만 한문 편지의 행간에 이런 측면을 담고 있다. 오운吳澐의 기록을 보면 "21세에 부인 허씨를 맞이하여 서로 공경하기를 손님처럼 하였다"고 했다.

또 다른 특징은 '휘날려 쓰지 않는다'는 점이다. 김성일의 목격담에 보면, "선생님은 젊을 때부터 반드시 해서楷書를 썼고, 과문科文이나 잡서雜書 등을 베낄 때도 날려서 쓰는 일이 없었다" 했다. 남에게 써 달라고 한 적도 없는데, 이는 대개 남들의 '휘날려 쓰는 글씨(亂書)'를 매우 싫어했기 때문"이라 했다. 이는 사실인 것 같다. 지금 남아 있는 퇴계의 글씨들을 보면 한결같이 단아하다.

'겸사'의 또 하나는 자신을 낮추는 방식이다. 퇴계 편지에는 자신의 이름, 황滉이 적시되어 있다. 모든 편지가 그렇다. 윗 글에도, "저의 경우를 말해주겠습니다. 저는 두 번 장가를 갔습니다(滉所嘗經者告之 滉曾再聚)"에 거듭 쓰고 있다. 자신을 낮추고 상대를 높이는 가장 분명한 자기표현이다. 또 상대에게 '공公'이라 한다.

이 글에도 '공'을 썼는데, 이함형으로서는 정말 과분하다. '공'은 극존칭이기 때문이다. 자신은 낮은 신분의 황滉이고, 당신은 귀한 신분의 '공'이라는 의미이다. 그것도 50세 연하 제자에게 말이다. 당대 석학이 방금 찾아온 학생에게 거듭 "저는 이렇습니다, 저는 이렇습니다" 했다.

'학생 존경'과 '충고하지 않음'은 퇴계 교육의 핵심이다. 그래야만 선생과 학생 사이 신뢰가 형성되기 때문이다. 신뢰가 없다면 어떠한 인간관계도 이루어질 수 없다.

글씨는 인품을 나타낸다고 했던가. 인품 그대로다. 많은 글에는 '황滉'이라는 이름을 썼고 사인까지 또렷하게 했다. 그래서 퇴계의 편지는 하나의 작품으로 존재한다. 퇴계의 편지가 지금 골동품 시장에서 최소한 수백만 원 이상을 호가함은 이런 작품적인 요소도 작용하지 않는다 할 수 없다.

퇴계의 인품은 퇴계 교육의 본질이다. 따뜻한 인본주의이다. 퇴계 68세 때, 아이를 낳은 증손부가 젖이 부족하여 갓 아이를 낳은 여종 학덕이를 유모로 하고자, "학덕이를 서울로 보내주세요" 할 때 답변이 그런 한 예라 하겠다.

이때 답변이 퇴계 인품 그대로였다. "남의 자식을 죽여서 자기 자식 살리는 것은 매우 옳지 못하다"였다. 반대였고 거절이고 꾸짖음이었다. 노비는 재산이 아닌 사람이었다. '그 아이'는 결국 두 돌 조금 지나 죽었는데, 퇴계에게는 사랑스러운 증손자였다.

여담이지만, 퇴계의 편지를 보고 있노라면 요즈음 서도를 한다고 하는 사람들의 글씨 쓰는 일이 조금 우습게 보이기도 한다. 무엇이 문제인가? 해서楷書는 쓰지 않고 전서篆書나 초서草書부터 쓴다. 글씨는 해서를 충분히 써야 한다. 그렇게 익숙해진 이후에 전서, 초서를 배워야 한다. 사실 과거의 글씨 교육에는 해서 이외는 별로 가르치지도 않았다.

'바른 글씨의 길, 서도書道'는 이렇게 되어야 하지만 지금 서도 환경은 전연 그렇지 않다고 한다. 더욱 놀라운 일은 이렇게 출품된 전서, 초서들이 버젓이

대상, 장원을 한다고 하니, 서도가 아니라 서예書藝가 판을 치고 있는 모양이다. "틀린 글씨를 쓴 사람의 글씨가 대상"이라는 신문 기사는 이런 연유에 기인하는 것인지도 모를 일이다.

글씨 쓰는 일은 인품의 수양이지 기교가 아니다. 이런 관점에서 퇴계의 글씨는 또한 모범이 된다.

3. 선생의 편지 『사문수간』

1) 나의 제안은 조금도 이해하고 받아들이지 않으니 어찌 된 일입니까? -퇴계의 조목 충고-

퇴계는 충고를 극도로 아낀 사람이다. 충고는 곧 인간관계에 상처가 된다고 굳게 믿었다. 형제들 사이에도 "정성을 다하지 않는 충고는 상처만 남긴다" 했다. 제자들에게도 그러했다.

제자들의 끊임없는 충고에 대한 열망에도 불구하고 충고하지 않았다. 이런 연유로 퇴계는 사관들로부터 "한 번도 남의 잘잘못을 말한 적이 없다未嘗言人之過"라는 평을 듣기도 했다.

그런데 오직 한 사람, 조목趙穆에게는 그렇지 않았다. 충고했다. 그것도 매우 아프게 했다. 조목은 퇴계 제자 가운데 유일하게 충고를 받은 사람이 아닌가 한다. 왜 그랬을까? 조목에게 한 충고를 통해 우리는 퇴계가 왜 위대한 교육자인지, 그리고 충고는 어떻게 해야 하는지를 깨닫게 된다.

충고의 수단은 편지였다. 퇴계는 여러 측면에서 빛나는 업적을 남겼지만, 가장 주목되는 부분이 편지 교육이다. 퇴계의 학생 교육이란 사실 편지 교육이라 해도 과언이 아니다.

조목은 퇴계로부터 가장 많은 편지를 받은 사람 중 한 분으로, 생애 171통의 편지를 받았다. 그 가운데 109통을 정성스럽게 묶어 책으로 남겼는데, 『사문수간師門手簡』이라 했다. 말하자면 '선생의 편지'다.

편지에는 세 가지 정도 충고가 들어 있다. 첫째는 성격에 대한 충고다. 가령 조목이 37세 때, 금난수와 함께 퇴계를 모시고 오담烏潭에서 뱃놀이를 할 때의 일이다. 오담 소沼의 이름을 고치는 문제로 퇴계와 몹시 다투었다. 발단은 퇴계가 '오烏'자는 아무 근거가 없다는 말을 듣고, 새롭게 '풍월담風月潭'으로 고치자고 제안하자, 조목이 "어찌 다시 (제가 소유한) 이 소沼마저 가지려고 하십니까?" 하며 거칠게 항의했다. 퇴계는 말없이 돌아갔고 곧 편지를 보내왔다.

'말 없음의 대응'은 '충고하지 않음'과 더불어 퇴계 교육의 핵심이다. 충고는 오로지 편지로만 했다. 어디까지나 간접적인 방법을 사용하고 있다. 편지 내용은 이러하다.

> "어제 배 위에서 한 말과 그대의 얼굴을 살피니 나의 제안은 조금도 이해하고 받아들이지 않으니 어찌 된 일입니까? 사람 기질의 약점은 '강함(剛)'과 '유약함(柔)'에 많이 나타납니다. 내가 보니 두 사람 모두 학문을 한다고 하면서도 약점을 바로잡으려고 하지 않고 오히려 쓸데없는 객기로 다투기만 합니다. …… 바로 말하면 금군琴君은 비록 '유柔'함에 가까우나 유연한 데는 이르지 못하며, 가끔은 바름에 이르려고도 합니다. 그런데 그대는 '강剛'하다고 자부하나 굳건함에는 이르지 못하며, 도리어 몹시 사납고 조금도 겸손함과 공손함이 없어 다른 사람들의 말을 받아들일 뜻이 없습니다. 그러니 덕을 해치고 일에 방해됨이 금군의 행위보다 여간 심한 것이 아닙니다."

원문: 昨日舟中奉規之言 看君意象 略不領略 何耶 人氣質之病 多見於剛柔二字……以滉所見 兩君皆不事學問 以矯其偏 只以客氣相爭…未見其一可也 又究極言之 琴君雖近於柔 不盡爲柔軟 而或出於正 公雖自負於剛 而不盡爲剛善 反多出於强戾暴悍之病 少無謙恭遜順虛以受人之意 其害德防物 有甚於琴君之爲

두 번째는 음주에 대한 충고다. 조목은 성격이 직선적이어서 술을 마시면 그대로 표현해 버렸다. 다음 편지는 이를 충고한 것으로, 매우 이례적이다.

"전에 여러분들이 고을 원과 술을 마실 때 많은 실수를 했지만, 마침내 허물이 그대에게 돌아가는 것은 말이 다른 사람에 비해 거만했기 때문입니다. 또 들으니 그대가 원을 쌍벽정에서 만났을 때 원이 큰 그릇으로 권했다고 하며 취한 나머지 멸시와 모욕으로 의심하여 성낸 표정으로 말하고 일어나 원이 매우 괴이하게 여겼다고 하니 정말 그랬는지 모르겠습니다. 원이 마시지 않고 그대에게만 권했다면 모욕하는 뜻이 없지 않았겠으나, 이미 자신이 마시고 권했으니 뭐 그리 모욕이라 하겠습니까?

강직한 것은 군자의 덕이나 지나치면 포악해지고 분을 내는 지경에 빠지는데 과거 그대 행동을 가만히 보면 이러한 성품이 있고, 술을 마실 때마다 그런 성격이 나타나니 결코 작은 근심이 아닙니다."

원문: 年前諸君與城主 相從於杯酒間 多有失言 非獨君也而卒歸疵於君者 以君言比他尤近倨傲故也 又聞君嘗見 城主於雙碧 城主引大椀以屬君 君時已醉 疑城主以大器相慢辱 發忤色忤言 不肯飮 徑起趨出 城主甚以爲怪云云 未知信否 城主不飮而先飮君 則果似相嫚 旣先飮而相屬 何疑於嫚乎 剛雖君子之德 少過則入於暴悍强忿從來竊瞯君資 有此根本 而又每發於酒後 此尤非小患

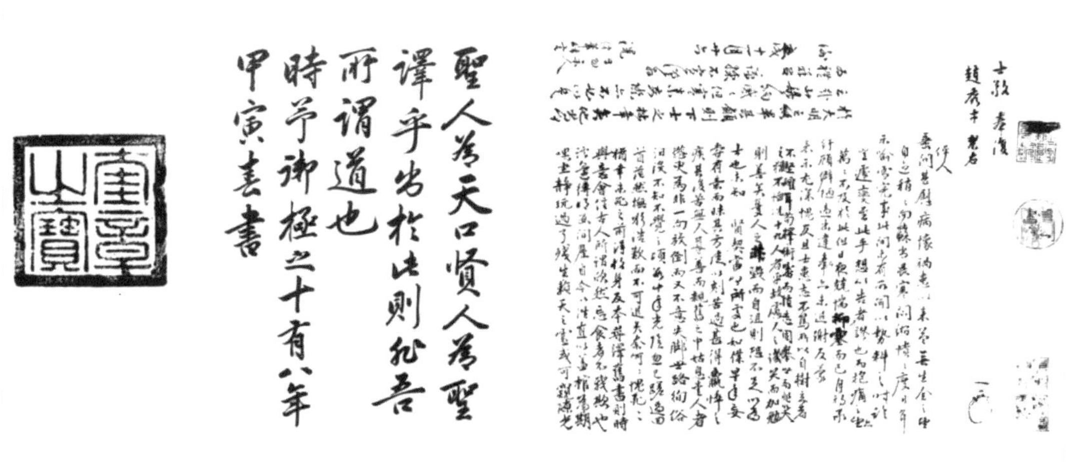

▌『사문수간師門手簡』과 퇴계의 편지 ⓒ문화재청

세 번째는 자만에 대한 충고다. 조목은 일찍부터 학문에 대해 상당한 자부심이 있었다. 가령 41세 때 김성일, 우성전 등과 함께 공부하다가 의견이 틀리자, 다음과 같은 시를 써서 학문에 대한 자부심을 피력했다.

강북, 산 남 큰 스승 모시고	水北山南謁大師
여러 벗과 천고의 의문을 토론했네.	群朋一室析千疑
돌아오는 십 리 강촌 길	歸來十里江村路
숲을 찾는 새들만이 아네.	宿鳥趨林只自知

그렇지만 이 시에 대해 퇴계의 평가는 아프고 직접적이다. 평가의 글은 이러하다.

"'돌아오는 십 리 강촌 길, 숲을 찾는 새들만이 아네'라는 구절은 바로 그대가 '사람들이 알지 못하는 것을 초연히 홀로 터득했다'고 스스로 말하는 것입니다. (이런 표현은) 시인의 낭만적 표현이라면 훌륭하나 학문하는 사람의 자세로 본다면 여간 잘못된 구절이 아닐 수 없습니다. 너무 빨리 자부하기 때문입니다. 겸허하게 물러서며 온후의 뜻이 적으니 덕에 나아가는 공부에 방해가 되지 않을까 두렵습니다."

2) 선생의 아름다운 품성은 퇴계를 만나서 완성되었고
-사랑이 있는 시선-

퇴계는 정성을 다한 감동을 전제했다. 그렇지 않으면 충고는 돌이킬 수 없는 상처를 준다고 했다. 그런 퇴계였기에 제자에게도 정성을 다한 글을 썼다.

조목과 퇴계 사이에 일어날 수 있는 '충고의 상처'는 '정성을 다한 감동'의 윤활유가 있었기에 가능한 일이었고, 그 수단이 편지였다. 스승의 충고를 진정한 충고로 받아들일 줄 아는 조목의 또 다른 성정이 있었기에 이런 충고의 왕래가 가능했음은 말할 필요도 없다. 조목의 폭발적인 성격은 이로써 보석으로 다듬어져 갔다.

조목의 자기반성의 글은 이러하다.

"신해년(1551) 정월에 선생을 퇴계로 찾아뵈었다. 선생이 종일 주신 가르침은, 뜻을 세움이 독실하고, 행동이 말에 따르지 못함에 관한 것이었는데, 다정하고 친절하게 훈계하는 말씀이 모두 나 자신의 인격도야를 위한 절실한 말씀이었다."

조목은 이후 퇴계 최고 제자의 한 사람으로 자리매김했다. 그뿐만 아니다.

퇴계 사후 퇴계학파를 선도하여, 장례와 도산서원 건립과 『퇴계집』 간행을 주도했다.

조목은 퇴계 최초의 제자이자 최후의 제자였다. 그런 인간적 연緣은 사후에도 계속 이어져 퇴계의 제자 중 도산서원 사당에 유일하게 종향從享되는 영광을 얻기까지 했다. 정온이 쓴 조목의 '묘갈문'은 이러하다.

> "선생의 아름다운 품성은 퇴계를 만나서 완성되었고, 퇴계의 도학은 선생을 얻고서야 빛을 발하였다. 선생이 아니라면 누가 퇴계의 가르침을 받을 수 있었을 것이며, 퇴계가 아니라면 누가 선생의 깨달음을 간직할 수 있게 이끌어 주었겠는가!"

퇴계의 편지는 사랑을 가득 담은 시선이었고, 그 시선은 조목의 전 생애를 비추어주었다. '스승과 제자', 그리고 '교육'은 무엇인가? '사랑이 있는 시선'이 그 답이 아닌지 모르겠다.

사랑이 있는 시선이 있다면 그곳에는 이미 스승과 제자가 있는 것이며, 스승과 제자가 있다면 이미 교육은 이루어진 것이 아닌가. 교육이 별것인가? 온갖 교육이론과 교육행정을 말하는 자, 사랑이 있는 시선을 먼저 가지기를 권유하고 싶다.

이 시대 '교육'이란 단어가 부정적 화두가 되어 끊임없이 거론됨은 청소년을 향한 사랑의 시선이 부족한 기성세대들의 자세에 기인하고 있다. 이 시선 속에 진정한 인생의 약이 될 수 있는 '충고'를 어떤 학생에게 어떻게 사용해야 하는가를 곰곰이 생각하고 생각해야 한다.

▌월천서당

교육은 사람을 변하게 한다. 변화시키는 것이 또한 교육이다. 퇴계의 편지 교육은 조목을 변모시켰다. 어떻게 변모했을까?

조목이 마침 퇴계를 묘사한 글이 있어 읽어보니 문득, 글을 쓴 조목의 인품이 이미 이 경지에 와 있었던 것이 아니었을까 생각되어 소개한다. 안목이 있고 표현할 줄 알면 그도 이미 그 경지에 올라 있음이 틀림없다. 조목의 퇴계 평가는 이렇다. 『퇴계언행록』에 나오는 말이다.

> "선생은 천품이 영오穎悟하고 신채神彩가 정명正明하였다. 기질은 온화하면서도 굳세고, 언어는 완곡하면서도 직선적이었다. 학식은 해박하며 요령 있고, 행동은 온전하며 독실했다. 청정하되 과격하지 않고, 참여하되 굳이 바로잡으려 하지 않았다. 옛것을 흠모하되 응체되지 아니하였고, 세상에 섞여 살았지만 세속에 흐르지 않았다."

참고로, 퇴계의 교육 자세에 대한 여러 모습 가운데, '언행록'에 나오는 기록을 두 가지 정도 옮겨본다. 우성전과 정사성이 쓴 기록이다.

> "평소에 날이 밝기 전에 일어나서 조용히 방안에 앉아서 마음을 추슬러 공부하고 사색하는 것이 마치 조각 같았다. 그러나 배우는 자들이 질문을 할 때는 자세하게 설명하며, 탁 트여서 아무런 의문이 없도록 하니, 아무리 우둔한 사람이라도 모두 감발感發하여 의욕을 갖게 되었다."

> "선생은 앉을 때는 반드시 단엄하고, 손발을 움직이지 않았다. 학생들을 대할 때는 마치 귀한 손님이 있는 듯하여, 감히 올려볼 수 없었다. 그러나 앞에 나아가 가르침을 받고자 하면 화기가 훈훈하고, 강의가 다정하고 친절하며, 처음부터 마지막까지 훤히 통달하여 의심나거나 분명하지 않는 것이 없었다."

3) 혹은 누르고 혹은 높이며 혹은 이끌고 혹은 도와주고, 혹은 분발시켜 나아가게 하고 혹은 따끔하게 질책한다
-개인별 맞춤식 교육-

사람은 살다 보면 좋은 벗도 만나고, 감명 깊은 책도 보게 된다. 젊은 날, 『데미안』에 심취하여 '두 개의 세계'를 벗들과 밤을 새워 이야기하듯 말이다. 필자는 『태양의 계절』을 쓴 일본 작가의 작품, 『젊음의 환희』를 읽고 주인공 다케마와 같은 청춘을 보내고자 열망한 적도 있다. 이렇듯 누구나 애독서가 있기 마련이다.

퇴계에게 『주자대전』의 만남도 그런 각도에서 봐야 하지 않을까? 책 읽기를 좋아한 퇴계가 애독함도 당연하다. 친지들에게 이야기함도 자연스러운 일이다. 글쓰기를 좋아했으니 필사한 일도 크게 이상하지 않다. 마치 주세붕의 '유청량산록'을 애독하고 필사했듯이.

그래서 말했다. "(학문의) 단서를 연 것은 진실로 이 책(『주자대전』)에 힘입음이 있다" 했다. 그 가운데 '편지에 대한 교육'은 "그 뜻이 무궁한데 특히 편지에 더욱 느낀 바가 있었다(其義之無窮 而於書札也 尤有所感焉)" 했다. '편지에 의한 맞춤식 교육'을 상고하고 주목한 소회이다.

1558년, 편지글 모음집, 『주자서절요』를 편집하고 서문을 썼다. 편지글에 대한 평가였다. 감명 깊게 읽었고, 존경하게 되었다고 했다. 서문 일부는 이러하다.

> "편지글은 사람 재주의 높낮이와 학문의 깊이에 맞게 쓴다. 병의 증세를 살펴 약을 쓰고 침을 놓으며, 물건에 따라 담금질을 하는 것과 같다. 혹은 누르고 혹은 높이며 혹은 이끌고 혹은 도와주고 혹은 분발시켜 나아가게 하고 혹은 따끔하게 질책하기도 한다…그 규모가 넓고 크며, 마음공부는 엄하고 정밀하다."
>
> 원문: 至於書札 則各隨其人材稟之高下 學問之淺深 審證而用藥石 應物而施爐錘 或抑或揚 或導或救 或激而進之 或斥而警之……規模廣大 心法嚴密

참고로, 정석태 교수의 역저, 『퇴계선생년표월일조록退溪先生年表月日條錄 색인索引』의 인명 색인에 보면 『퇴계집』에 임금, 가족을 제외하고 가장 많이 등장한 인물은 조목으로 91회 등장한다, 다음으로 이현보 77회, 기대승 62회, 황준량 56회이다.

다음은 김취려 36회, 금난수 35회, 정유일 34회, 이덕홍 33회, 이정 32회, 김성일 29회, 이문량 27회, 권호문 23회 순이다. 주희는 38회이다. 『퇴계집』이 온통 주희로 뒤덮여 있을 것 같지만 실상은 그렇지 않다.

4. 이理는 선하고 기氣는 악하다

1) 공부하는 이유는 기존의 잘못된 견해를 씻어 버리고, 새로운 지식을 이룩하기 위함입니다

–'이선기악理善氣惡', '이기분속理貴分屬'–

퇴계는 자신의 사상과 시국에 대한 대응도 편지를 활용하고 있다. 편지를 주고받는 것은 그 자체가 교육과 학문 교류를 위한 핵심 수단이었다. 한국 성리학의 꽃으로 불리는 기대승과의 8년여에 걸친 이기 논쟁은 대표적인 편지 교육의 예다.

이함형, 조목에게 이미 '맞춤식 교육'을 했다면, 기대승에게는 기대승에게 적합한 '기대승식 맞춤 교육'을 한 것으로 보인다. 현학적 성향의 기대승에게는 이런 논리 천착이 딱 맞은 교육 방법일 수도 있다. 어쩌면 퇴계는 다 알고 있으면서도 기대승을 자신의 학문 광장, 혹은 대화 광장에 두고 싶었던 것은 아니었을까?

이미 조광조는 조정에서 도학 정치를 펼치려다 실패했고, 황준량은 향촌에서 실천에 옮기던 도중 요절했다. 퇴계에게 절실한 것은 대화가 통하고, 학문이 통하는 벗이 필요했던 것은 아니었을까?

논쟁의 초점은 항상 퇴계가 "이와 기는 나누어 소속시켜야 한다"는 이른바 '이기분속理氣分屬'의 주장에 대해, 기대승은 "이와 기를 이물二物로 분속分

屬해서 설명함은 저는 결코 이해할 수 없습니다"였다.

한문은 '兼理氣有善惡 分屬未安'인데, 해석하면 "이와 기 모두 선악이 있는 까닭에 나눔은 (저가 정말 수용하기) 미안한 논리입니다"이다. "이와 기는 일물一物로 나누어 분속 함이 틀렸다"는 것이 기대승의 굽힐 수 없는 논리이다.

퇴계 역시 이기의 관계는 '혼륜混淪되어 분개分開할 수 없다'는 주희의 '불상리不相離'를 물론 인정한다. 그러나 다른 한편으로 '이기는 혼륜될 수 없다'는 '불상잡不相雜'을 유난히 강조한다. 이기가 '결코 섞일 수 없는 이물(決是二物)'이라 했고, 이를 강조하기 위해 별도로 '이기가 일물이 아님을 변증함(非理氣爲一物辯證)'이란 제목의 글을 쓰기까지 했다. 이 글은 기대승의 일물론에 대한 이물론의 답변이다.

왜 그랬을까? 무슨 이유로 그토록 오랜 세월 공통의 답안을 도출하지 못했을까? 지금 봐도 그리 어려운 명제가 아니다. 명석한 두뇌의 두 사람에게는 결코 어려운 문제는 아니었을 것 같다. 그런데 왜 이런 일이 있었을까?

여기서 우리는 정말로 퇴계를 이해해야 하는 주목되는 단서의 글을 보게 된다. 역시 기대승에게 보낸 편지 속에 나온다.

> "덕을 쌓고 학업을 넓히는 이유는, 학설들의 차이점을 살피고, 피차의 득실을 헤아려서, 선철先哲들의 언행을 검증하고, 실재의 사리를 판단함으로써, 기존의 잘못된 견해를 씻어 버리고, 새로운 지식을 이룩하기 위함입니다."
>
> 원문: 謀所以弘德廣業者 考諸說之同異 商彼此以得失 質之以往哲之言 參之以事理之實 濯去舊見 以發新知 『퇴계집』 '답기명언' '논사단칠정 제2서'

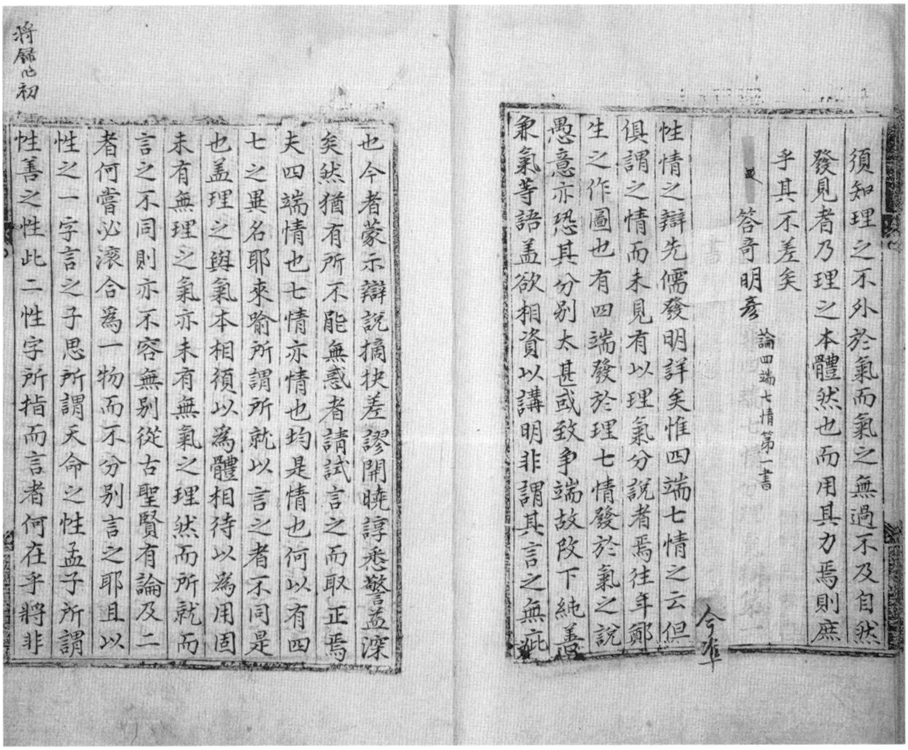

須知理之不外於氣而氣之無過不及自然
發見者乃理之本體然也而用其力焉則庶
乎其不差矣

答奇明彥 論四端七情第一書

性情之辯先儒發明詳矣惟四端七情之云但
俱謂之情而未見有以理氣分說者焉往年鄭
生之作圖也有四端發於理七情發於氣之說
愚意亦恐其分別太甚或致爭端故改下純善
兼氣等語蓋欲相資以講明非謂其言之無疵

也今者蒙示辯說摘抉差謬開曉諄悉警益深
矣然猶有所不能無惑者請試言之而取正焉
夫四端情也七情亦情也均是情也何以有四
七之異名耶來喩所謂所就以言之者不同是
也蓋理之與氣本相須以為體相待以為用固
未有無理之氣亦未有無氣之理然而所就而
言之不同則亦不容無別從古聖賢有論及二
者何嘗必滾合為一物而不分別言之耶且以
性之一字言之子思所謂天命之性孟子所謂
性善之性此二性字所指而言者何在乎將非

▌고봉 기대승에게 쓴 편지 ⓒ한국국학진흥원

퇴계는 기대승에게 묻고 있다. 아니 우리 모두에게 묻고 있다. 우리가 "공덕을 쌓고 학업을 넓히는 이유가 무엇인가"라고. 그래서 답변한다. 그것은 "실재의 사리를 판단하여(參之以事理之實)", "기존의 잘못된 견해를 씻어 버리고(濯去舊見)", "새로운 지식을 이룩하기 위함(以發新知)"이라고.

'실재의 사리 판단'과 '잘못된 견해의 씻음', 그리고 '새로운 학설의 수립'이라는 퇴계의 고백은, 우리가 이제까지 퇴계와 퇴계 철학을 이해하는 자세를 근본적으로 다시 검토해야 하는 근거가 된다. 퇴계는 이런 조건을 충족하기 위해서는 "학설들을 살피고 피차의 득실을 헤아려서 선철先哲들의 언행을 검증해야 한다"는 전제를 분명히 하고 있다.

퇴계의 이 발언을 수용한다면, 우리는 퇴계 철학이 형이상학적인 관념론의 차원에서 철학하는 목적을 지닌 학문으로 규명해야 할 당위가 있으며, "주희의 학문을 그대로 답습했다"는 평가는 정말 재고되어야 한다.

철학의 정의가 '실재에 관한 문제', '인식에 관한 문제', '가치에 관한 문제' 등을 규명하는 것이라면, 퇴계 철학은 이러한 철학의 조건과 부합하는 것인가에 대한 검토는 더욱 절실하다.

2) '천도는 절대 겁낼 일이 없다' 하였으나, 이야말로 진실로 하늘에 크게 죄를 얻는 일이옵니다

-천도의 불변-

그렇다면 퇴계에게 '실재의 사실을 판단'해야 할 현안은 무엇인가? 그리고 이 현안을 어떻게 인식하고 있으며, 그러한 인식에서 대응하는 철학적 논리는 어떤 구조로 형상화 되어 있는가, 요컨대 퇴계가 수립한 '새로운 학문'은 무엇인가?

이미 논의한 "이기는 일물로 분속할 수 없다"는 이론은 기대승의 관점이고, "이기는 이물로 분속되어 있다"는 것은 퇴계의 확고한 신념이었다. 이런 일관된 주장은 밑바탕에 바로 '선악의 분속'을 논리화하는 준거 틀을 마련하고자 하는 깊은 뜻이 있다.

사단칠정론이 선악의 분속 문제에 집중적으로 천착되어 있음은, 선악 개념의 학문적 이론구조를 분명하게 하면서, 한편으로는 인간 심성의 사회적 문제로 관심을 환기시키기 위함이다.

다음 글은 퇴계의 시국관을 시사해주는 중요한 단서가 된다. '무진육조소戊辰六條疏'의 글이다.

"잘 알지는 못하겠습니다만, 전하께서는 장차 무슨 도리로 하늘의 뜻을 감당하시고 재앙의 싹을 소멸시키겠습니까? 옛날 공광孔光은 '천도는 절대 겁낼 일이 없다' 하였고, 안석安石 또한 '천변은 겁낼 일이 없다'라고 하였으나, 이야말로 간사하게 속이고 아첨하는 말로써 진실로 하늘에 크게 죄를 얻는 일이옵니다."

위의 상소문에는 4가지 정도 내용 검토를 요구하고 있다. 이는 곧 퇴계 철학의 바탕인 '천도天道'의 조건과 맞물려 있다. 그 이론은 이기 이론과 함께한다. 그 4가지는,

첫째, 하늘에 대한 퇴계의 근본적 시각은 무엇인가?
둘째, 하늘의 뜻을 어기는 대재앙의 싹은 무엇인가?
셋째, 공광. 안석 같은 인물은 누구인가?
넷째, 큰 죄를 지은 악인은 천벌을 받는가?

퇴계에게 "하늘(天)은 理와 같은 개념이므로(天則理)", 천도를 어기는 행위는 곧 기氣의 작용으로 인식한다. 그래서 '재앙의 싹은 곧 기氣'이며, '재앙의 소멸은 이理'라는 관점에서, "기氣에 가리어 이理가 숨어 버리면 악惡이 된다"라고 했다. 이 표현은 "권간權姦이 당국當國하여 왕에 가린 바가 되어 사림士林의 화禍가 일어났다"는 사신의 평과 흡사하다.

1568년 경연에서 선조 임금이 퇴계에게 남곤의 추가 삭탈관직에 대해 문의하니, 퇴계는 "임금을 욕되게 한 죄는 하늘에 닿았다"고 하며, '시비를 분명히 해야 한다'고 했다. 그 말은 이러하다.

"기묘사화는 바로 남곤과 심정의 간교 때문에 일어난 것입니다. 그래서 마침내는 중종 임금을 욕되게 하였으니 이들의 죄는 하늘에 닿았습니다……조광조는 추증하여 포상하시고, 남곤은 추가로 벌을 주심이 마땅하여, 옳고 그른 시비를 분명히 해야 합니다."

퇴계는 모든 현상을 이와 기로 이해하기 때문에, 시국에 대한 인식 역시 여기서부터 출발한다. 지금 재앙의 싹을 뿌리며 천도를 어기는 집단과 재앙을 소멸시키고자 천도에 순응하는 집단의 '사정상잡邪正相雜'의 혼륜渾淪된 모습이 시국의 현실이라는 인식이다.

전자는 악의 집단이며, 후자는 선의 집단이다. '악의 집단'을 좀 더 구체적으로 보면 훈신과 척신을 중심으로 한 여與적 세력이며, '선의 집단'은 사림과 유생으로 지목되는 야野적 세력이다. 두 집단은 결코 혼륜될 수 없음에도 불구하고 정국은 이 두 집단이 뒤섞여 있다. 그래서 정치 파행이 일어난다.

퇴계는 이런 상황을 "현우賢愚가 혼요混淆하여 국정이 날로 문란하다"라고 했다. 이기의 관계는 결코 공존할 수 없는 "'결시이물決是二物'의 분속된 요소들로 파악하면서, '이기가 일물이 될 수 없음(非理氣爲一物辯證論)'"을 제시했다. 그것은 '사와 정, 우와 현의 공존(邪正相雜, 賢愚混淆)'을 '분명한 모순된 공존(理氣不相雜, 理氣分屬論)'으로 이론화한다. 퇴계의 이기불상잡의 강조와 이기분속론 고수는 결시이물의 이론적 체계를 구체화하는 이론이다.

그래서 퇴계는 사림 집단은 사사로운 정파에 그치는 것이 아니라, 바로 역사를 감당해야할 막중한 책임이 부여되어 있다고 보았다. 따라서 사림 개개인은 역경 속에서도 "항상 불변하고 날로 피폐해가는 세파 속에서도 우뚝 두 발을 굳게 딛고 서 있을 수 있어야 한다"고 하고, 그렇게 하기 위해서는

"스스로가 등뼈를 곧게 세우고 두 발을 굳게 딛고 서 있지 않고서는 진흙 구덩이에 빠지는 것을 면하기 대단히 어렵다"고 했다.

그뿐만 아니다. 퇴계는 "사림의 화가 일어나면 사림 개인에 대한 상해를 가져올 뿐만이 아니라, 그로 인해 국가의 명맥마저 끊길 수도 있다"고 하여, 사림의 존재를 나라의 명맥과 같은 절대적인 것으로 보고 있다. 즉 사림의 안위가 국가 위기의 구제에 시금석으로 작용했다.

퇴계의 편지 속에 녹아 있는 '이선기악理善氣惡', '이귀기천理貴氣賤', '이존기비理尊氣卑' 등의 유사한 표현은 바로 대립한 두 집단의 투쟁적 국면의 성격을 반영한다. 그래서 "이와 기는 공존하면서도 투쟁하는 관계인 것(理氣之相須 或相害)"이다.

이, 기의 개념을 선善, 귀貴, 존尊한 것과 악惡, 천賤, 비卑한 것으로 철저히 분속하여 대비한 것은 이, 기의 상해相害 속성을 나타내면서, 한편으로는 사림 집단과 훈구 집단의 처절한 대결 구도와 연계된다.

요컨대 퇴계의 논리는 '이선기악'과 '이기분속'으로 요약된다. 이 논리는 당시의 정국 동향과 연계하지 않고는 어떠한 설명도 합리적 설득력을 지니기 어렵다. 이 논리는 이미 전제한 '잘못된 견해를 씻고', '새로운 학설의 수립'에 부응한다.

기대승은 이런 연유로 끝내 퇴계를 이해하지 못했으며, 율곡 이이 역시 퇴계와 같을 수는 없었다.

3) 비록 천도는 멀리 있다고 하나 사실은 가까운 것입니다 -대결정국과 이기분속론-

퇴계에게 두 집단의 공존과 투쟁 국면은 이理의 집단이 상대를 기氣의 집단으로 규정하면서, 명분에서 절대적 우위에 위치한다. 이러한 논리는 이理가 하늘의 이치, 즉 천도에서 비롯되는 것으로 믿기 때문에 궁극적 승리, 즉 '이승기패理勝氣敗'는 필연적 귀결로 전제되어 있다.

비록 형세의 향방에 따라 일시적으로는 기의 집단이 득세하는 경우가 없지 않지만, 이것은 사욕으로 비롯된 각종 사건에 불과한 것이기에 역사발전에 별다른 의미 없는 한시적 현상에 지나지 않는다. 마치 공광. 안석 같은 무리의 출현과 같은 돌발적 사건일 뿐이다.

퇴계는 자신의 주장에 대해 확신과 신념이 있었다. 그래서 "비록 천도는 멀리 있다고 하나 사실은 가까운 것"이라 하였으며, "자기 시대가 비록 말세에 가깝다 하더라도 천도는 변할 수 없는 것"이라 하여 낙관적 견해를 피력했다.

그래서 이발理發의 견해에서도 "理가 능히 자도自到하지 않을까 근심하지 않는다"고 했다. 이러한 천도의 불변 논리는 자기 시대가 이미 '천도가 무너진 시대'라는 인식에 기인하고 있음은 두말할 필요도 없다. 퇴계는 자기 시대의 시국을 이렇게 진단한다.

> "오늘날 천변이 하늘에 나타나고 사람의 일은 땅에서 일어나, 큰 재앙이 거듭 발발하여 나라의 운수는 꼭 막혀 백성은 불안하며 변방이 허술해서 군사는 부족하고 식량은 다 떨어졌습니다. 그래서 백성들은 (나라를) 원망하며 신하는 분노하니, 우리나라가 어느 때 이렇듯 위기에 처한 일이 있었습니까?"

그러나 퇴계에게 천도 실존을 굳게 믿는다 해도 정국 추이는 계속해서 선의 집단이 궤멸되는 추세이므로, 정국의 현장에서 한발 물러서는 지혜가 필요했다. 역사에서 '사화士禍'라고 명명된 사건은 곧 '사림의 무고한 재앙'이다. 이것이 천변天變이며 재이災異이다.

천변 현장에서는 한발 물러섰지만, 상황은 계속해서 위기 국면으로 전개되기에 더욱 다양하고 강도 있는 대응 논리가 모색되어야 했다. 하늘이 움직여야 했고, '이도 발해야(理發)' 했다. 천도가 무너지는 위기 국면을 타개해야 했다.

퇴계에게 '천벌 받을 악인'이 천수를 다 사는 일은 있을 수 없는 일이었다. 하늘과 리理는 그렇게 무력하고, 그렇게 무의미한 존재로만 머무르지 않는다. 이런 이유로 "하늘은 하나의 이로써 만물에 명령을 내린다" 하며, "리理는 극존무대極尊無對하여 사물에 명령을 내린다" 했다.

그뿐만 아니다. 자연법칙이면서 한편으로는 인간의 도덕적 규범의 상징인 '태극도설太極圖說'을 그리는가 하면, '사단칠정론四端七情論', '인심도심론人心道心論' 등의 보조논리를 치열하게 전개하고 있다.

천도 불변 인식은 자연스럽게 자라나는 세대에 눈길을 돌리게 하고 있다. 그들을 선의 집단으로 의식화하는 일이다. 개인에게는 자기 무장인 '敬'의 중요성을 끊임없이 강조하며, 집단에게는 서당과 서원을 활용하였다. 경은 악의 근저와 대결하는 긴장되고 엄숙한 상태의 선 집중화 노력이고, 서당과 서원은 사림의 교육 현장이었다. 퇴계는 이렇게 교육받은 신진 세대들이 수권 세력이 될 것을 의심치 않았다.

이렇게 볼 때, 퇴계는 정치 현장에서 한 발자국도 물러서지 않는 셈이었다. 악을 격파하는 논리를 계속해서 제시하는 동시에, 한편으로 차분하고 사려 깊은 인물을 길러 진용을 다시 구축하는 일이었다.

기묘사화와 관련하여 조광조의 실패 원인을 '학문의 부족'으로 단정 지음은 예사로운 지적이 아닐 수 없다. 젊은 이념가의 과격성이 일을 효과적으로 수행하지 못하고 오히려 오류를 저지른 사실을 곳곳에서 지적하고 있다.

그 한 예로, 중 보우普雨에 의해 승과를 설치하자 제자들이 모여서 과거 거부 입장을 표명하자, '그런 약속은 지나치다'라고 하며 반대하고 있다. 기묘사화에 성균관의 학생들이 학교를 비우고 집단데모를 전개한 사실에 대하여 "관을 비우는 것은 임금을 협박하는 행위"이며, "탄압의 구실만 제공하였다"고 진단했다. 조광조 처형에 학생데모가 적지 않게 기여했음은 사실이다.

퇴계는 현실론자이며, 치밀한 성격의 소유자로 시국과 맞서고 있다. 학문적 이론과 행동의 신중함은 집권 세력을 직접적으로 비판. 자극하지 않음으로써 사림세력의 정치적 입지의 확충을 도모하기 위함의 다름 아니었다.

퇴계에게 '도학道學'은 문명국의 학문이다. 도학은 문명국의 건설에 결정적 학문이다. 성인은 문명을 이룰 주체자이며 도학은 그 정수이다. 중국이 문명국으로 존재함은 공자, 맹자, 주자 같은 성인과 그들의 저서 때문이다. 퇴계 역시 이들 성인처럼 되고자 했음은 두말할 필요도 없다.

따라서 퇴계의 개울가 숲속은 저술의 적지일 뿐만 아니라, 악의 예봉을 피하면서 내일을 도모할 수 있는 그런 곳이었다. 단순한 숲속의 은둔지가 아니었다.

도산서당의 '심산무림深山茂林 가운데'는 외부 세계와 단절의 환경을 조성한다. 퇴계는 그런 지형적 단절을 '편지'라는 수단으로 극복하고 있다. '조용한 편지 교육'이었다. 카네기의 명언 '기적을 불러일으키는 편지의 효용성'을 퇴계의 편지가 증명했고 그 기적을 낳았다. 항상 조용하고 낮은 목소리로 말했다. 그리고 치밀하게 실행했다.

"내성적인 사람이 역사를 만든다" 하는데, 퇴계에게도 그런 측면이 있었는지 모르겠다. 선조 즉위와 더불어 등장한 사림 집단의 집권과 이 무렵 퇴계 영향권 인물들의 대거 요직 포진은 결코 우연이 아니었다.

퇴계의 철학과 사상은 우리나라를 야만국으로 전락시키는 악의 집단을 축출하고, 문명국으로 전환시키고자 하는 일련의 노력에서 결정結晶된 것으로, 온몸으로 성찰하고, 온몸으로 인식하며 온몸으로 실천하려고 했던 한 지성적 지식인의 고뇌에 찬 생애를 보여주고 있다. 이러한 생애는 기본적으로 조국을 사랑하고 미래에 희망을 품으면서, 우리나라를 진리의 나라로 끌어올리려는 크고 원대한 우리 민족 모두의 이상과 함께한다.

퇴계는 자신의 시간표를 지켜보면서 내일을 기약했고, 최선을 다하는 생애를 보냈다. 편지는 그것을 담아냈고, 그것은 그대로 도학과 정치와 교육을 위한 방편이 되었다. 상계는 그것을 이루어 낸 1차 현장이며, 도산은 그 2차 현장이었다.

4) 천벌 받을 악인도 천수를 살 수 있으니, 기氣가 작용하면 그렇습니다 -천도의 가변-

그렇다면 이이는 어떠한가. 퇴계는 "천벌 받을 악인은 천벌을 받는다"고 했고, 이이는 "천벌 받을 악인도 천수를 살 수 있다"고 했다. 퇴계는 '공광孔光, 안석安石이 그렇다' 했고, 이이는 '모인某人, 이모李某가 그렇다' 했다.

이이는 심지어 '천벌 받을 악인이 천수를 산다'는 구체적인 사례로 남곤을 지목하여, "남곤의 참소는 죄가 오형으로도 오히려 가벼운데, 마침내 안방에서 편안히 죽었으니, (그 죄악은) 죽은 뒤 벼슬을 깎는 벌 정도는 만분의 일도 안 된다(袞之讒喙 定罪五刑猶輕 而竟保腰領老死牖下 死後削爵之罰 不足以當萬分

之一 可勝歎哉)"고 개탄한다.

다음 글은 성혼 물음의 답변인데, 이, 기 개념이 학술개념으로만 존재하지 않았음을 나타내는 중요한 단서가 나왔다. 그 글들은 이러하다.

> "모인某人이 방안에서 늙어 죽음이 어찌 정상일까마는, 세상이 공평하지 못하고 상벌이 부당하면, 악인이 잘살고 선인이 곤궁해지는 것이 또한 리理이다."
>
> 원문: 某也之老死牖下 固是反常 但治道不升 賞罰無章 則惡人得志 善人困窮 固其理也

> "이모李某의 행위는 그 죄가 극악한데 마침내 천수를 다했으니, 天道가 無知한 탓인가, 아니면 기氣의 작용인가?"
>
> 원문: 李某之所爲 罪大惡極 而卒保首領 天道無知 是亦氣之作用耶

> "대체로 덕德의 크고 작음을 논하지 않고, '힘(力)'의 대소 강약으로 승패가 결정됨이 어찌 하늘의 본연일까마는 이것은 세勢로써 말함이다. 세가 이미 이렇다면 이理 또한 이와 같다. 이것이 하늘이다."
>
> 원문: 夫不論德之大小 而惟以小大强弱爲勝負者 此豈天之本然也 特以勢言之耳 勢旣如此 則理亦如此 故謂之天也

퇴계는 '천벌 받음이 하늘의 이理'라 했고, 이이는 '기氣, 세勢, 힘(力)이 작용하면 천벌 받지 않음이 또한 이理'라 했다. 이理가 주主가 된다, 기氣가 주主가 된다는 논리는 이로써 결정적으로 달리했다.

전자는 천도 불변이라 했고, 후자는 천도 가변이라 했다. 세계관은 이로써 확연히 달라졌다. 이 논리는 당시의 정치적 상황과 바로 연계되어 있다. 이이의 이론은 사화士禍의 역사적 성격을 냉정하게 진단한 이후 내린 자신만의 소신이다.

'某人의 天壽', '李某의 行爲', '天道의 無知', '氣의 作用' 등이 그 직설적 표현이다. 성혼의 질의는 사림 전체의 절박한 물음으로 보아야 한다. 이제까지 '하늘이 무섭지 않느냐'는 천도의 불변, 혹은 천명의 소리를 믿어 왔지만, 하늘은 그렇지만도 않았다. 세계관을 수정해야 할 심각한 상황이 전개되고 있다. '하늘 무서움'보다 '형세 무서움'을 절감했던 것이고, 그 상황에서 천도가변 논리가 나왔다. 이이의 논리는 우리 역사에서 소중한 학술성과로 남아 있다.

참고로, '某人'과 '李某'는 누구일까? 한 번 떠올려 보기 바란다. 이런 주장의 연장선에서 나온 이론이 '이기지묘理氣之妙'이고 '이기일물理氣一物'이다. 그 글은 이러하다.

> "이기지묘란 보기 어렵고 설명도 어렵다. 대개 리理의 근원도 하나이고, 기氣의 근원도 하나이다. 기는 이를 떠날 수 없고, 이는 기를 떠날 수 없다."
>
> 원문: 理氣之妙 難見亦難說 夫理之原一而已矣 氣之原亦一而已矣 氣不離理 理不離氣

이이의 이론은 '이기일물'을 견지하며, 그 관계를 '이기묘합'으로 요약했다. 이런 사정은 퇴계가 사단과 칠정을 '사단대칠정四端對七情'의 대결구조로 이해한 것에 비해, 이이는 '칠정포사단七情包四端'의 입장을 취한 사실과도 무관하지 않다.

이이는 여기서 분열되는 정쟁의 관행과 인심의 속성을 주목하고, 정쟁과 인심의 추이를 보다 근원적인 차원에서 이해하게 되었다. '대립'과 '분열'은 이이가 목격한 숙명적인 명제였다.

이이는 이를 '붕당朋黨'이라는 거시적 차원에서 인성 본질적 문제로 인식하며, 보다 포괄적으로 사유하게 되었다. 그래서 다음과 같은 말을 공론公論으로 피력하고 있다. 『선조수정실록』에 나오는 글이다.

"어느 시대인들 붕당이 없었겠느냐. 오직 군자, 소인을 가릴 뿐이다."

원문: 朋黨之說 何代無之 唯在審其君子小人而已

위의 발언은 이이 철학과 무관한듯하나 사실은 출발점이 된다. 천벌 받을 악인이 천수를 다 사는 현실을 차분히 인정했듯이, 군자와 소인은 언제든지 함께 존재한다. 서경덕은 존재의 관점에서 氣의 작용을 주목했지만, 퇴계는 가치의 관점에서 理를 중요시했다.

이기 이론의 두 원칙인 '이기불상잡'과 '이기불상리'에서 퇴계와 이이는 기본적으로 두 원칙을 수용했다. 그러나 수용하는 입장과 시각의 차이에서 퇴계는 가치의 원리인 이理의 세계를 염원하여, 이기분속을 주장했고, 이이는 존재 원리인 기氣의 작용을 주목하여, 이기묘합을 수립했다.

지금까지 전개된 글을 다시 요약하면, "천벌 받을 악인은 천벌을 받는가"의 물음에서 시작된다. 수많은 지식인의 고뇌도 여기에서 비롯된다. '고진감래苦盡甘來'해야 하는데, 어찌 '고진고래苦盡苦來'가 반복해서 일어나는가! '권선징악'은 진리이고 당위이다. 그런데 어찌 '권악징선'의 세상이 되었는

가. 말세란 말인가!

이이가 '시폐를 논하는 글(論當今之時弊)'에서 사기士氣 좌절 연유를 임사홍으로부터 시작하여, 기묘사화, 을사사화를 겪으면서 절멸되었고, 그로부터 "선을 하는 자는 서로 경계하고, 악을 하는 자는 서로 권장하였다"고 했다. 그 결과 "어떤 선비가 바르게 행동하고 앞에 나서면 부형들로부터 꾸중을 듣고, 마을에서도 배척받았다"고 했다.

사림은 절망했다. 얼음 같은 냉철한 역사가, 사마천도 이 문제에는 온통 흔들리고 있다. 『사기』에 이런 소회가 있다.

> "천벌 받을 악인이 안방에서 편안히 천수를 다 사니 이 어찌 된 일인가, 백이伯夷, 숙제叔齊같은 사람은 굶어서 죽었고, 안연顔淵같은 사람은 요절했다. 도척 같은 포악무도한 짓을 한 악인은 끝내 잘살고 천수를 누리고 죽었다. 최근에도 그런 일이 있었다. 착한 사람이 재난을 당하는 경우가 헤아릴 수 없이 많다. 천도가 참으로 존재한다면 과연 이런 일이 일어날 수 있었을까, 참으로 모를 일이다!"

퇴계의 견해는 이러하다.

> "모를 일이 아닙니다. 가만히 역사를 보면 천벌 받을 악인이 천벌을 면한 경우가 없었습니다. 공광孔光과 안석安石 같은 인물의 최후를 보십시오! 이것이 하늘의 이치이니, 곧 '하늘의 이치 천리天理'입니다."

이이의 견해는 이러하다.

"그렇지 않습니다. 천벌 받을 악인도 기氣, 세勢, 힘(力)이 작용하면 천수를 살 수 있습니다. 남곤南袞이 천수를 다 살고 안방에서 죽은 것이 그런 사례입니다. 이것이 하늘의 이치입니다."

"천벌 받을 악인이 어떻게 천수를 다 사는가"는 사마천의 역사 의문이며 탄식이다. 이 물음에 우리 선조들이 명쾌한 견해를 제시했다.

퇴계, 이이가 그 답변을 했다. '이理가 주主가 된다'는 논리, '기氣가 주主가 된다'는 논리가 그것이다. 두 사람이 남긴 이 답변은 우리 역사에 남은 빼어난 학술적 업적의 한 단면이라 생각한다.

5) 심의겸도 사림이고 김효원도 사림입니다
-분열정국과 이기묘합론-

이이의 하늘은 가변적이었다. 기, 세, 힘이 작용하면 그러했다. 대립이 종식되었을 때, 모든 모순도 함께 없어져야 했지만, 사태는 전연 그렇지 못했다. 시국은 전일 준동했던 훈구 집단의 시대보다 더욱 심각한 양상으로 전개되었다.

이이의 고뇌는 여기서부터 싹이 트며, 사상 역시 이러한 맥락과 함께 형상화되고 있다. '사화' 다음에 이어지는 사림 집단의 분열인 '당쟁黨爭'의 시대적 과제의 대안 차원에서 검토되고 있다.

이이 시대는 '사화의 종식'과 '당쟁의 발발'을 연속적으로 목격, 체험하는 기간이 된다. 전자는 '충격의 목격'이고, 후자는 '곤혹의 과정'이었다. 사화가 이념투쟁이라면, 당쟁은 노선투쟁의 성격을 지녔다고 할 수 있다. '사화가 대립'이라면 '당쟁은 분열'이었다.

훈구 집단의 소멸과 더불어 전개된 선조 시대의 정국은 사림 집단의 분열이었고, 이이는 분열 정국의 중심인물로 떠올랐다. 분열된 사림은 묘합의 방법을 두고 격렬한 이론 투쟁을 하였다. 그 투쟁은 바로 '공론公論' 투쟁이었다. 이이의 공론 주장은 이러하다.

> "공론은 한 나라의 원기입니다. 나라에 공론이 없으면 그 나라는 망하는 법입니다… 공론은 인심이 동의하는 바를 공론이라 하고, 그 공론을 국시라고 합니다."
>
> 원문: 公論者國家之元氣 國無公論則亡…人心之所同然者 謂之公論 公論之所在 謂之國是

'이기묘합론理氣妙合論'은 이이의 공론에서 나온 이론이다. 사림 집단이 분열되는 현실 때문이다. 사림 집단의 분열은 이이가 예견하지 못한 또 하나의 현실로 묘합해야 하는 당위를 지닌다. 이이의 공론은 이러하다.

> "사림이 성하고 화하면 홍하고, 사림이 다투고 분열하면 망합니다. 동한, 당, 송이 그러했습니다. 그런데 지금 사림은 화합한다고 할 수 있습니까. 심의겸을 허許하는 자는 선배 사림이고, 김효원을 허하는 자는 후배 사림일 뿐입니다. 선후배가 모두 사림입니다."

동서분열의 장본인은 사림 집단의 선후배이다. 사림 집단은 분열에도 불구하고 역사를 감당할 세력이기에 화합해야 하는 존재이다. 화합의 정도에 따라 홍興, 난亂, 망亡이 결정된다. 동한과 당·송의 역사가 이를 증명하고 있다.

이理와 기氣가 '이물로 분속'될 수 없으며 '일물로 묘합'되어야 하는 이유가 여기에 있다. '결시이물決是二物'이 아닌 '결시일물決是一物'인 이유도 여기에 있다. 그래서 이이는 다음과 같은 말을 부언하고 있다.

> "심沈과 김金은 같은 사림으로, 흑백黑白과 사정邪正의 구별이 있지 않으며, 서로 해치려는 것도 아닙니다."

흑과 백, 사와 정의 혼륜은 앞 시대 선배들의 최대 현안이지만, 이이의 시대에 대립하는 당사자들은 그야말로 '사정邪正이 상잡相雜'한 전 시대의 정국이 아니다. 이이의 인식은 기본적으로 전시대의 사邪의 집단, 악의 집단은 존재하지 않는다. 지금 견해 차이로 충돌하는 모두가 곧 정의 집단이다. 그런데 그 정의 집단이 지금 다시 분열하고 있다.

'화합'은 이이가 이루어야 할 최대의 과제이지만, 묘하게도 상태는 '하나이면서 둘(一而二)'이기 때문에 분열의 속성을 지닌다. 그러나 그 분열은 또한 '둘이면서 하나(二而一)'이기 때문에 화합되어야 하는 숙명의 과제를 내재하고 있다.

존재의 원리가 강조됨은 분열을 극복하는 수단이며, 가치의 원리가 강조됨은 공론을 부각시키는 수단이 된다. '분열을 극복'하면서 '공론을 부각'시키는 노력이 이이 사상의 주요한 골격으로 작용하고 있다. 대립되는 두 집단의 존재 원리를 인정하고, 다시 그 존재의의를 가치적 차원에서 규명하는 논리를 펴고 있다. 그 규명 논리가 바로 이기 이론과 연계되어 있다.

이이는 사림 집단을 바로 선의 집단이라고 규정하지는 않았지만 사림 집단이 역사를 감당해야 할 세력이기에 선의 집단으로 인정했다. 그렇지만 사림 집단이 선의 집단으로 정체성을 갖게 하려면 '화합'이라는 전제를 충족시켜야 한다. 그리고 그 집단은 화합만이 목표가 아니라, 바로 백성의 생계 즉, 민생을 추스를 수 있어야 진정한 선의 집단으로 인정된다.

이미 천벌 받을 악인들이 사라진 다음에 여與의 입장에서 분열 정국을 수습해야 할 이이에게 이기를 분속적으로 바라보는 논리는 수용되기 어려웠다. 이런 정국의 급변은 사마천이 지적한 "저 헤아릴 수 없는 사람들의 집단 고통"을 구제할 수 있는 철학이 바로 이이의 하늘이다.

결국 퇴계의 이기분속론은 '사화를 극복하는 논리'이며, 이이의 이기묘합론은 '당쟁을 극복하는 논리'이다. 전자는 대결의 논리이며, 후자는 처방의 이론이다. 퇴계는 존재의 원리에서 '이기분속'을 주장하며, 가치의 원리에서 '이선기악'의 입장을 취했다. 이이는 존재의 원리와 가치의 원리가 분리되는 것이 아니라 하나로 묘합되어야 한다고 보았다.

퇴계가 탄압받는 야당의 중핵 입장에서 논리를 펴나갔다면, 이이는 어느덧 집권 여당의 중진 입장에서 정국을 이끌어가야 했기 때문이다. 이론이 같을 수 없음은 너무나 자명한 일이었다.

6) 내 글을 태워라, 나는 후대에 글을 남길 자격이 없는 사람이다
-후손에게 남겨지는 부채-

참고로, 왕조실록에 평가가 나쁜 인물 몇 있다. 그 가운데 이기李芑도 있다. 950건 이름이 있다.

명종7년(1552) 4월, 77세 나이로 마침내 죽어, 그 졸기卒記(『명종실록』13권)를 남겼다. 기록의 불후不朽함이 갖는 무서움과 무거움을 느끼게 한다. 교훈

▌농암종택 전경

을 남기기 위해 나라 차원에서 포폄褒貶 그대로 쓴다. 시호에 '악시惡諡'가 있었음과 같은 이치다.

"이기가 죽었다.
기는 인품이 흉패하고 모습은 늙은 호랑이와 같아, 외모만 봐도 속마음을 알 수 있었다. 정사가 그에게서 나왔고, 권세는 임금을 능가하였다. 기세가 불길 같아, 죽이고 빼앗는 것을 마음대로 하였으므로, 벼슬아치들이 그의 명령에 움직였다. 안 그런 척하며 철저히 보복하여, 살해당한 사람이 매우 많았다. 사방에서 실어 오는 뇌물이 임금에게 들어오는 공물보다 많았다. 기는 끝내 흉측한 몸을 보전하다가 편히 제집에서 죽으니, 사람들이 모두 분개하여 그의 고기를 먹고 가죽을 깔고 자지 못하는 것을 통탄해했다."

경상도 고로古老들의 말에 '곤질곤질하다'가 있다. 흔히 듣던 말이다. "차마 사람으로서는 할 수 없는 일을 하는 경우"에 쓰는 말이다. 곤은 남곤이고,

질은 김질이다.

남곤은 만년, 자녀들에게 "내 글은 모두 태워라, 나는 후대에 글을 남길 자격이 없는 사람이다"이라 하고, "시호를 청하지도 말고, 비석도 하지 말라" 했다. 농암종택에 남곤이 이현보에게 쓴 친필 시가 있다. 소장 정치인일 때는 모두 친하였고, 감정이 틀어진 것은 그 이후였다.

사람은 두 가지를 남기고 간다. 하나는 은택恩澤이고, 하나는 부채負債이다. 우리 모두 은택은 몰라도 부채를 남겨서는 안 된다. 큰 부채일수록 후손들은 감당하기 어렵다. 그런 의미에서 퇴계는 후손뿐 아니라, 전 인류에 은택을 남기신 분이다.

도산서원을 비롯하여 심곡서원, 닭실마을, 양동마을, 농암종택, 금선정이 사랑받고 있음은 그 은택의 다름 아니다. 진실하고, 착하고, 아름다운 것은 사라지지 않는 법이다. 사라질 수 없는 법이다.

마무리 글

1) 온 세상이 '퇴계선생'이라 했다
-퇴계 졸기-

퇴계에게 쓴 추모사, 즉 만사, 제문을 감상하면서 느낀 소감은, 이 땅에서 죽음을 두고 이렇게 뜨겁게 추모 글을 받은 인물은 과거에도 없었고, 미래에도 없을 것 같다. 전무후무한 일이 아닐까 한다. 퇴계가 이언적을 재평가하듯, 우리가 퇴계를 재평가하여 그야말로 선생으로 추모할 이유가 여기에 있다.

'숭정대부 판중추부사 이황 졸기崇政大夫判中樞府事李滉卒記'에 "온 세상이 '퇴계 선생'이라 했다"는 '세칭퇴계선생世稱退溪先生'의 의미를 다시금 되새길 필요가 있다. 국가 차원에서, 그 누구에게도 호칭하지 않은 '선생'이 인정된 경우이고 선언인 셈이다. 우리 민족이 배출한 한 사람 '선생'이다.

외람된 상상이지만 퇴계는 마음속으로 후일 불리고 싶은 단 한 마디가 이 '선생'이 아니었을까 한다. 이 한마디가 '자명'에서 소망한 '아패我佩—나의 패옥佩玉'이라 생각된다. 그리하여 드디어 '민족의 큰 선생', '노선생老先生'이 되었다.

그렇지만 이는 표면적 평가이다. 어쩌면 '선생'은 속세의 작은 일, '오사吾

事'이고 더 큰 소망은 '신선神仙'이었는지도 모를 일이다. 그 인생 맑기가 가을 하늘 같았으니 말이다. '심산무림深山茂林' 가운데 지은 작은 집, 도산서당이 그렇고, 깨끗한 매화 시가 그렇고, 인생 결산인 자명이 그렇고, 아름다운 마무리, 고종명이 그렇다. 사람의 일과 글이 아닌 듯하다.

성균관대사성, 예조판서, 이조판서, 양관대제학, 판중추부사를 역임한 사람의 일과 글은 더욱 아니다. 자명自銘의 마지막, '돌아가리니(乘化歸盡)', '다시 무엇을 바랄까(復何求兮)'는 그 선언이 아닐까?

아무튼, 그토록 진실한 제자 사랑, 그토록 분명하고 의도적인 선생 표현, 그토록 정성스러운 학교 만들기, 그토록 혼신을 다하는 교육 열정은 오직 자신이 '선생과 선생으로의 책무' 일체를 완벽하게 수행하고자 했음의 일환이다. 우리 역시 그렇게 호칭함이 옳을 것 같다. '퇴계 선생'이라고. 우리 역시 그런 삶을 닮아가야 함은 말할 것도 없다.

十二月朔甲午○崇政大夫判中樞府事李滉卒命贈領議政賜賻葬
祭如禮滉旣歸鄕里屢上章引年乞致仕不許至是有疾戒子寯曰
我死該曹必循例請用禮葬汝須稱遺令陳疏固辭且墓道勿用碑
碣只以小石題其面曰退陶晩隱眞城李公之墓以嘗所自製銘文
刻其後可也數日而卒寯再上疏辭禮葬不許滉字景浩其先眞城
人叔父堣兄瀣皆聞人滉天資粹美材識穎悟幼而喪考自力爲學
文章夙成弱冠遊國庠時經己卯之禍士習浮薄滉以禮法自律不
恤人譏笑雅意恬靜雖爲母老由科第入仕通顯非所樂也乙巳之
難幾陷不測且見權奸濁亂力求外補以出旣而兄瀣忤權倖究死
自是決意退藏拜官多不就專精性理之學得朱子全書讀而喜之
一遵其訓以眞知實踐爲務諸家衆說之同異得失皆旁通曲暢而
折衷於朱子義理精微洞見大原道成德立愈執謙虛從遊講學者
四方而至達官貴人亦傾心向慕多以講學飭躬爲事士風爲之丕
變 明廟嘉其恬退累進爵徵召皆不起家居禮安之退溪仍以寓
號晩年築室陶山有山水之勝改號陶叟安於貧約味於淡泊利勢
宣祖大王修正實錄卷之四 庚午 十四
紛華視之如浮雲然平居不務矜持若無甚異於人而於進退辭受
之節不敢分毫蹉過其僑居漢城隣家有栗樹數枝過墻子熟落庭
恐家僮取啖每自手拾投之墻外其介潔如此 上之初服朝野顒
望皆以爲非滉不能成就 聖德 上亦眷注特異滉自以年已老
才智不足當大事又見世衰俗澆上下無可恃儒者難以有爲懇辭
寵祿必退乃已 上聞其卒嗟悼贈祭加厚大學生及弟子會葬者
數百人滉謙讓不敢當作者無特著書而因論學酬應始筆之書裒
揮聖訓辨斥異端正大明白學者信服每痛中原道學失傳陸王諸
子頗僻之說大行常極言竭論以斥其非我國近代亦有花潭徐氏
之學有認氣爲理之病學者多傳述滉爲著說以明之所編輯有理
學通錄朱子節要及文集行于世世稱退溪先生論者以爲滉爲世
儒宗趙光祖之後無與爲比滉才調器局雖不及光祖至深究義理
以盡精微則非光祖之所及矣○復召慶士曹植不至○命副提學
柳希春撰進儒先錄 上御經筵謂希春曰李彦迪文集予旣覽之
矣金宏弼鄭汝昌趙光祖皆不世出之賢亦豈無著述卿可爲予撰

▌퇴계 졸기 『선조실록』

2) 내 소원이 착한 사람 가르치고, 착한 사람 많은 세상이다
-교선인敎善人, 소원선인다所願善人多-

퇴계에게 제자는 누구인가?

『퇴계선생문집 부록』에 추모사를 쓴 사람은 183명이고, 글은 166편이다. 이 가운데 자신을 '문인門人'이라 한 사람이 106명이다. 이런 제자들이 쓴 만사, 제문은 절절한 추모의 언어로 나타나 있다.

1914년 발간한 『도산급문제현록』에 309명이 있고, 1990년 권오봉 박사의 논문에 가서家書 속의 인물 25명을 찾아내어 다시 제자라 했다. 제자 명단은 과거 적부 문제가 있었고, 다시 있다 하더라도 이런 기조는 유지될 것 같다.

'제자 몇 명이냐'는 중요한 일도 아니다. 인물에는 신화가 있기 마련이고, 신화 없는 인물 또한 없다. 퇴계 신화는 앞으로도 더 생산될 가능성은 있다. 신화는 사실은 아니나 마음의 진실이다. 그런 측면에서 보면 제자 선정은 끝이 아닐 수도 있다. 진위 문제도 그런 차원에서 이해하면 될 것 같다.

선생은 누구인가?

학생과 교육은 선생이 있어야 가능하다. 중요한 것은 선생이다. 이 땅에 참다운 선생은 누구인가? '다섯 편의 행장'은 시대의 지성이 어떤 모습이어야 하는가를 보여주는 시대정신의 보고서이다. 다섯 사람의 생애는 중국의 인물에 전연 뒤지지 않을 뿐, 교훈을 찾아야 한다는 것이 퇴계의 분명한 의도이다.

퇴계가 쓴 행장은 우리나라 인물 서사敍事이다. 수고스러운 행장 저술 목적이 여기에 있었다. 따라서 '다섯 편의 행장'은 퇴계가 그리는 인물과 미래가 선명하게 녹아 있는 필독의 글로서 존재한다. 그 글은 『퇴계집』전 편 가운데 최고의 저술임은 말할 것도 없다.

철학자가 견지해야 하는 최고 덕목이 '반성적 사고'인데, 당시 그 누구도 이런 자세를 가지지 않았다. 오직 퇴계만이, 퇴계가 주목한 인물들만이 이를 실천하며 새로운 지평을 열어갔다고 믿는다. '다섯 편의 행장'은 퇴계가 왜 '한국의 선생'인가, .왜 '한국의 퇴계'인가를 증명하는 결정적 글이라 할 수 있다.

학교는 무엇인가?

퇴계의 도산서당 건립은 성균관대사성 봉직 기간 "학생들이 선생을 길 가는 사람 보듯" 하고, "학교를 여관 보듯" 했으며, 학교를 시찰하는 임금의 어가가 왔는데도 학생들이 "절하고 꿇어앉는 예도 모르고, 어가가 환궁하시는데도 전송하지도 않고 그대로 흩어져버렸다"는 충격적 목격에서 비롯되었다.

신뢰가 무너진 선생과 학생 사이, 예의가 사라진 임금과 신하 사이의 참담함은 정치, 사회 전반에 만연되어 있었다. 그 야만성에 대한 대응이 도산서당 건립이었다. 도산서당은 퇴계의 혼이 담긴 집이었다.

사후 제자들에 의해 지어지는 도산서원은 그 연장이며, 이런 모습은 이미 퇴계의 그림 속에 그려져 있었다. 도산서당의 세밀하고 수고스러운 건립 목적이 여기에 있었다.

교육은 무엇인가?

신뢰가 깨어진 선생과 학생 사이, 신뢰 회복의 관건은 무엇인가? 섬세한 '편지 교육'과 '제자 사랑'이었다. 핵심은 '충고하지 않음'이다. 3천여 편의 편지는 그 자체가 바로 교육이었다.

퇴계의 편지는 학생 개개인의 '맞춤식 교육'이며, 사랑을 가득 담은 시선이었다. 사랑이 있는 시선이 있다면 그곳에는 이미 선생과 제자가 있고 교육은 이루어진 것이 아닌가. 사랑받은 사람이 사랑을 주는 법이다. 온갖 교육이론과 교육행정을 말하는 자, 사랑이 있는 시선을 먼저 가지기를 바란다.

'제자 사랑'은 편지 속에 담겨 있는 다정하고 따뜻한 언어, 친절하고 자상한 설명, 그리고 자신은 황滉, 상대는 공公이라고 하는 한없는 자기 겸손이다. '충고하지 않음'과 더불어 퇴계 교육의 근간이다. 인성 지도, 학습지도에 이보다 더 큰 교육 방법은 세상에 없다.

그 교육 목표는 '교선인教善人'이고, '소원선인다所願善人多'이다. 즉 "착한 사람 가르치고, 착한 사람 많은 세상"이다.

3) '다섯 편의 행장' 저술은 문화 중심국 선언이며, 국가 정체성 확립에 초석을 놓고자 함이었다
-한국의 선생, 한국의 퇴계-

퇴계에게 조광조의 사사 처형과 이현보의 은퇴 전별은 정치 여정에서 목격한 충격적이며 인상적인 장면이었다.

퇴계는 조광조의 도학정치, 혹은 개혁정치 실패를 교훈 삼으며, 이현보의 정계 은퇴와 이언적의 경전 저술을 전 생애의 지남으로 삼았다. 여기에 중국의 주희를 문득 떠올리고 상고한 것이 아닌가 한다.

'행장 저술'과 '선생 칭호'는 '한국의 도학자 있음'의 선언이다. 이현보, 조광조, 이언적, 혹은 황준량까지는 중국의 인물과 대등하다는 판단이고 공개적인 선언이다. 행장은 공적보고서며, 퇴계 역사관의 반영이다. 문화 중심국 선언이며, 국가 정체성 확립에 초석을 놓고자 함이었다. '퇴계에게 고인古人'은 한국의 인물이며, '선생'은 그 모든 것의 압축이었다. 퇴계는 언제나 항성이지 위성이 아니었다.

행장의 글은 이理, 기氣 이론과도 함께 한다. 퇴계의 '이선기악理善氣惡', '이기분속理氣分屬'의 굽히지 않은 주장은 훈구집단을 악의 집단으로 규정하고 축출시키고자 하는 신념의 논리였다. 펜은 칼을 이기는 법이고, 문명국인 우리나라가 오랑캐의 야만국이 되어서는 안 되는 일이다. 사림은 선의 집단이며 동시에 당대의 진보였다.

'서당을 지어 글을 읽겠다'고 하며 떠난 49세, 풍기 군수 사퇴는 진進에서 퇴退로 돌아서는 가장 임팩트한 사건이었다. 고을 원에서 시골 서당으로 가는 극적 순간으로, 사람다움의 학문, 이른바 '도학'을 하겠다는 다짐이었다.

'도학'이란 학문저술과 진퇴 겸양을 동시에 이루는 일이며, 이런 태도의 삶이 곧 문명국 건설의 절대적인 요소이고 기준이었다. 서당건립과 제자교육, 그리고 행장 저술과 인물선정은 철저하게 이 기준의 적합성에 집중되어 있었다. 이 기준의 참다운 사람 양성에 제자, 선생, 학교, 교육의 개념들이 조직적으로 이루어졌음은 말할 것도 없다. 퇴계는 완성된 교육자며, 정치한 교육 행정가였다. 그리고 진정 존경받은 선생이었다.

퇴계는 명예를 멀리하여 더 큰 명예를 얻은, 전 생애를 걸어간 모습이 고스란히 남은, 아름답고 행복한 분이다. 아니 주변 사람들에게 행복을 나누어주었기에 더욱 빛나는 인생을 살아간 사람이기도 하다. 이런 모습이 도학자의 모습이고, 진정한 선생의 모습이기도 했다.

만사, 제문 등의 추모 글은 이런 퇴계의 염원과 소망과 노고가 성적표로 선연하게 남은 향기의 여적餘滴이다. 후일, 그 여적의 중심은 도산서원이고, 그 일부 집대集大는 이익의 『이자수어』이고, 정약용의 『도산사숙록』이다.

〈퇴계선생 서세 450주년〉을 추모하는 오늘, 퇴계의 꿈과 이상이 혼돈시대를 정화시키는 중추가 되고, 나아가서 K-교육, K-인문의 중심 콘텐츠로 성장, 성숙 되기를 진심으로 기원한다. 아울러 마음으로 추모하며, '참으로 수고하셨습니다' 하는 외람된 한 말씀을, 필자의 한 줄 만사 글로 대신하여, 감히 올려 드린다.

▌퇴계 동상

그래서 '권위 없음'으로 권위가 생기고, '명예 없음'으로 명예를 얻어 영원한 선생이 되신 퇴계의 교육이 현세에 바르게 재현되기를 진심으로 기원한다. 이를 겸손하게 실천하고, 성실하게 실천하고, 진실하게 실천하고, 아름답게 실천함이 선생께서 우리 후생들에게 주는 저 말 없는 과제이며 숙제이다.

어쩌면 선생께서는 이미 저 하늘 높은 곳에 신선처럼 계시면서 내려 보고 계실지도 모를 일이다.

저자 이성원

안동에서 태어났다. 성균관대학교 사범대학 한문교육과를 졸업하고, '이황, 이이 이기론의 정치사회적 성격에 관한 연구'로 문학박사 학위를 받았다.
'농암 이현보의 강호문학', '농암, 퇴계의 문학적 교유 양상', '퇴계식의 교육과 인생', '안동의 종택 문화', '안동의 집회문화', '도산구곡과 유교문화', '오천 군자마을 약사', '문절공 김담선생 탄신 600주년 기념', '보백당 김계행선생 서세 500주년 기념', '금계 황준량선생 탄신 500주년 기념' 등의 글을 썼다. 단행본 『천년의 선비를 찾아서』(푸른역사)가 있다.
지금은 청량산 자락, 안동시 도산면 가송리 고택에서 자적하며 살고 있다.

선생 先生

70세에 다시 읽어보는 『퇴계집』

2024년 9월 10일 초판 1쇄 발행
2024년 10월 10일 초판 2쇄 발행

지은이 : 이성원
펴낸이 : 김병환
펴낸곳 : 학자원
주 소 : 서울시 강동구 천호대로 1121
전 화 : 02) 6403-1000
팩 스 : 02) 6338-1001
E-mail : hakjaone@daum.net
등 록 : 2011년 3월 24일 제2011-14호

ISBN 979-11-6247-329-0 03810
값 25,000원